リアルな今がわかる

日本と世界の地理

砂崎 良 著
井田 仁康 監修

朝日新聞出版

はじめに

「地理」とは、そもそも何でしょう？

高校で地理を選択したことがない人は、「いろいろな国について学ぶ学問」と何となく思っているのではないでしょうか。一方、地理を履修した人は、「風の名前や農業モデルなど、用語をとにかく暗記した」という記憶があることでしょう。とにかく地理は扱う領域が広大で、イメージしにくい学問なのです。

辞書の定義を見てみましょう。広辞苑には〝地球の表面と住民の状態ならびにその相互関係を研究する学問〟とあります。といわれても、すぐに納得するのは難しいでしょう。他の辞書の定義はもっと難解です。なので、こう言い換えてみました。

地理とは〝人間が地球の表面で、どう生活しているのか知る学問〟。

人が食べ、飲み、眠り、楽しみ、ほかの人と関わって、生きている姿を観察するのが地理です。人類が生きていく上で、周囲から及ぼされる影響（雨・風・日照など「農」を左右するものや、社会のおおぜいが信じる宗教・価値観など）は、それを分析する学問と言えましょう。様々な国について学ぶのは、土地が違えば気候・土壌も、負っている歴史も違う、その差異を見比べることによって、私たちが日常見逃していること、今生きている社会の現状が見えてくるからに、ほかなりません。

地理は、学問の境界をかるがる超えていきます。地学も気象学も、歴史・経済・政治も手掛けます。人間がどのように生活しているか、その生活に影響を与えているものは何か、それを知るのが目的だからです。当然、学ぶ量が膨大にはなりますが、自分の「知りたい!」を追いかけて、どの分野へも行けることが魅力です。そしてまた地理は、あらゆることに役に立つ学問でもあります。地理が扱うのは、私たち自身の生活だからです。

地理を学べば、まちで見かける人やもの、全てについて、「これがここにあるためには何が必要で、したがってそれがどこで生産され、どの交通インフラで運ばれて、必要なコストは……」というように、社会の構造が見えてくるようになります。それはとてもおもしろく、同時に「知るべき現実」です。今後どう生きていくかを決めるために、地理の知識・手法をぜひ役立ててください。

二〇二〇年二月　砂崎　良

第3章 暮らしを支える 世界の資源と工業

第4章 自然環境から生まれた 世界の地形

第5章 暮らしの基盤となる 世界の気候と自然

●凡例

地図の縮尺は、見やすさを優先させて変えています。

地図やグラフは、巻末の参考文献などをもとに作成しています。

本書は2020年2月時点での情報を掲載しています。

世界で起きる社会現象は地理に通ずる!

地理は、地形や気候をはじめ、経済、政治、文化などのあらゆる要因から、地球上で起きている現象を解明する学問です。

貧困層の多いアフリカから世界的サッカー選手が生まれる背景とは?

分析 POINT 1 文化

貧しくてもできるスポーツ・サッカー

サッカーは、ボールかその代用品が1つあればプレーできる。道具が必要な野球や、施設の維持に費用がかかるスキーなどほかのスポーツに比べると、貧困層の子どもにも手が届きやすい。そのため途上国でも広く人気がある。

分析 POINT 2 政治

国威発揚の目的も

代表チームの勝利や自国出身選手の活躍は、国民に一体感や誇りを抱かせる。産業や学問分野の業績に比べ短期間かつ少額の投資で、国民に見えやすい成果を出し得る分野でもある。そのため独裁的な国家はスポーツ熱心な傾向がある。

分析 POINT 3

資金力のあるヨーロッパからの投資

アフリカはヨーロッパと地理的に近く、かつて植民地とした旧宗主国との経済的なつながりは現在も強い。またアフリカ人選手は身体能力が高いため、ヨーロッパのプロクラブが投資を行い、優秀な選手をスカウトしている。

EU内部の仲間割れ!? ドイツVSイタリアの移民問題とは？

移民が渡りやすい イタリアの位置・形

「長靴のよう」といわれるイタリア半島は、ヨーロッパからアフリカへ向けて突き出ているうえ、その先にシチリア島がある。また対岸のアフリカもちょうど出っぱった形をしており、EU域外からの移民が船で渡ってきやすい。

分析 POINT 2 宗教

EUの基盤である キリスト教の理念

EUの現加盟国は全てキリスト教国であり、人道主義を基本理念としている。それで難民を受け入れてきたが難民の多くはイスラム教徒であり、基本理念のゆらぎや宗教感情による対立が懸念されている。

ドイツとイタリアの 経済格差

ドイツもイタリアもEU発足時から加盟している主要国である。しかし現在、輸出依存度の高いドイツがユーロ安により「一人勝ち」といわれる経済成長を享受しているのに対し、イタリアは低迷しており国民の不満が高まっている。

エアーズロックはなぜ入山禁止になったの？

分析 POINT 1 民族

先住民族の聖地

この一帯には2万年以上前から先住民族（アボリジナルピープル）が暮らす。エアーズロックはもともとウルルと呼ばれ聖地としてあがめられてきた。彼らの伝統を尊重しようという考え方から、2019年10月、観光客向けの登山が恒久的に禁止された。

白豪主義の緩和

「エアーズロック」はイギリスの探検家による命名。オーストラリアでは欧州系移民中心の政治が長年行われてきた。しかし先住民族の権利回復を求める機運が高まり、1980年代頃からは再びウルルと呼ばれるようになった。

分析 POINT 3 地形

世界最大級の奇岩

地上部は高さ約350 m、周囲約10 kmという世界最大級の一枚岩。オーストラリアは地球上で最も古い陸地である安定陸塊だ。そのため地表は風雨により極めて長い時間をかけて浸食され、硬度の高いウルルが露出した。

世界を構成する大陸と海

地球には6大陸と3大洋があり、表面積の約3割を陸、約7割を海洋が占める。陸の位置や海が関わる気候は、人の暮らしを左右する。

北アメリカ大陸

古い大陸であるため資源と平野が多く、温帯部分も広大な富める大陸。政治的にも、２つの大洋に面する領土を持つアメリカが存在感を発揮。

太平洋

地球表面の約３分の１を占める最大の海。かつては交流を阻害する障壁だったが、造船・航海技術が向上した今は安全な行き来ができるようになっている。

大西洋

地球表面の約６分の１を占める世界第2位の大海。この海を往復する航海技術を確立したことが、人類史に新たな時代を拓いた。

南アメリカ大陸

西端にそそり立つアンデス山脈が交通を阻害し、中央部を広大に占める熱帯が開発を困難にしていたが、近年は人口が増加し、発展中。資源が豊富。

大陸の移動

中生代初期（約2億2500万年前）

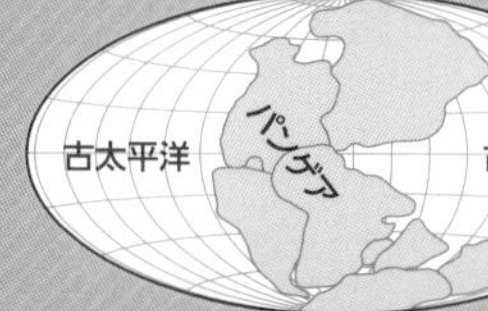

パンゲアと呼ばれる超大陸があった。

中生代中期（約1億8000万年前）

パンゲアが分裂を始め、ローラシア大陸とゴンドワナ大陸が形成された。

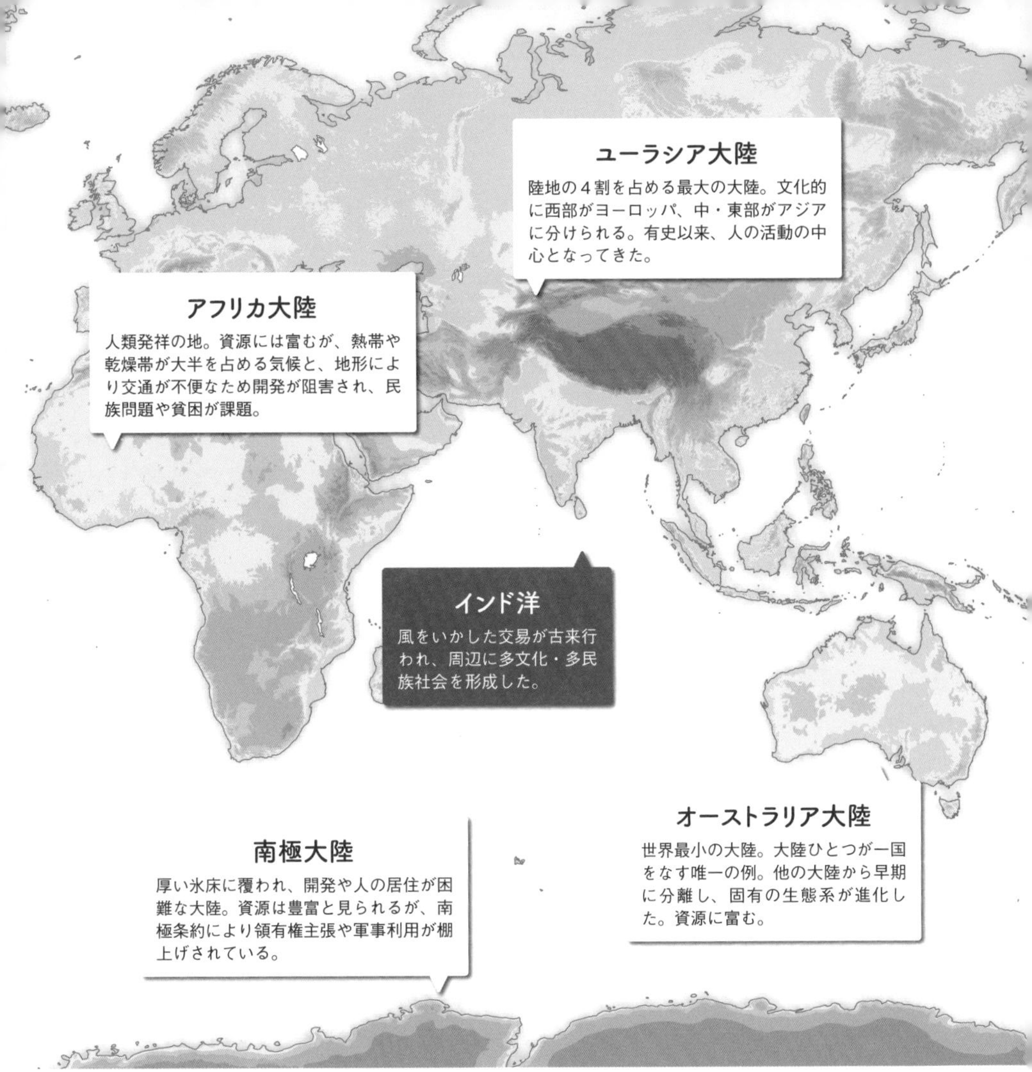

ユーラシア大陸

陸地の４割を占める最大の大陸。文化的に西部がヨーロッパ、中・東部がアジアに分けられる。有史以来、人の活動の中心となってきた。

アフリカ大陸

人類発祥の地。資源には富むが、熱帯や乾燥帯が大半を占める気候と、地形により交通が不便なため開発が阻害され、民族問題や貧困が課題。

インド洋

風をいかした交易が古来行われ、周辺に多文化・多民族社会を形成した。

オーストラリア大陸

世界最小の大陸。大陸ひとつが一国をなす唯一の例。他の大陸から早期に分離し、固有の生態系が進化した。資源に富む。

南極大陸

厚い氷床に覆われ、開発や人の居住が困難な大陸。資源は豊富と見られるが、南極条約により領有権主張や軍事利用が棚上げされている。

現　在

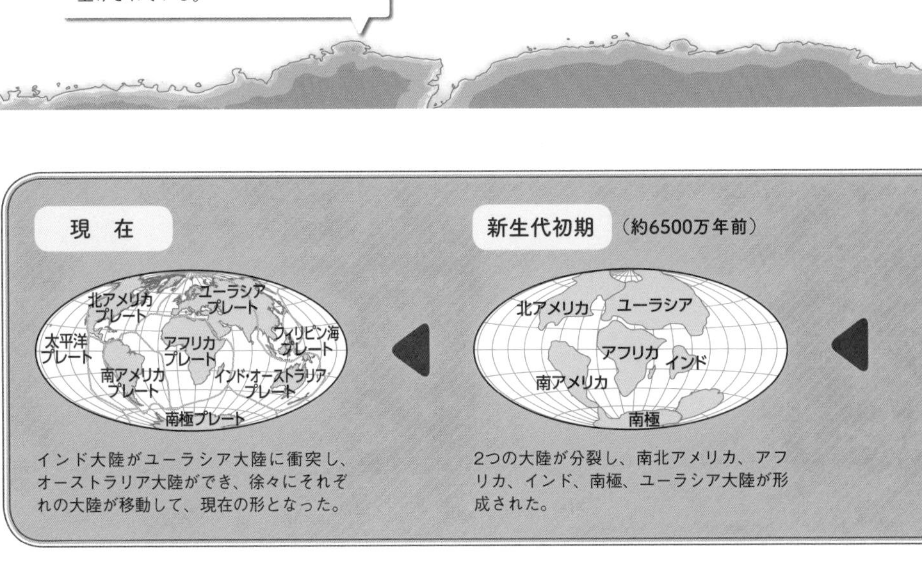

インド大陸がユーラシア大陸に衝突し、オーストラリア大陸ができ、徐々にそれぞれの大陸が移動して、現在の形となった。

新生代初期（約6500万年前）

2つの大陸が分裂し、南北アメリカ、アフリカ、インド、南極、ユーラシア大陸が形成された。

地理から探る世界の自然災害

近年世界各地で起きている自然災害を、地理的視点からとらえてみよう。

日本の山がちな地形が、豪雨による河川の氾濫をもたらした！

令和元年台風19号
（2019年・日本）

日本の平野の多くは、川が山から土砂を削り出し洪水を重ねて堆積させたものだ。つまり地形的に氾濫しやすいのである。近年は堤防などにより小さな水害は防げるようになった。一方で、住宅地が川近くにも増えたため、氾濫の際は被害が拡大する。

千曲川（長野県）の堤防決壊の経過

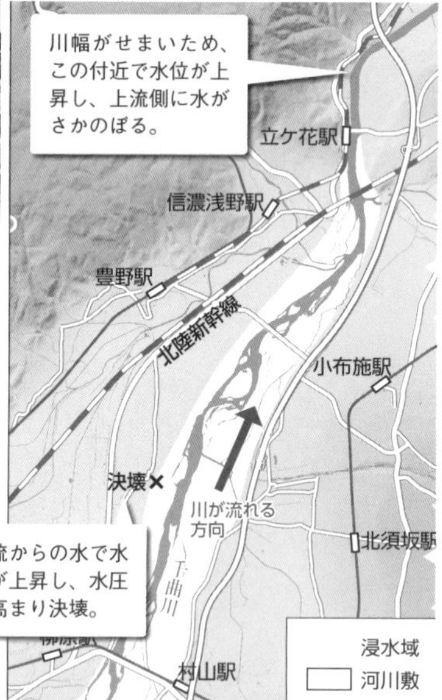

メキシコ湾岸の大規模な湿地帯が水没！

ハリケーン・カトリーナ
（2005年・アメリカ）

メキシコ湾は波が比較的穏やかなため、ミシシッピ川の運んできた砂が長い砂州となって延び、その上に都市がつくられた。そのため都市内に低湿地を抱える、高潮や洪水に弱い地形であり、大型ハリケーン・カトリーナにより大きな被害を受けた。

エイヤフィヤトラヨークトルの噴火
（2010年・アイスランド）

アイスランドは西ヨーロッパから見て北西方向にある火山島である。2010年、ここで火山が噴火した。この火山灰が上空を吹く偏西風に乗ってヨーロッパ方向へ流れ、航空機10万便以上が欠航、莫大な経済的損失が発生した。

ヨーロッパに吹く偏西風が
噴煙被害を拡大させた

カリフォルニアの山火事
（2019年・アメリカ）

カリフォルニアは夏に乾燥する気候である。そのため草木が乾き、自然の要因で発火して広がる山火事により生態系が維持される。しかし近年は、温暖化などの気候変動により乾燥が激しくなり、山火事の件数や焼失面積が増大しつつある。

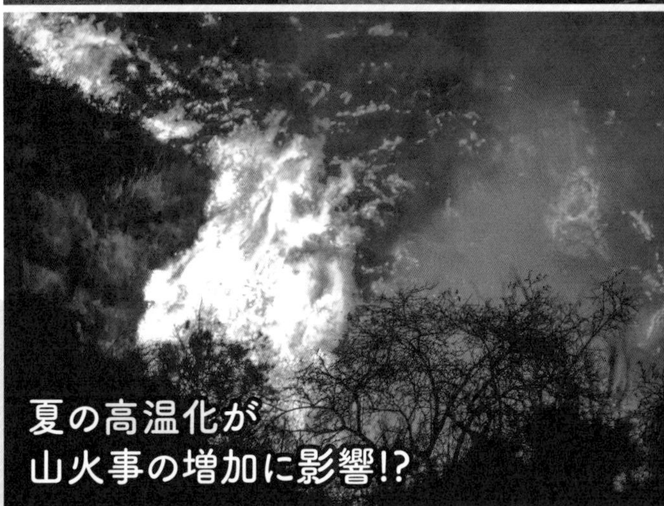

夏の高温化が
山火事の増加に影響!?

震源から数千km離れた場所にも
大津波をもたらした！

スマトラ島沖地震
（2004年・インドネシア）

プレートのずれや火山活動などにより発生する津波は、海面を伝わり遠方の岸まで波及する。スマトラ島沖で起きた大津波はインド洋全域に波及、6000km離れたアフリカの東部でも被害を出し、南極まで到達した。犠牲者は23万人以上。

第1章

魅力と多様性に富む 世界の国々

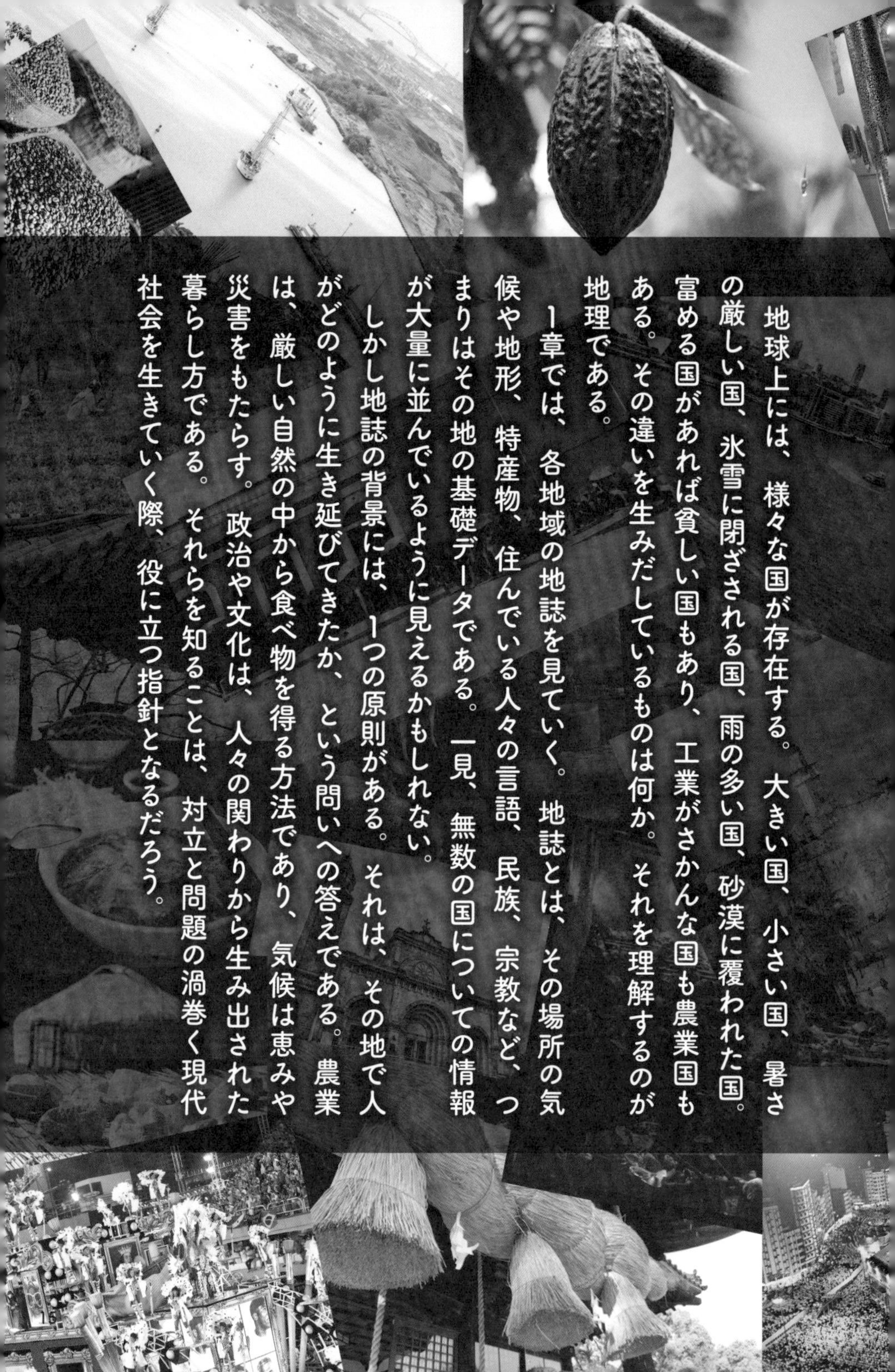

地球上には、様々な国が存在する。大きい国、小さい国、暑さの厳しい国、氷雪に閉ざされる国、雨の多い国、砂漠に覆われた国。富める国があれば貧しい国もあり、工業がさかんな国も農業国もある。その違いを生みだしているものは何か。それを理解するのが地理である。

1章では、各地域の地誌を見ていく。地誌とは、その場所の気候や地形、特産物、住んでいる人々の言語、民族、宗教など、つまりはその地の基礎データである。一見、無数の国についての情報が大量に並んでいるように見えるかもしれない。

しかし地誌の背景には、1つの原則がある。それは、その地で人がどのように生き延びてきたか、という問いへの答えである。農業は、厳しい自然の中から食べ物を得る方法であり、気候は恵みや災害をもたらす。政治や文化は、人々の関わりから生み出された暮らし方である。それらを知ることは、対立と問題の渦巻く現代社会を生きていく際、役に立つ指針となるだろう。

本書の第1章では世界を10のエリアに分けた。

エリア分け

ロシア
ヨーロッパ
45カ国／6地域
➡P60
イギリス
ドイツ
ウクライナ
フランス
イタリア
中央アジア
5カ国
➡P40
カザフスタン
トルコ
イラン
中国
日本
東アジア
5カ国／3地域
➡P20
アルジェリア
エジプト
サウジアラビア
インド
西アジア
19カ国／1地域
➡P42
南アジア
7カ国
➡P36
タイ
アフリカ
54カ国／4地域
➡P50
インドネシア
東南アジア
11カ国
➡P32
オーストラリア
南アフリカ
オセアニア
16カ国／11地域
➡P92

1 オルホン渓谷
東アジアの乾燥帯に暮らす騎馬遊牧民には古来の聖地。モンゴル帝国の首都カラコルムはじめ、多くの遺跡が残る。

2 楽山大仏
世界最大の磨崖仏で高さは約71m。水上交通の要衝に氾濫・水難の防止を祈願して8世紀に建立された。

3 ランタン祭り
朱印船貿易など15～19世紀の海上交易で栄えた古都ホイアン。毎月、満月の夜にランタン祭りが行われる。

4 アンコール・ワット
12世紀に建設。インド文化の影響が濃く、当初はヒンドゥー教、後に仏教の寺院として使用された。中世の日本人には仏教の聖地でもあった。

6

モヘンジョダロ

インダス文明の遺跡。インダス川の沖積平野で小麦・大麦の灌漑農業や牛・水牛・羊の牧畜が行われ、計画的な大都市が築かれた。

5

ラサのポタラ宮

チベット高原の平均標高 4000m という高く険しい地形と、寒さに適応したチベット民族が生みだした仏教聖地。

7

タージ・マハル

イスラム系の王朝ムガル帝国の統治時代に建てられた。総大理石で、イスラム文化とインド文化の融合が見られる。

8

マングローブ林

モンスーンによる多量の雨が、ガンジス川河口に広大な三角州を形成し、世界最大級のマングローブ林を育んだ。

東アジア・東南アジア 南アジア

東アジアは宗教や文化に中国の影響が大きく、
東南アジアの島しょ部は中国・インドの文化の影響を強く受けている。

-地誌-

東アジア

中国を大国にした広大な大地と2つの風

古い大地と偏西風・季節風

中国は安定陸塊という、極めて古い大陸の上にあり、その西部・南東部には、古期造山帯という古い山地が存在し、二大大河・黄河と長江が東へ向かって流れている。

古い大地は風や雨に浸食され、なだらかになる傾向がある。大河は下流へ土砂を運び、平野を形成する。つまり、中国は東部に広大な平野を持つということになる。**平野は農業を営むにも都市を築くにも適した地形だ。**古来、人がそこに住み、東部を中心に国を形成していった。

中国は、偏西風と季節風の、2つの風の影響を受ける。**偏西風は砂漠の砂を内陸から風下へ運び、年月をかけて厚く堆積させていった。**この土・黄土は黄河によってさらに運ばれ、中国北部に平野を形成する。風に飛ばされてきた黄土は粒がそろっていて、水をよく吸い上げるので、畑作に適した農地となった。

一方、季節風は中国南部に、夏に多量の雨をもたらす。この気候のおかげで中国南部では、栄養価が高く収穫量の多い米（主食となる作物）を育てることができた。

中国の人口は13億人超。世界一、二の座をインドと競う人数である。これだけ増加できたのは、必要な食と水をまかなえたからだ。すなわち、**古い大地と大河がつくった大平野と、恵みの風のおかげ**といえる。

キーワード

- 安定陸塊
- 古期造山帯
- 偏西風
- 季節風
- 黄土

未来への課題

恵みの土は害をも与える

黄河の水に大量に含まれる黄土は粒子が細かいため、しだいに川底に堆積し、黄河を天井川（P.103）化した。天井川は水害が起きやすく、ひとたび氾濫すると被害が甚大になる。また、黄土は黄河の河口付近では港湾部に堆積し、船舶の航行に影響を及ぼす。大気の乾燥した強風時には砂嵐・黄砂となり、視界の悪化や機器への影響によって車・航空機などの交通障害を引き起こすほか、呼吸器疾患の要因にもなる。黄砂は朝鮮半島・日本にも飛来し、国際的な課題となっている。

用語解説

黄砂…中国を中心とした東アジア内陸部の砂漠または乾燥地帯の砂。これが上空に舞い上がり、広範囲に降り注ぐ現象をいう場合もある。

中国の地形・降水量と文化の関係

中国の人口や農業の分布、食文化はその地形と降水量に深い関係がある。

海抜500mラインより海側では、早くから統一国家が形成された。中国は現代でも平野部に人口が集中している。

黄河と長江は、水運にも役立つ。この2つの河川をつなぐ運河も、開削が試みられ、紀元後7世紀に開通した。歴代中華帝国の重要な交通インフラ。

チンリン山脈とホワイ川をだいたいの境目として、北が小麦の文化圏、南が米の文化圏に分かれる。

海抜500mライン
タクラマカン砂漠
チベット高原
黄河
京杭大運河
ホワイ川
長江
チンリン山脈
珠江

年降水量
mm
1600
1000
600
300
0

中国の資源分布

中国は様々な鉱物資源にも富む。これが工業化成功の一要因となった。

中国では大規模な露天掘り炭鉱から、大量に石炭が採掘される。

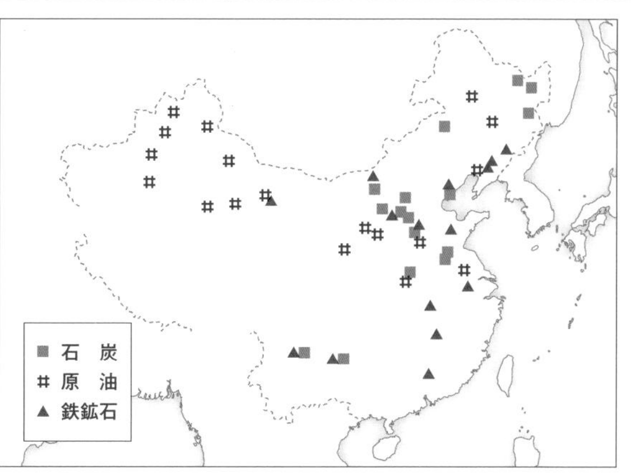

➡安定陸塊、古期造山帯については、174ページもチェック!
➡季節風については、214ページもチェック!

- 地誌 -

東アジア

中国の経済はなぜ世界2位となったのか

国力＝民族・伝統・カネ・外交力

中国東部の平野では、様々な民族が覇権争いをしていた。

その中から生じたのが、人口が世界最多の民族・漢族。中国の人口の約9割を占める。漢族の言語は中国の公用語となり、ほぼ全土で書き言葉として定着している。官僚制と文書主義が古くから根づいているため、教育熱心でその水準が高い。

この土台の上に、第二次大戦後、社会主義の国づくりが行われたが、経済が低迷。1970年代末からは、資本主義的な改革開放政策へ転換した。豊富な労働力と巨大な国内市場を武器に外国投資を呼び込み、教育水準の高さと相まって、めざましい経済成長をとげた。2010年にはGDP（国内総生産）で日本を抜いて世界2位に。今ではアメリカと貿易摩擦で対立するほど、巨大な存在となっている。

中国が大国化した要因には、**国連の常任理事国という立場や、核兵器を含む軍事力もある。**これらを総合した国力で、中国が近年推進しているのが一帯一路（いったいいちろ）だ。

一帯一路とは中国とヨーロッパを、その間の国々も含めて陸と海で結び、巨大経済圏・外交圏をつくる構想。アメリカ主導の現秩序に挑戦する性格も持つ。隣国でありながらアメリカと同盟する日本は、今後、難しい立場になる可能性もある。

COMMENT ON

日本・台湾vs中国 3国・地域の複雑な関係

第二次大戦後の中国は、共産党と国民党が内戦を繰り広げた。敗れた国民党は台湾に逃れ、安価な労働力をいかして経済発展をとげた。電子・電気機械の分野で世界有数の技術力を誇る。しかし中国は、台湾の独立を断固として認めず、国交のある国には台湾と断交するよう圧力をかけている。日本にとって台湾は、中東産油国との海上交通路の途上にある重要な存在。同じ資本主義でもあり良好な関係を保ちたいところだ。一方中国と台湾も、政治は対立しつつも経済関係は深まりつつある。

キーワード

- 漢族
- 社会主義
- 改革開放政策
- GDP
- 一帯一路

用語解説

官僚制…職務が専門的に分化され、形式的な規則に基づいて運営される、階層を持った組織・管理体系。

改革開放政策…市場経済への移行をめざした経済政策。農村部に作られていた人民公社の解体、海外資本の積極的な導入、経済特別区の設立などが行われた。

一帯一路のイメージ図

古代はシルクロードという、東洋と西洋をつなぐ交易路が陸路と海路にあった。主要商品のひとつが中国産の絹（シルク）だったため、この名で呼ばれている。

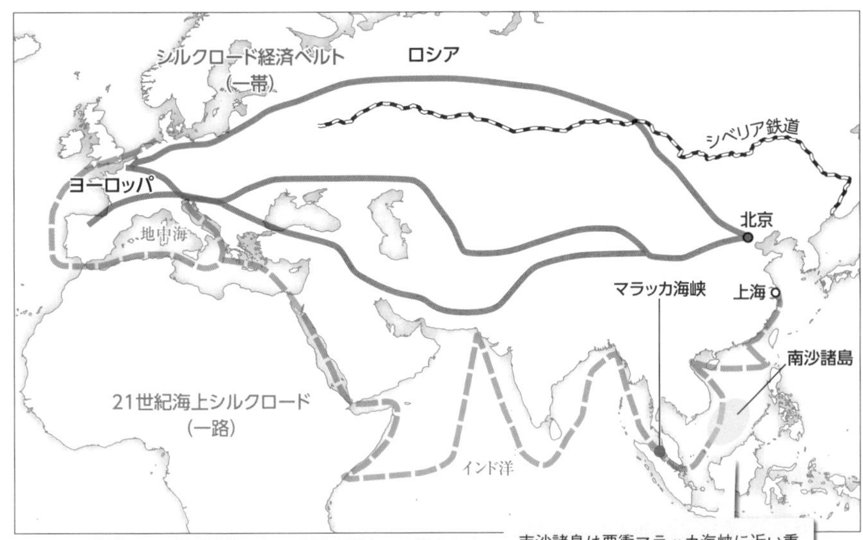

シベリア鉄道は、19世紀末期ロシア帝国が極東への進出のため建設した。現在は中国からEUまで運行が可能となっている。

南沙諸島は要衝マラッカ海峡に近い重要な位置にある。近年中国が他国の領有権主張をしりぞけて埋め立てを行っており、軍事拠点化が懸念されている。

中国がかかえるインドとの領土問題

共に大国である中国とインドは、1957年頃から領土をめぐって対立関係にある。そのため両国とも相手と敵対的な国に接近をはかるなどして、抑制し合っている。

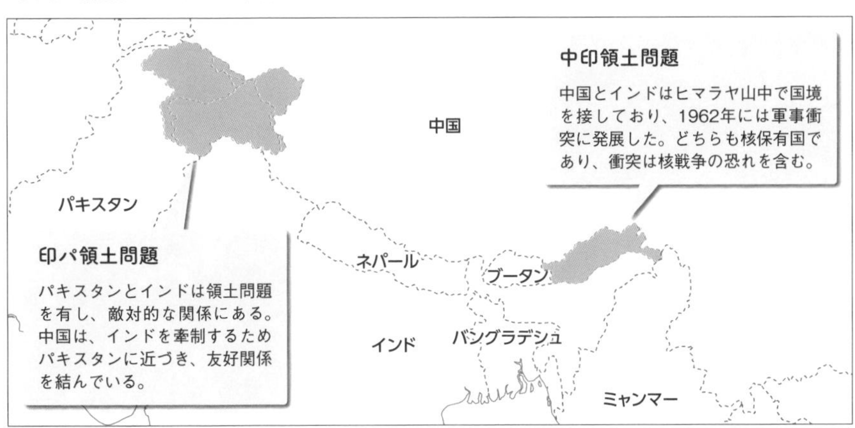

中印領土問題

中国とインドはヒマラヤ山中で国境を接しており、1962年には軍事衝突に発展した。どちらも核保有国であり、衝突は核戦争の恐れを含む。

印パ領土問題

パキスタンとインドは領土問題を有し、敵対的な関係にある。中国は、インドを牽制するためパキスタンに近づき、友好関係を結んでいる。

- 地誌 -

東アジア

朝鮮半島の「今」をつくった地形と気候

やせ地と平野を分けた38度線

朝鮮半島の北東部は山地が広く、平野は半島の西側を中心に、主に南部に分布している。

半島の南端は日本の本州と同じ温帯である。中部以北には亜寒帯という、北海道のような気候帯が広がっている。特に山地は、亜寒帯の中でも寒さが厳しい気候帯に属する。一方、資源という観点では、北部は鉄鉱石・石炭などが豊富である。

これらの地理的特性を踏まえ、日本の統治時代には、北部で工業、南部で農業が振興された。戦後、半島は北緯38度線付近で分断される。その結果、北部は工業国の朝鮮民主主義人民共和国（北朝鮮）、南部は農業国の大韓民国（韓国）となった。

北は社会主義陣営に入ったが、イデオロギーや軍事を優先する政治により、国際的孤立や設備の老朽化を招く。もともと農業に不向きな国土に加え、工業力も衰退し、慢性的な食糧不足だといわれている。現在は瀬戸際外交や国民の出稼ぎ労働で、外貨や食糧支援を獲得している。

南は資本主義の道を歩み、農業より生産性の高い工業の振興を図った。アメリカの影響下で、日本からも資金や技術の援助を獲得し、「漢江の奇跡」と呼ばれる経済成長をなしとげる。現在では世界有数の工業国で、K－POPや韓流ドラマなど文化産業もさかんである。

なぜ朝鮮族が中国にいるのか

朝鮮半島は、日本と同様、中国の歴代王朝の影響を受けてきた。例えば、漢字に由来する語彙、儒教の伝統、早くから定着していた官僚制やそれに基づく熱心な教育指向などだ。ただ、海を隔てていた日本と違い、陸続きの朝鮮半島は中華帝国との国境がゆれ動き続けたため、現在の中国国内には少数民族である朝鮮族が存在する。また、中国領内・国境には、広開土王碑・白頭山など、朝鮮族のアイデンティティと関わるものも残っている。

キーワード

- 温帯
- 亜寒帯
- 北緯38度線
- 漢江の奇跡

用語解説

中華帝国…一般に秦以降の、皇帝を頂点とする中国の王朝。

朝鮮半島の気候と地形

朝鮮半島は、日本と同緯度だが、北からの冷たいリマン海流の影響で、冬の気温が0℃を下回る。

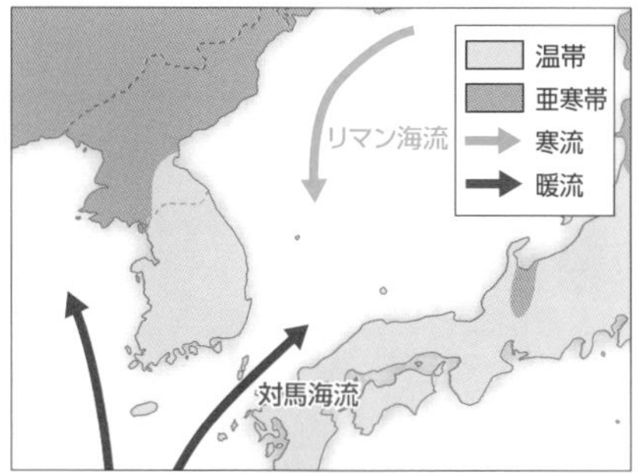

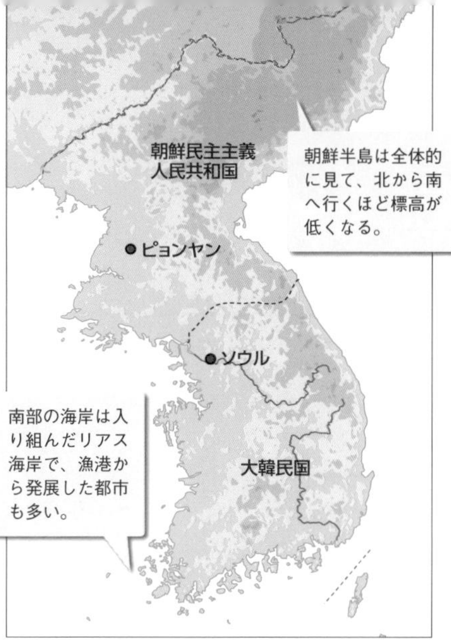

韓国のソウルは温帯に属すが、冬は池や湖が凍るほどの寒さとなる。

釜山港は韓国最大の漁港。さらに、貨物の積み替え場などの物流の拠点として世界各国の船が立ち寄り、経済が発展した。

韓国の伝統的な住まい

韓国の伝統的な住まいには、オンドル（温突）と呼ばれる床下暖房がある。オンドルは2階を暖められないため、伝統建築には平屋が多い。日本にも古代に渡来したが、普及しなかった。

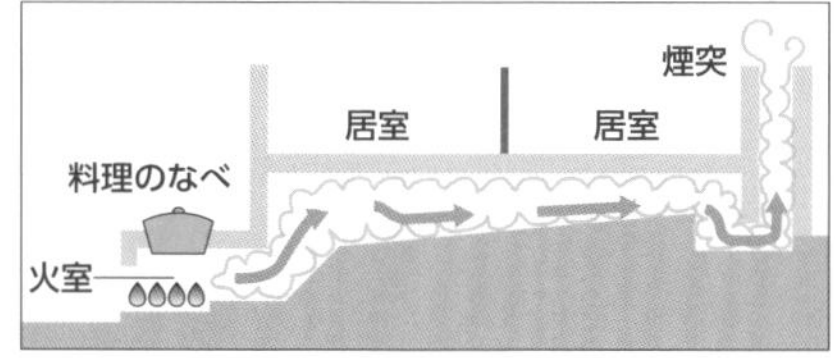

台所のかまどで発生した熱気を床下に通して、床全体を暖める仕組み。今は、ボイラーを利用した温水循環式になっている。

景福宮の煙突。王朝時代の故宮にもオンドルが導入されていたことがわかる。

➡温帯については、212ページもチェック!
➡亜寒帯については、222ページもチェック!

- 地誌 -

東アジア

東アジア5カ国・地域の共通点と緊張感をはらむ関係性

大陸に吹く季節風と中華帝国

　東アジアを構成する日本、韓国、北朝鮮、台湾、中国。この5つの国・地域には、多くの共通点がある。まず、**住民の大多数がモンゴロイドであること**。次に、**季節風の影響を受ける地域であること**。さらに、**中華帝国(ちゅうかていこく)の影響を受けていることだ**。

　季節風とは、夏と冬で風向きが逆になる風。夏には海から大陸へ吹き、大量の水蒸気を運んで雨をもたらす。そのため、この風が影響する地域は稲作に適する傾向がある。栄養価に富む米のおかげで、比較的多い人口を養うことができる。

　中華帝国の影響は、親孝行などに代表される儒教の概念や漢字の使用がわかりやすい。その他、正月、七夕、中秋の名月を祝う風習なども中華帝国に由来する。

　共通点が多いということは、**古来、人の往来が密だったということであり、摩擦・交戦の歴史もまた長い**。現在もこの5カ国・地域の間には、数々の対立が存在する。例えば、戦前の日本の対外進出による歴史問題や、東西冷戦に起因する国の正統性をめぐる問題だ。台湾と中国、北朝鮮と韓国は、正統性において真っ向から対立する。

　今のところ、5カ国・地域の間に軍事行動はなく、経済面では結びつきが強まりつつある。だが資源の争奪や領土問題は続いている。

KEYWORD

漢字文化圏の様々な「漢字」

　東アジアは、漢語由来の語彙をよく使う漢字文化圏だ。同じ漢字でも、台湾では繁体字、中国本土やシンガポール、マレーシアでは簡体字が使われ、日本で使われている漢字とは異なる。簡体字は繁体字を簡略化した字体である。

日本語	簡体字	繁体字
気	气	氣
実	实	實
伝	传	傳
楽	乐	樂
栄	荣	榮

キーワード

- モンゴロイド
- 季節風
- 中華帝国
- 稲作
- 東西冷戦

用語解説

モンゴロイド…淡黄色や褐色の肌で、黒髪などが特徴の人種。アジアに多い。

東アジアを二分した東西冷戦

1945～1989年の44年間、東西冷戦と呼ばれる、世界を二分した米ソ間の対立があった。東アジアも両陣営に分断され、経済・政治・外交面で大きな影響を受けた。現在、対立の構図は弱まりつつあるが、外交・国防では影響が持続している。

ソ連の影響を受けた国・地域
アメリカの影響を受けた国・地域
ロシア
中国
北朝鮮
韓国
日本
台湾
ソ連に組み込まれた中国・北朝鮮は、社会主義に。しかし経済が破綻し、現在の中国は、国家の統制のもとに市場経済を行っている。
日本・韓国・台湾はアメリカの傘下に入り、資本主義・民主主義を旗印に、奇跡的な経済成長を達成した。

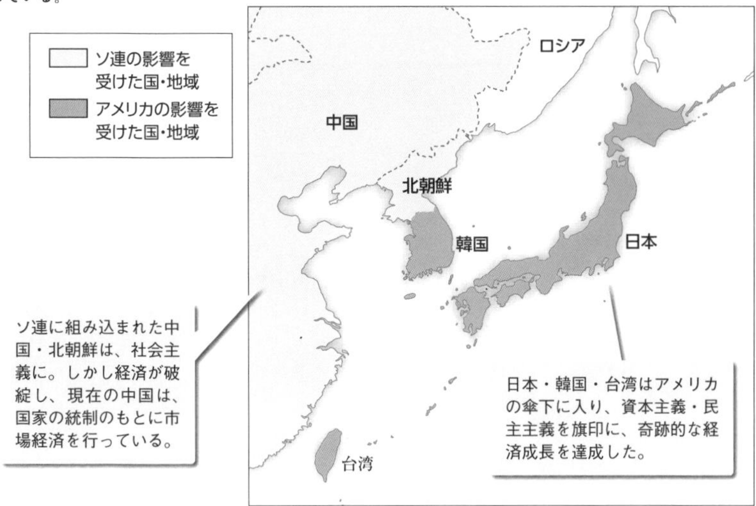

東アジアの主食の分布

東アジアの主食は地域によって異なる。主食の違いは、その地域での農業に由来する。

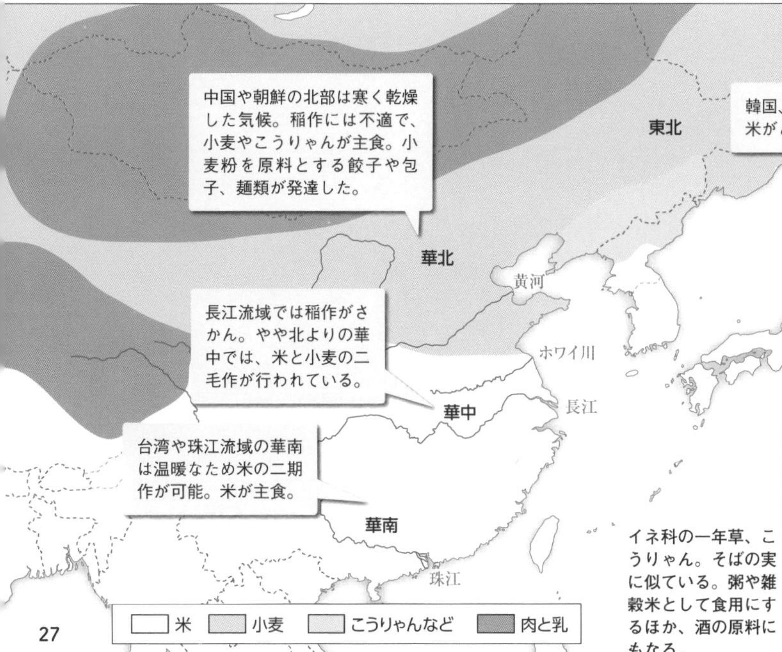

中国や朝鮮の北部は寒く乾燥した気候。稲作には不適で、小麦やこうりゃんが主食。小麦粉を原料とする餃子や包子、麺類が発達した。
東北
韓国、日本は年に1回米がとれ、米が主食。
華北
黄河
長江流域では稲作がさかん。やや北よりの華中では、米と小麦の二毛作が行われている。
ホワイ川
華中
長江
台湾や珠江流域の華南は温暖なため米の二期作が可能。米が主食。
華南
珠江
米
小麦
こうりゃんなど
肉と乳

イネ科の一年草、こうりゃん。そばの実に似ている。粥や雑穀米として食用にするほか、酒の原料にもなる。

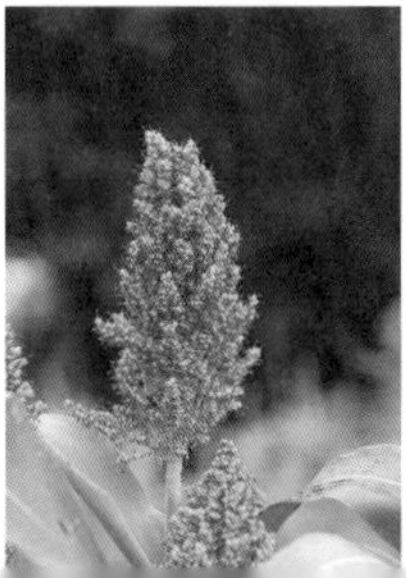

- 地誌 -

東アジア

意外と多民族な東アジア

キーワード
・漢族
・少数民族
・華僑
・仏教
・儒教

マジョリティの中の少数派

東アジアの民族分布は、中国では漢族、朝鮮半島では朝鮮族、日本列島では日本人が多数派である。台湾では、戦前までに移住していた中国系の人々（本省人）が多数派を占めるが、戦後に大陸から来た人々（外省人）が政治の要職を握り、摩擦が起きたこともある。

少数派は各地域に存在する。**中国には55の少数民族が居住し、独自の言語・宗教・文化をそれぞれ保持している。**彼らに対しては、省と同格の民族自治区が設けられたり、一人っ子政策が適用除外されたりなど、優遇措置が取られた一方、同化政策や弾圧も指摘されている。

日本には、北海道の先住民族アイヌのほか、韓国併合後に移住し定着した在日韓国・朝鮮人、中国系移民である華僑が存在する。台湾には、山岳地帯や離島を中心に先住民族が居住している。

宗教は、インドから到来した仏教、孔子の学問が生活規範化した儒教の二宗教が、在来の信仰と融合し、祖先崇拝や現世利益の祭祀として、広く定着しているのが特徴だ。

中国と北朝鮮では、社会主義の思想による宗教弾圧の動きも見られる。韓国では、儒教が倫理として根づいているが、一方でキリスト教が戦後急速に広まり、今では国内最多の宗教となっている。

KEYWORD

「少数民族」のメリットとデメリット

少数民族の独自性は観光資源となる。例えば台湾のアミ族は、伝統舞踊のショーで有名だ。また中国の少数民族・朝鮮族は母語が朝鮮語、公用語が中国語で、外国語として日本語を履修することが多いため、観光産業などで重宝されている。

一方、中国では中央の政策に対し、チベット族による抗議の焼身自殺や、ウイグル族のテロが起きている。チベット族はインド、ウイグル族はトルコと結びつきが強く、ダライ・ラマ14世のインドへの亡命など国際問題にもなっている。

用語解説

一人っ子政策…中国で1979～2015年に行われた、一組の夫婦に対して子ども一人に制限する人口抑制策。

同化政策…多民族や支配国が、少数民族や被支配国を、自己の文化になじませようとする政策。

東アジアの民族分布

多民族国家の中国は、人口の９割を漢族が占め、残りの１割が55の少数民族である。

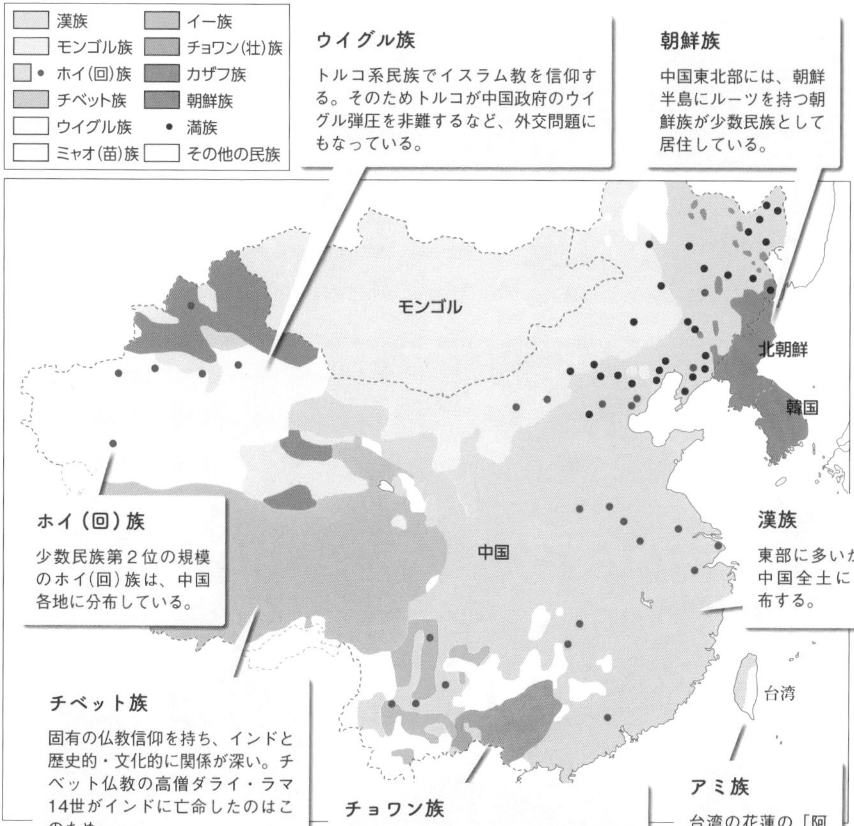

漢族	イー族
モンゴル族	チョワン(壮)族
• ホイ(回)族	カザフ族
チベット族	朝鮮族
ウイグル族	• 満族
ミャオ(苗)族	その他の民族

モンゴル
北朝鮮
韓国
中国
台湾

ウイグル族

トルコ系民族でイスラム教を信仰する。そのためトルコが中国政府のウイグル弾圧を非難するなど、外交問題にもなっている。

朝鮮族

中国東北部には、朝鮮半島にルーツを持つ朝鮮族が少数民族として居住している。

ホイ（回）族

少数民族第２位の規模のホイ(回)族は、中国各地に分布している。

漢族

東部に多いが、中国全土に分布する。

チベット族

固有の仏教信仰を持ち、インドと歴史的・文化的に関係が深い。チベット仏教の高僧ダライ・ラマ14世がインドに亡命したのはこのため。

チョワン族

中国の少数民族でもっとも人口が多いのはチョワン族。人口は約1700万人。

アミ族

台湾の花蓮の「阿美文化村」は観光スポットのひとつ。

チベットの僧侶
僧侶たちは、如法衣（にょほうえ）と呼ばれるエンジ色のような赤い袈裟を着る。

アミ族のダンス
リズミカルな歌とともに、色鮮やかな伝統衣装をまとって踊る。

➡宗教については、30ページもチェック！
➡華僑については、32ページもチェック！

宗教

宗教が人々に与える影響とは

ドイツのクリスマスマーケット。大宗教の祭事は、儀式という枠を超え、地域の経済・文化に波及する。

タイは仏教徒が多いが、東アジアは仏教・儒教・道教が混交して各地で民族宗教化し、文化の基盤を形成した。

POINT

宗教は、信者が多い地域の風習や経済、政治に波及し、非信者も含め人々の生活に影響を与える。世界情勢を左右する要因になることもある。

知っておきたい宗教の特徴

宗教には、**民族の枠を超えて信者がいる世界宗教と、特定の民族に信仰される民族宗教がある。**世界宗教といえばキリスト教、イスラム教、仏教、民族宗教ではユダヤ教、ヒンドゥー教を知っておくと役立つ。

キリスト教圏には政教分離の国が多く、社会生活で宗教規範は目立たない。しかし、同性婚や妊娠中絶の是非は政治問題化することがある。

イスラム教には、酒とブタが禁忌などの食規制がある。性道徳が厳格で、女性は髪・体を覆うことが多い。

ヒンドゥー教は民族宗教だが信者数が膨大で、インドとインド系移民に強く影響している。牛を神聖視するため牛肉食は避けられ、牛の解体業者が襲撃される事件も起きている。

ユダヤ教はイスラエルの民族宗教で信徒数は少ないが、キリスト教とイスラム教に強い影響を与えた宗教。両教と歴史的にしがらみもあり、ユダヤ教への共感・反感は、パレスチナ紛争など国際政治を左右している。

宗教の影響は信者以外にも波及

宗教はその地の風習・経済、時に政治にも関わる。**民族意識や異教への敵意を喚起し、紛争要因となることもある。**信者数の多い宗教が地域に存在すると、その影響は信者以外の住民にも及ぶ。例えば日本の神道には、年始に神社へ行く習慣がある。このため、電車が特別なダイヤを組む、縁起物を製作・運送・販売する需要が生じるなど、社会全体に波及する。

イスラム教

信者数：約18億人
開祖：ムハンマド
地域：主に北アフリカ、中央アジア、西アジア、インドネシア

聖地メッカへの巡礼が奨励されているため、毎年数百万の人々が世界中からサウジアラビアを訪れる。

パレスチナには、古代ユダヤ人の国があった。「嘆きの壁」は神殿の遺構とされ、ユダヤ教徒の聖地となっている。

インドなどヒンドゥー教徒の多い地域では、牛を神聖視するので牛肉食は禁忌とされている。

-地誌-

東南アジア

なぜ東南アジアは多民族社会となったのか

島を生んだ造山運動と風

東南アジアは世界でも特に地殻変動などが活発な2つの造山帯、アルプス＝ヒマラヤ造山帯と環太平洋造山帯が接する場所にあるため、大地がよじれ、高山や複雑な形の半島、数万の島々が生まれた。このような地形のため、**対立に敗れた部族も山間部や別の島に逃れて生き延びることができた。**今も多様な民族が残り、国家を形成している。

赤道付近かつユーラシア大陸の東南部に位置する東南アジアは雨に恵まれ、季節風が吹く。この風の影響と無数の島々があることにより、原始的な船でも航海が可能になり、古くから海上交通が発達した。

またインドと中国という古来の大国の間に位置したため、**交易網「海のシルクロード」の要衝(ようしょう)として多くの民族が去来した。**古くはインド商人、イスラム商人が交易に訪れ、華僑(かきょう)も移住し、大航海時代以降は西欧により、タイ以外のほとんどの国が植民地となった。

この結果、現在の東南アジアでは、大陸部は仏教徒、島々はイスラム教徒が多く、フィリピンではキリスト教徒が多数派であり、ヒンドゥー教徒も存在するなど宗教も多様化した。言語も、華僑は中国系の方言や普通話、インド系はタミル語を使うなど、多くの人が母語と各国の公用語を併用している。

CLOSE-UP

多文化の共生と制度化

多民族・多宗教・多言語が混在する現実を背景に、東南アジアでは、互いの文化を尊重し共生を図る姿勢が基調だ。例えばインドネシアでは多数派言語ジャワ語を、あえて公用語にしていない。また信教の自由も尊重されている。

一方、タイでは憲法で「国王は仏教徒」と定め、マレーシアではイスラム法に反する同性愛が違法となるなど、多数派の理念が制度化されている面もある。経済力のある華僑に対しては、中国への警戒や格差是正のため、抑圧策も取られている。

キーワード

- アルプス＝ヒマラヤ造山帯
- 環太平洋造山帯
- 季節風
- 海のシルクロード

用語解説

華僑…海外に住む中国系移民のこと。海外に住むインド系移民は、印僑（いんきょう）ともいう。

東南アジアの国々と民族

東南アジアの国々は古くから文化の交易路であったことから、宗教や言語が様々である。

ミャンマー

ミャンマーは人口の９割が仏教徒。イスラム教徒のロヒンギャ族への弾圧が深刻。

ベトナム

ベトナムには漢字・旧正月など文化的に中国の影響が強い。正月には、中国に由来する獅子舞が舞う。

タイ

タイは王制で、仏教徒が圧倒的多数派。

タイ寺院の仏像。

マレーシア

マレーシアは華僑と印僑が３割を占める。華僑との経済格差を是正するため、多数派のマレー系を優遇する「ブミプトラ政策」実施中。

シンガポール

シンガポールはマレーシアから華僑の多い島が分離独立。公用語は英語。

フィリピン

スペイン、アメリカによる植民地支配を経験。そのためキリスト教徒が多数派で英語も公用語。

フィリピンにあるキリスト教のマニラ大聖堂。

パラオ

インドネシア

インドネシアは人口２億人超の大国。イスラム教徒が世界一多い国。華僑人口も世界最大だが、中国語教育が禁止された時代もある。

インドネシアのバリ島は、インドの影響が強かった時代にヒンドゥー教が伝わり、周囲の島がイスラム化した後も信仰され続けている。

インドネシア国内最大のモスク。イスラム教の礼拝堂。

ヒンドゥー教の伝統的な寺院。

➡宗教については、30ページもチェック！
➡季節風については、214ページもチェック！
➡造山帯については、174ページもチェック！

-地誌-

東南アジア

東南アジアが著しい経済成長をとげた理由

気候をいかした農業の発展

2つの造山帯に属する東南アジアは、火山由来の肥沃（ひよく）な土壌に恵まれている。また熱帯でモンスーンの影響を受けることから、年間の降雨量も多い。そのため稲作が古くからさかんで、人口が増加した。

欧米諸国による植民地支配下となった19世紀以降は、安く豊富な労働力を用いた大規模なプランテーション農業が多く展開され、輸出向けの作物が大量に栽培された。主な作物は、高温と多雨をいかした天然ゴム、コーヒー豆などである。

戦後、東南アジア諸国はインドシナ戦争に代表される宗主国との戦争を乗り越えて独立を果たし、農業の近代化を進めた。新たに**収穫量の多い品種と高度な栽培技術を導入した「緑の革命」により、米の自給力が大幅に向上。タイやベトナムでは輸出も可能となった。**輸出向けの作物は、パーム油の原料となるアブラヤシ、多国籍企業によるバナナの生産などが好調だ。

工業は、植民地時代には鉱産資源を宗主国へ輸出することが主体だったが、独立後は**外国企業を誘致し、関税などを優遇する輸出加工区を設けて工業化を推進。**その成功や人口ボーナスによる内需拡大、共同体ASEANの結成および加盟国の増加・域内自由化により、現在の高い経済成長を実現した。

COMMENT ON

日本と東南アジアの結びつき

日本は戦時中、東南アジアへも武力で進出した。日本人がタイとミャンマーをつなぐ泰緬（たいめん）鉄道建設に現地の人々を強制動員したことも知られている。しかし、これにより欧米の宗主国が撤退したことが、独立達成につながったと捉える向きもある。現在は、日本の多額のODA（政府開発援助）や、日本企業による機械・繊維・食品産業の進出により、経済面での結びつきが強まりつつある。政治的にも南沙諸島問題などで中国への警戒感が高まり、牽制役として日本が期待されている。

キーワード

- プランテーション農業
- 緑の革命
- 多国籍企業
- 人口ボーナス
- ASEAN

用語解説

ASEAN（アセアン）…東南アジア諸国連合。東南アジア諸国の経済、社会の発展、貿易の拡大などを目指す組織。

泰緬鉄道…第二次世界大戦中に、日本軍が軍事物資の輸送などを目的に建設した鉄道。戦時中の過酷な状況下での労働で、膨大な死者が出た。

東南アジアの農業

年間を通じて水が得られる東南アジアは、様々な作物の産地としても恵まれている。

米
メコン・デルタは、ベトナム最大の稲作地帯。2～4月、5～9月、10～1月の三期作で米づくりが行われる。

天然ゴム
天然ゴムはタイヤの原料になるため、自動車産業には欠かせない。インドネシアやタイで生産が多い。

バナナ
フィリピンでの生産がさかん。プランテーションという大規模農園で、大量生産をしている。

コーヒー豆
ベトナム南部のコーヒーは低価格を武器に、インスタント・缶コーヒーでシェアを急速に拡大した。

輸出品の変化の例

東南アジアの中でも天然資源に恵まれているマレーシアとタイは、かつては原油や天然ゴムの輸出が多かったが、近年では工業化にも成功し、機械類の輸出が増えている。

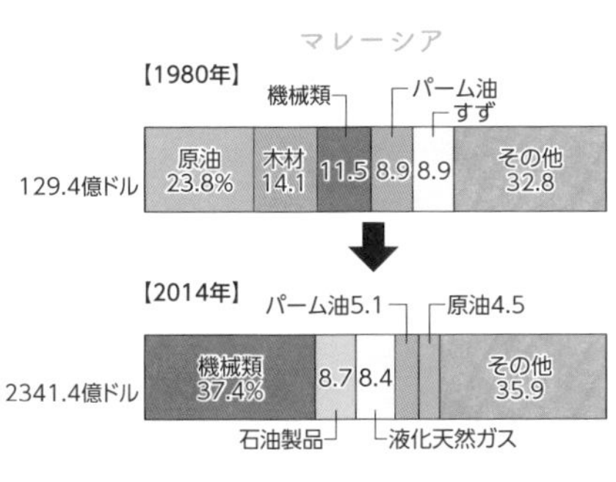

マレーシアは政府による経済計画をもとに工業化が進み、天然資源を売る一次産業国から、工業製品をつくる輸出国となった。

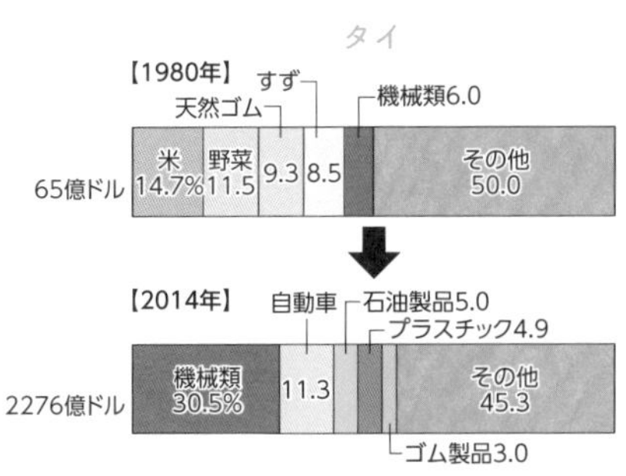

タイは米を中心とする一次産業がさかんだったが、工業化政策や、日本からの投資が後押しし、工業製品の輸出が増えた。

➡緑の革命については、110ページもチェック！
➡人口ボーナスについては、144ページもチェック！

- 地誌 -

南アジア

古代インドは独立した大陸だった？

大国インドは奇跡のたまもの

インドのすぐ西にはアラビア半島など西アジアの砂漠地帯がある。インドは乾燥帯も含まれるが、雨に恵まれた地帯もあり農業がさかんで、世界2位の人口を実現している。

インドの母体は古代、南半球に広がっていたゴンドワナ大陸という、とても古い陸塊だった。約9000万年前、ゴンドワナ大陸からちぎれた一部の大地は、プレートの動きによって北上し、やがてユーラシア大陸に衝突した。その衝撃で隆起したのがヒマラヤ山脈である。「世界の屋根」とも呼ばれるこの山脈はインドと大陸の間に、高い壁となってそそり立つ。こうして亜大陸・インドが成立した。

インドが衝突したユーラシア大陸の南部から東部にかけては、季節風の影響で、海から水分がもたらされた。この水分がヒマラヤ山脈などの山地に衝突して雨になり、インダス川など大河となって、下流に平野を形成した。

さらにインドの中央部には、太古の火山活動に起因するレグール土という肥沃な土壌もある。こうしてインドは農業大国、そして人口大国となった。

豊かで人が多い場所には文明が育つ。古代にはインダス文明を生んだ亜大陸インドは、仏教や哲学、数学などで人類に影響を与えた。

キーワード

- ゴンドワナ大陸
- 世界の屋根
- 季節風
- レグール土
- インダス文明

CLOSE-UP

インドでIT産業が発展した理由

インドでは英語が公用語のひとつとなっている。そのため、アメリカをはじめとする先進国の企業が進出しやすい。

また膨大な人口に加えて、数学やIT分野など高等教育の水準が高い。これらの背景から、英語に堪能で世界的に活躍できる優秀な技術者が多数誕生した。

さらに、時差によりアメリカの夜間がインドの労働時間に当たる。連携すればITソフトなどの制作作業を24時間続けて行えることも、好都合になったのである。

用語解説　**ゴンドワナ大陸**…現在のアフリカ大陸、南アメリカ大陸、インド、南極大陸、アラビア半島などを含んでいた大陸。古代インドの言語で「ゴンド族の森」を意味する。

インドの形成とヒマラヤ山脈の成り立ち

分離した大陸がプレートの動きによってユーラシア大陸のほうへ北上した。そして、大陸にぶつかり、そこにヒマラヤ山脈ができた。

ユーラシア大陸
ヒマラヤ山脈
1000万年前
4000万年前
季節風
5500万年前
7000万年前
インド洋
ゴンドワナ大陸の一部がちぎれて移動。

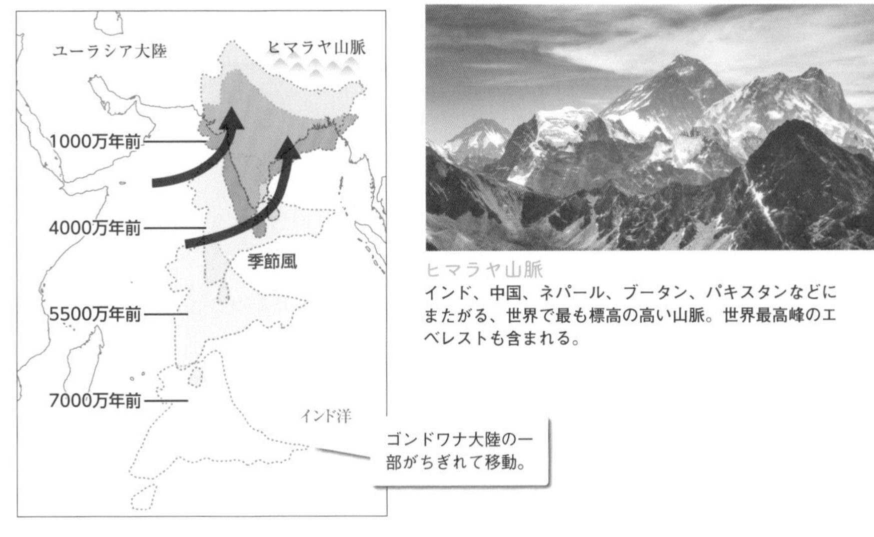

ヒマラヤ山脈

インド、中国、ネパール、ブータン、パキスタンなどにまたがる、世界で最も標高の高い山脈。世界最高峰のエベレストも含まれる。

南アジアの農業

南アジアは、インド洋の水蒸気をたっぷり含んだ季節風の影響で農業がさかん。

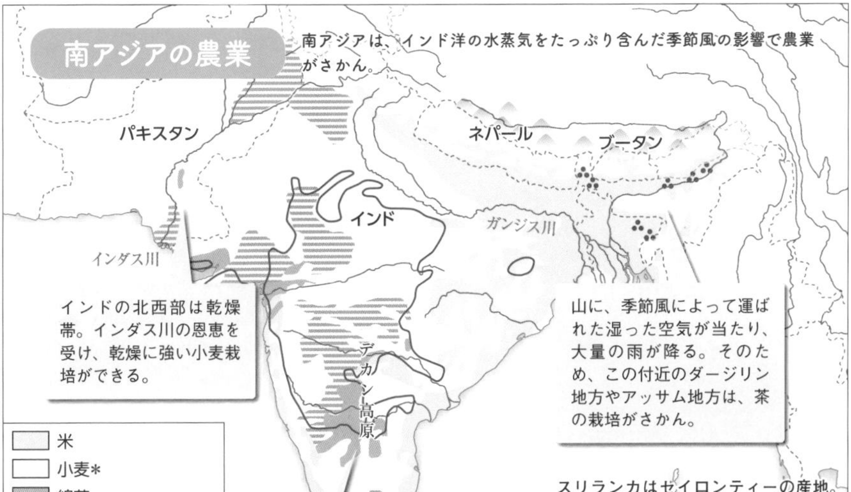

パキスタン
ネパール
ブータン
インド
ガンジス川
インダス川
デカン高原
スリランカ
インドの北西部は乾燥帯。インダス川の恩恵を受け、乾燥に強い小麦栽培ができる。
山に、季節風によって運ばれた湿った空気が当たり、大量の雨が降る。そのため、この付近のダージリン地方やアッサム地方は、茶の栽培がさかん。
米
小麦*
綿花
小麦*と綿花
氷雪、荒地、砂漠、森林
茶
レグール土の分布地域
*南部ではモロコシ
デカン高原には、レグール土という肥沃な黒土が分布。綿花栽培がさかん。

スリランカはセイロンティーの産地。山がちで雨が多く、茶の栽培に適している。

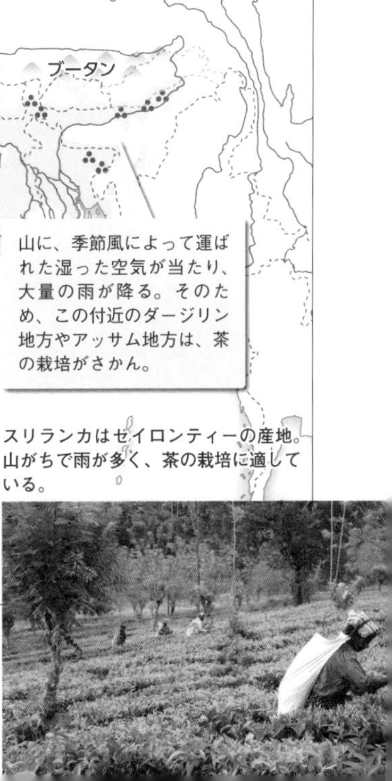

➡レグール土については、115ページもチェック！
➡季節風については、214ページもチェック！

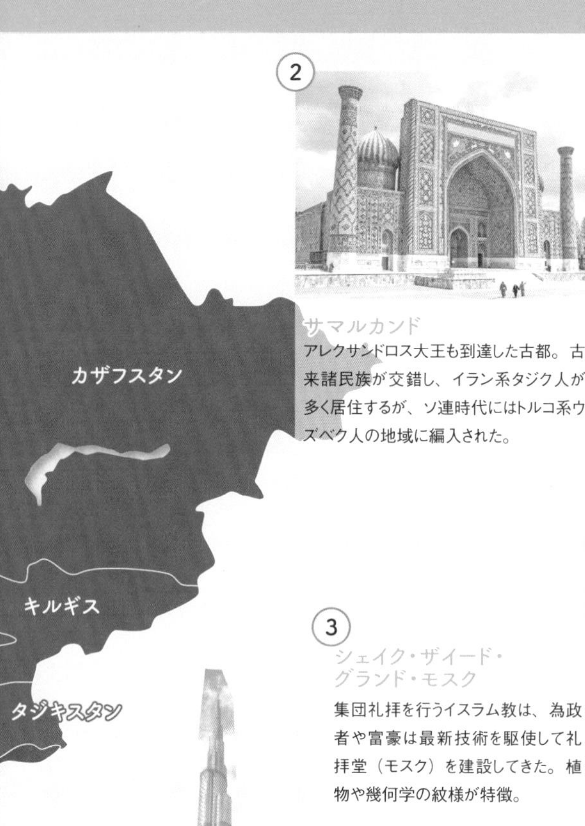

1

サリャルカのステップと湖沼群
ステップ（草原）が広がるカザフスタンの90%の河川は、乾季に水がなくなる。サリャルカの湿地帯や塩湖は、生態系にとって貴重な水源。

2

サマルカンド
アレクサンドロス大王も到達した古都。古来諸民族が交錯し、イラン系タジク人が多く居住するが、ソ連時代にはトルコ系ウズベク人の地域に編入された。

3

シェイク・ザイード・グランド・モスク
集団礼拝を行うイスラム教は、為政者や富豪は最新技術を駆使して礼拝堂（モスク）を建設してきた。植物や幾何学の紋様が特徴。

4

ザ・パール
産油国カタールは、金融業や観光業がさかん。高級リゾート地の人工島の名は、かつての主産業、真珠（パール）に由来。

5

ブルジュ・ハリファ
ドバイは金融立国路線で急成長。世界最高の超高層ビル、ブルジュ（塔）を建てた。「ハリファ」は金融危機のとき支援してくれた産油国アブダビの首長の名。

中央アジア・西アジア

油田が集中した産油国では急速に経済発展をとげた。
宗教的にはイスラム教を国教とする国が多く、乾燥した砂漠が広がっている。

ワディ・ラム砂漠
ワディとは「涸れ川」。雨や風で岩山が削り出された川底は隊商が行き来する交易路だった。赤砂の美しさや異世界感から映画の撮影にも使われる。

スルタンアフメト・モスク
アジアとヨーロッパの境でチョークポイントをおさえるイスタンブールは古来の要衝。オスマン帝国時代にはモスクが多数建設された。

メッカ
イスラム教の発祥地で、近隣の都市メディナとあわせて二大聖都。巡礼月には世界から200万人超が集結する。信徒以外は立ち入り不可。

- 地誌 -

中央アジア

砂漠地帯に住む人々はどのように生活しているのか

遊牧と灌漑農業が生業

中央アジアは、インドの北隣の地域である。だが気候や文化に、インドと異なることが多い。間にヒマラヤ山脈、チベット高原がそびえ立ち、大気や人の往来を阻害するからだ。また、そもそも海から遠い地域であり、湿った風も届かない。そのため乾燥帯が広がる。

乾燥帯に暮らす人々の生活は遊牧によるところが大きい。遊牧民は丈の低い草で家畜を養い、その乳や肉を食べて命をつなぐ。最低限の水と草があれば、どこへでも移動して暮らせるが、草が短いため、広い地域を移動できなければ成り立たない生業である。

遊牧生活は、ユルタと呼ばれる家に住む。木材による骨組みを布で覆うテント式の家で、分解して運搬できる。現在は、電気・水道のある暮らしを求める動きや政府の方針などにより、定住する人が増えている。

乾燥帯の生業にはもうひとつ、灌漑(かんがい)農業がある。毎年生えては枯れる丈の低い草は、肥沃な腐葉土を形成していることが多い。そのため**灌漑で水さえ引ければ、渇きに強い小麦や綿花の一大産地となり得る。**

西アジアとは気候が似ており、間の山脈や高原もそれほど急峻(きゅうしゅん)でないため、古来、人の往来があった。そのためイスラム教が伝わり、中央アジアの社会や文化の基盤となった。

COMMENT ON

中央アジアにおける宗教

8世紀以降、イスラム文化が広まっていた中央アジア。それを大きく変えたのは政治である。第二次大戦後、中央アジア一帯はソビエト連邦の一部となり、社会主義により宗教が抑圧された。そのため1990年代の独立後も、イスラム教を信仰しているが宗教規範をあまり意識しないという人が多い。一方、抑圧がなくなったため、イスラム教に回帰する動きもある。また国境と民族分布が一致しておらず、例えばウイグル族などイスラム教徒の居住地が、中国西部まで広がっている。

キーワード

- 乾燥帯
- 遊牧
- 灌漑農業
- イスラム教

用語解説

ユルタ…遊牧民の移動式住居。モンゴルではゲル、中国語ではパオと呼ばれる。

中央アジアの気候区分

中央アジアのほとんどが、砂漠気候区かステップ気候区の乾燥帯である。

カザフステップでの小麦栽培。

カザフスタン北部の広いステップ地帯を、カザフステップという。

カザフスタン
バルハシ湖
アラル海
カフカス山脈
シルダリア川
イシク・クル湖
キルギス
ウズベキスタン
タクラマカン砂漠
中国
アムダリア川
タジキスタン
カラコルム山脈
ヒンズークシ山脈
ヒマラヤ山脈
イラン
パキスタン
インド

アラル海へ注ぐ2つの河川がこの地域の貴重な水資源。この付近は、塩害による農地縮小、水不足による健康被害など水資源における深刻な問題をかかえている。

ヒマラヤ山脈の雪解け水が砂漠を貫いて流れ、その流域では灌漑農業ができる。

砂漠気候
ステップ気候

水が得にくい地域では遊牧が中心。

タジキスタンのヌレーク・ダム。堤防の高さは世界最大(2019年現在)。タジキスタンに建設されたこの巨大ダムにより、下流の国ウズベキスタンに水が行かなくなり、紛争リスクが高まっている。

干上がったアラル海に座礁した船。アラル海に注ぐシルダリア川とアムダリア川の2つの川から運河を引くという、旧ソ連の農業開発が行われた結果、アラル海は水量が減り、縮小した。

➡ウイグル族については、29ページもチェック!
➡乾燥帯については、206〜209ページもチェック!

- 地誌 -

西アジア

なぜ多くの文明が西アジアで生まれたのか

キーワード

- 亜熱帯高圧帯
- 灌漑
- 遊牧
- オアシス農業
- オアシス都市

都市を隊商がつないだ

西アジアから北アフリカにかけての地域は、亜熱帯高圧帯という高気圧の地域であるため乾燥が激しい。

気候的にも水さえあれば小麦など植物が生育できる地域だ。ヒトの故郷・東アフリカに近いこともあり、大河流域など水を得られる場所では、早くから文明が発達した。農業という、人類史の一大革命が起こったのも、西アジアの「肥沃な三日月地帯」と呼ばれる、チグリス・ユーフラテス川流域から地中海にかけてのエリアである。

この地域では、3種類の住みこなし方が発生した。1つめは、大河流域の農業である。ナイル川とチグリス・ユーフラテス川の流域では、**灌漑により小麦などが栽培され、古代文明が栄えた。**2つめはオアシス農業で、砂漠の中の湧水(ゆうすい)など**水を得られる場所に都市国家が生じ、ナツメヤシなどの栽培や貿易の中継を行った。**3つめは、**水と草を求めて移動する遊牧**である。

古代文明で発展した技術や生産された穀物は、遊牧で馴化(じゅんか)された家畜によりオアシス都市に中継されて、遠く離れた別の文明や古代都市に届けられた。このネットワークによって西アジアは文明の交差点となり、一神教のユダヤ教、キリスト教、イスラム教が誕生し、人類史に多大な影響を及ぼした。

文明の拡大に貢献したラクダ

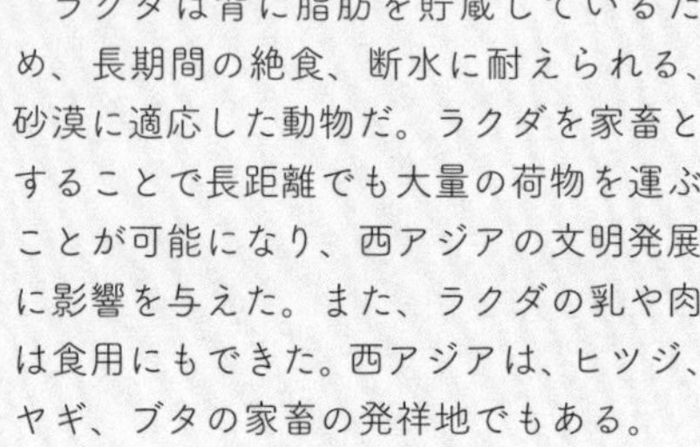

ラクダは背に脂肪を貯蔵しているため、長期間の絶食、断水に耐えられる、砂漠に適応した動物だ。ラクダを家畜とすることで長距離でも大量の荷物を運ぶことが可能になり、西アジアの文明発展に影響を与えた。また、ラクダの乳や肉は食用にもできた。西アジアは、ヒツジ、ヤギ、ブタの家畜の発祥地でもある。

ヒトコブラクダ。現在の中東では、ラクダ乗り体験や、ラクダの乳のチョコレートなどが産業資源となっている。

用語解説 **ナツメヤシ**…乾燥帯で栽培できる、希少な農作物。ナツメヤシの実は、西アジアの貴重な食料。

古代中東の交易路と文明が生まれた地域

川の流域では農業が発達して文明が生まれ、遊牧による交易で多くの隊商が活躍した。

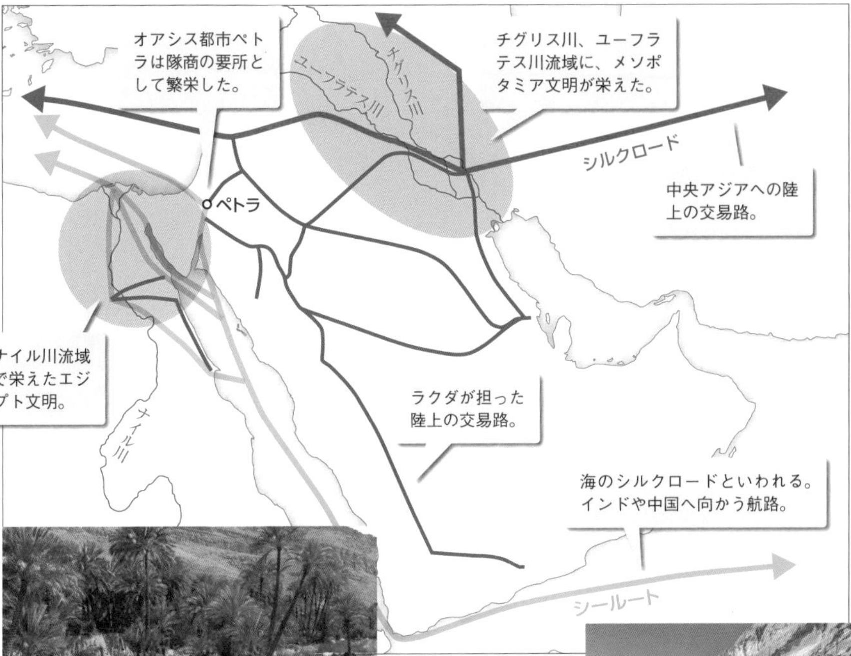

オアシス都市ペトラは隊商の要所として繁栄した。
チグリス川、ユーフラテス川流域に、メソポタミア文明が栄えた。
ユーフラテス川
チグリス川
シルクロード
中央アジアへの陸上の交易路。
ペトラ
ナイル川流域で栄えたエジプト文明。
ナイル川
ラクダが担った陸上の交易路。
海のシルクロードといわれる。インドや中国へ向かう航路。
シールート

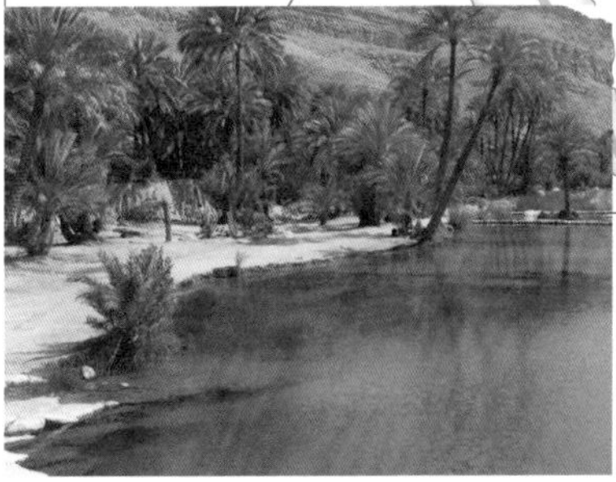

砂漠や乾燥地帯のオアシスは、隊商たちにとって水と食料を補給するための貴重な場所だった。

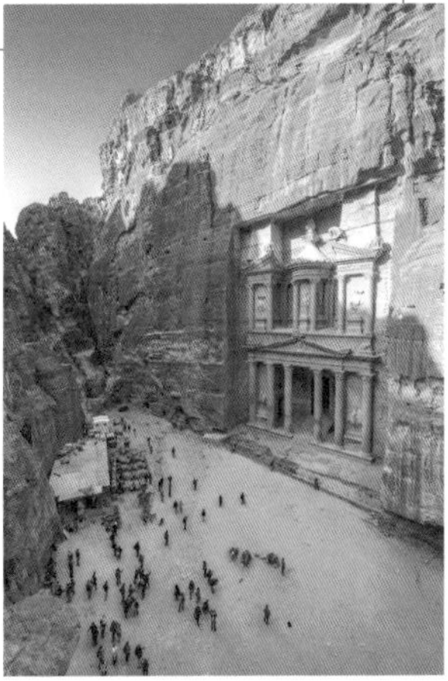

世界遺産となっているペトラ遺跡。

カナートのしくみ

カナートは地表が乾燥する地帯で利用されている導水設備で、旧大陸（アジア、アフリカ、ヨーロッパ）の乾燥帯に広く見られる。

山地
掘り出した土
縦穴
横井戸
扇状地
農地
岩盤
地下水

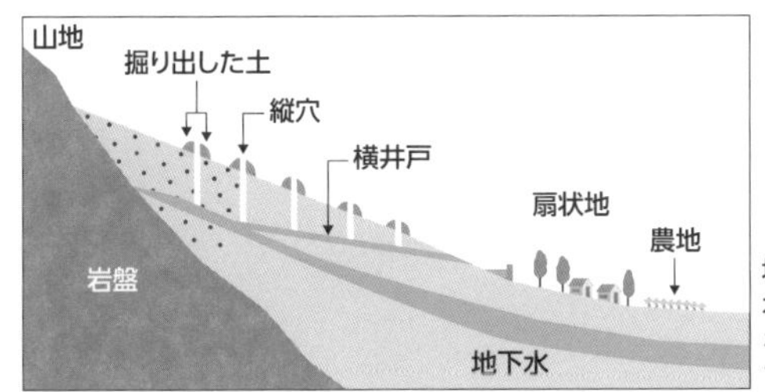

地表の蒸発を防ぐために地下水のある山麓と集落の間をつないでいる。北アフリカではフォガラとも呼ばれる。

➡亜熱帯高圧帯については、200ページもチェック！
➡乾燥帯の暮らしについては、208ページもチェック！

- 地誌 -

西アジア

なぜ西アジアは民族と宗教が複雑に入り交じるのか

諸民族が交錯してきた歴史

紀元前千数百年ごろ西アジアには、セム語族がいた。また、インド・ヨーロッパ(印・欧)語族も、北部から東部にかけて存在した。紀元前10世紀ごろ、セム語族のひとつであるユダヤ人が地中海東岸に王国を建てた。紀元後1世紀、亡国した後は各地へ離散するが、ユダヤ教を核にアイデンティティを維持した。

また同じ頃、ユダヤ教から派生したキリスト教が民族の枠を越え、ヨーロッパへ広まった。7世紀には、アラビア半島のメッカでイスラム教が誕生。セム語系のアラビア語で説かれたこの宗教は急速に拡大、「アラビア語を話し、イスラム教を信仰する者＝アラブ人」というアイデンティティを生む。イスラム教はインド・ヨーロッパ語族であるイラン系民族にも受容されたが、固有言語を塗り替えるには至らなかった。

8世紀以降、トルコ系民族にもイスラム教が広まる。すぐれた騎馬民族だった彼らは、奴隷・傭兵(ようへい)としてイスラム世界へ移入され、主に西アジア北部に定住した。その一派がオスマン帝国を樹立、トルコ語はその公用語となった。

こうして**アラブ系、イラン系、トルコ系の三大民族が存在することとなったイスラム教圏へ、20世紀にユダヤ教徒が帰還、イスラエルを建国した。**

COMMENT ON

宗教・民族の対立が根深い西アジア

圧倒的多数のイスラム教徒が、言語によりアラブ系、イラン系、トルコ系に分かれ、そこへ異宗教のユダヤ人が特異な位置を占める、それが現在の西アジアである。

ユダヤ教徒は信仰・民族意識の双方で聖地エルサレム周辺を我がものと認識している。ユダヤ人迫害の歴史を引け目とするヨーロッパ諸国と、ユダヤ系移民の多いアメリカは、それを支援する。イスラム諸国は反ユダヤ教と反イスラエルの部分は宗教的には共有しつつ、民族的には対立を相互に抱えている。

キーワード

- ユダヤ教
- イスラム教
- アラブ系民族
- イラン系民族
- トルコ系民族

用語解説

セム語族…西アジアや北アフリカに暮らす、セム語を使用する人々の総称。セム語には、ヘブライ語、アラビア語、エチオピア語などが含まれる。

中央・西アジアの言語とイスラム教徒の割合

中央・西アジアの言語は主に、アラビア語、ペルシャ語、トルコ語の3つに分けられる。イスラム教の聖典はアラビア語だが、信者はペルシャ語、トルコ語圏にも分布している。

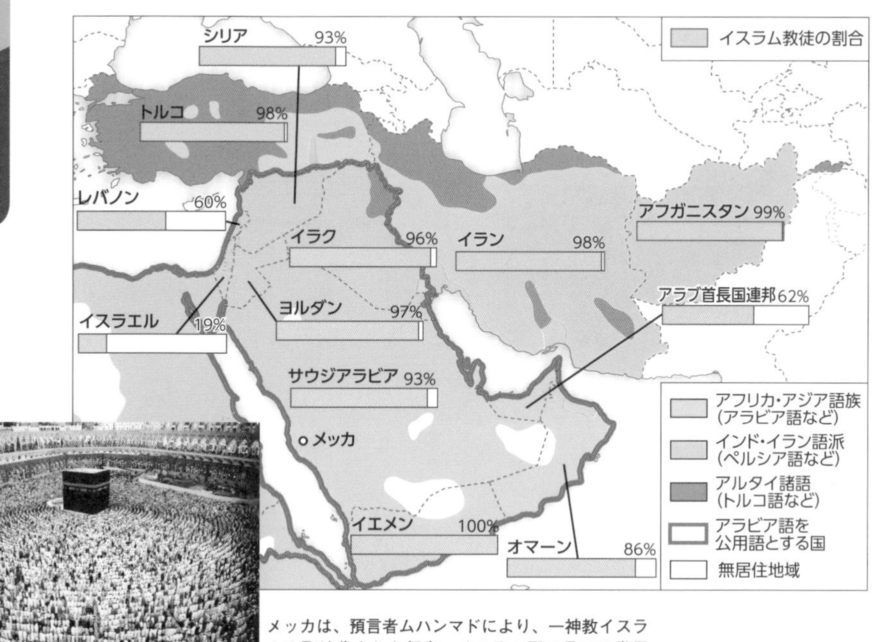

メッカは、預言者ムハンマドにより、一神教イスラムの聖地化された都市。イスラム暦12月には世界中から約200万人の信者が巡礼に訪れる。

三大聖地が集まるエルサレムの市街地

エルサレムは紀元前10世紀頃に建設されて以来、ユダヤ教の聖地として存在感を保ち続け、後続するキリスト教、イスラム教でも聖地とされ、それぞれの信徒があがめる宗教都市となった。

エルサレムは現在、イスラエルの支配下にあり、政治的にも宗教的にも摩擦の種となっている。

イスラム教の聖地、岩のドーム。

➡宗教については、30ページもチェック！
➡インド・ヨーロッパ語族については、70ページもチェック！

- 地誌 -

西アジア

アラビア半島の緊張を高める3つの要因

アラビアプレートの大移動

アラビア半島は、かつてアフリカ大陸の一部だった。やがてプレートの移動で北東へ移動し、ユーラシア大陸に衝突。大陸間にあった海は圧縮され、よじれて袋状のペルシャ湾となった。

一方、アフリカ大陸の東部では地殻変動が起き、地球最大の割れ目である大地溝帯（だいちこうたい）が誕生。この谷がアラビア半島をアフリカから分離し、紅海、アカバ湾、死海をなしている。

現在の西アジアは、中央にペルシャ湾を、西部に長大な亀裂・紅海をもつ。プレートの移動がもたらしたこの地理的特性のうち、特に3つの要因が、現在の緊張を高めている。

1つめが、**ペルシャ湾に偏在する石油資源**だ。アラブ系、イラン系、トルコ系の間にも緊張関係があるが、同じアラブ系内でも産油国・非産油国間に巨大な格差が生じ、新たな火種を生み出した。

2つめは、**海の形によるチョークポイント**だ。ペルシャ湾の入り口・ホルムズ海峡を筆頭に、海運を左右する地形が多い。これが軍事的緊張を増している。

3つめは、**乾燥帯ゆえに深刻な水資源の不足である**。大地溝帯の北端にはヨルダン川が流れ、一帯の貴重な水源となっている。その源流域ゴラン高原は、イスラエルが武力で奪取し、今も占領し続けている。

キーワード

- アラビアプレート
- ペルシャ湾
- 石油資源
- チョークポイント
- 水資源

未来への課題

中東で懸念される核ドミノ

建国の際多くのパレスチナ人（イスラム教徒）を難民化させたイスラエルは、周囲のイスラム教国と関係が悪い。そのため核を保有し、周辺国の核武装は断固阻止する政策が基本だ。

一方イランはイスラム革命以来、アメリカと敵対的で、後ろ盾のソ連が崩壊して以来、核開発の動きを見せている。

サウジアラビア（スンナ派）はイラン（シーア派）と敵対関係で、イランが核保有すれば核武装する姿勢だ。3つの軍事大国が核で牽制し合う中東は、一触即発の地域なのである。

用語解説

スンナ派…イスラム教徒の多数派を占める宗派。
シーア派…イスラム教徒の少数派の宗派。イランに多い。
チョークポイント…政治的、軍事的な観点で、戦略的に重要となる海上水路のこと。

中東の油田地帯

サウジアラビアの油田はペルシャ湾に集中している。油田地域には、イラン系のシーア派住民が多い。

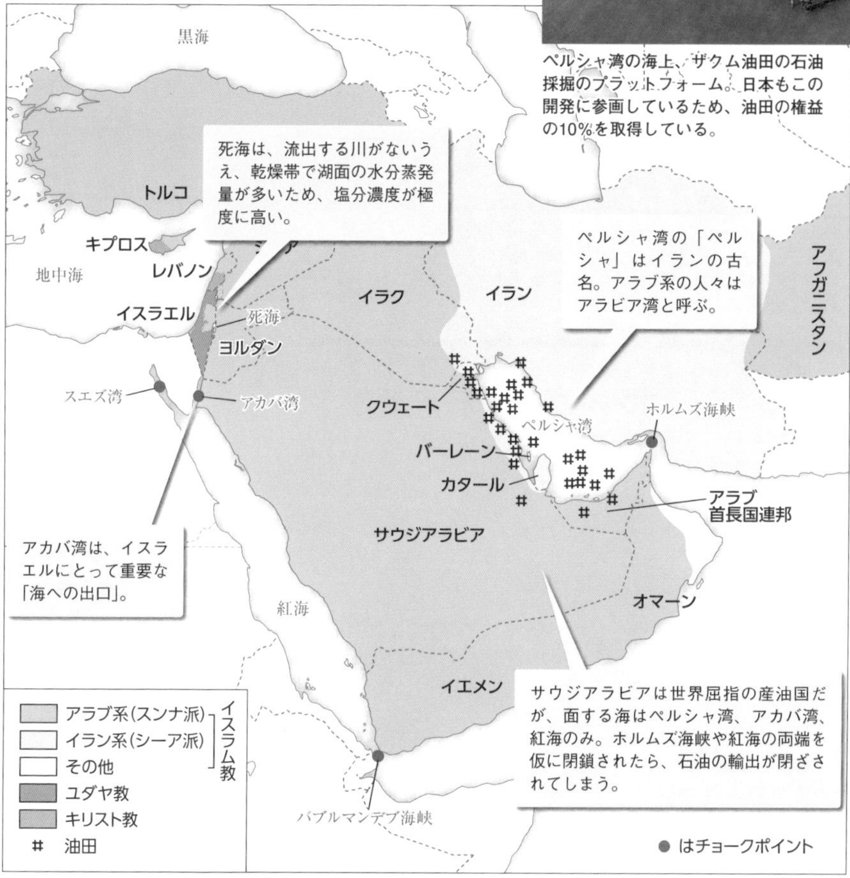

ペルシャ湾の海上、ザクム油田の石油採掘のプラットフォーム。日本もこの開発に参画しているため、油田の権益の10%を取得している。

死海は、流出する川がないうえ、乾燥帯で湖面の水分蒸発量が多いため、塩分濃度が極度に高い。

ペルシャ湾の「ペルシャ」はイランの古名。アラブ系の人々はアラビア湾と呼ぶ。

アカバ湾は、イスラエルにとって重要な「海への出口」。

サウジアラビアは世界屈指の産油国だが、面する海はペルシャ湾、アカバ湾、紅海のみ。ホルムズ海峡や紅海の両端を仮に閉鎖されたら、石油の輸出が閉ざされてしまう。

黒海
トルコ
キプロス
地中海
レバノン
イスラエル
死海
ヨルダン
イラク
イラン
アフガニスタン
スエズ湾
アカバ湾
クウェート
ペルシャ湾
ホルムズ海峡
バーレーン
カタール
アラブ首長国連邦
サウジアラビア
オマーン
紅海
イエメン
バブルマンデブ海峡

- アラブ系（スンナ派）（イスラム教）
- イラン系（シーア派）（イスラム教）
- その他（イスラム教）
- ユダヤ教
- キリスト教
- # 油田

● はチョークポイント

死海は塩分濃度が高いため、入ると体が浮く。周辺にキリスト教の史跡も多いため観光資源としての価値が高く、一帯のリゾート開発も進んでいる。

➡アラビアプレート、大地溝帯、死海については、172ページもチェック！

民族

異民族の接触が問題になる理由

民族とは、そもそも何か

民族とは、ある種の仲間意識を共有する集団である。その同類意識を醸すものは、同じ言語や宗教、身体的特徴であることが多い。歴史や政治により形成されることもある。

20世紀初頭、民族自決(各民族には自己決定権がある)という考えが世界的に盛りあがり、民族に基づく建国が主流となった。しかし現実には、単一民族のみで成り立つ国は存在しない。どの国も、程度の差こそあれ民族問題を内包している。

民族問題は、差別や経済格差が存在すると激化しがちである。紛争やジェノサイド(特定の民族の大量殺害)を引き起こすこともある。

TOPIC 1

フツ人によるツチ人虐殺

ルワンダで多数を占める2つの民族フツ・ツチは、言語・宗教・人種が同じである。人口の85％をフツ、14％をツチが占める。違いはフツが主に農業、ツチが主に牧畜という生業の差があるのみだったが、19世紀頃にツチ中心の王国が形成されていき、ツチが上層民化した。1919年に宗主国となったベルギーはこの差を統治に利用。ツチには高等教育や行政職を与え、圧倒的に多数のフツを統治させた。結果、両民族間に格差や差別意識が生まれ、独立前後には内戦となる。その後民族問題は一時収束し、両民族の通婚も進んだ。しかし、経済の低迷で貧困層が増大し、社会が混乱すると、1990年にツチの武装勢力が蜂起する。当時の政権はフツ系が多く、危機感を覚えて「反ツチ」をあおり、民衆が同調。1994年、長年共存してきたツチ系住民約80万人を殺害した。

虐殺の舞台となったントラマ教会では、フツ族によって約5000人が殺害された。

POINT

異なる民族の接触は摩擦を生み、しばしば社会問題化する。差別や経済格差があると民族対立が先鋭化しやすく、時に暴力的結果を招く。

TOPIC 2

インドのカースト制度

インドには「カースト」と呼ばれる身分制度がある。源流は太古の民族差別である。

紀元前1500年頃、要衝の地カイバー峠を越えて、インド・ヨーロッパ語族の一派が侵入してきた。自らを「アーリア（高貴な人）」と称した彼らは、先住のドラヴィダ人を征服しつつインドに定着する。この過程で、生まれによる階級「ヴァルナ」が発生した。ヴァルナとは色を意味する。アーリア人の肌色が明るく、ドラヴィダ人は有色人種ゆえの呼称とされる。

このヴァルナと、世襲の職業集団ジャーティとの組み合わせがカーストである。現代のインドではカーストによる差別は禁止されているが、結婚などは今でも、身分の枠内で行われるケースが一般的である。

カースト制度

- バラモン ― **司祭者：** 神聖視される
- クシャトリア ― **王族・戦士：** 政治、軍事を担当
- バイシャ ― **庶民：** 商業、農牧、製造業に従事
- シュードラ ― **隷属民：** 被征服民、被差別者
- アチュート（不可触民） ― ヴァルナに属さない人々

インド人の7割が信仰するヒンドゥー教の聖なる川ガンジス。ヒンドゥー教の思想はカーストと深く結びついている。

TOPIC 3

ユダヤ人問題

ユダヤ人は、キリスト教が主体のヨーロッパで、宗教的理由から差別や迫害を長年受けてきた。そのため安住の地を求めて、パレスチナに民族国家を建てる運動を19世紀後半に開始する。その後ナチスによるホロコースト（ナチス・ドイツによるユダヤ人迫害）が起き、約600万といわれるユダヤ人が犠牲となった。

戦後ユダヤ人は、ホロコーストに同情する国際世論やユダヤ系移民の多いアメリカの後押しで、1948年イスラエルを建国した。しかし、その結果、従来の住民パレスチナ人が土地を追われ、彼らと同じ宗教のイスラム教徒の間で反ユダヤ感情が沸騰、中東戦争や抵抗運動が起きた。このパレスチナ紛争は今も続いている。

アウシュビッツ収容所跡。大量殺戮や強制労働、劣悪な居住環境などにより、約150万人もの犠牲者を出した。

ネオナチ（ナチスの思想に共鳴する人々）やイスラム過激派がシナゴーグ（ユダヤ教の礼拝所）などを襲う事件は、現代の欧米でも起きている。

1

ピラミッド

ギザの三大ピラミッドは、エジプトの重要な外貨収入源・観光業の目玉。アフリカ大陸初の地下鉄が、ギザ〜カイロ空港間に敷設された。

2

マウンテンゴリラ

アフリカの熱帯雨林では、ゴリラの仲間やチンパンジー、オナガザル、コビトカバなどたくさんの絶滅危惧種が保護され、生息している。

3

ワオキツネザル

マダガスカル島には、原猿類のワオキツネザルや、奇妙な形から信仰対象となっているバオバブの並木道など、ユニークな動植物が見られる。

4

テーブルマウンテン

地盤が雨や風により削り取られ、硬い部分だけが台形に残ってできたメサ地形と呼ばれる山。標高 1086 m、頂上の平地の幅約 3km。

5
青の街
シャウエンの旧市街は、建物や道がすべて青く塗られている。気候や宗教的理由などの由来が憶測されているが、明らかになっていない。

6

バンディアガラの断崖
切り立った崖に沿って、日干しれんがの家が並ぶドゴン族の集落。独自の神話にもとづいた伝統的な暮らしを今も続けている。

7

オカピ
コンゴ民主共和国には、世界三大珍獣のひとつ、オカピがすむ密林がある。保護区には、約 5000 頭が生息している。

モロッコ
アルジェリア
西サハラ
モーリタニア
カーボベルデ
マリ
セネガル
ニジェール
ガンビア
ギニアビサウ
ブルキナファソ
ギニア
ベナン
ガーナ
ナイジェリア
シエラレオネ
コート
ジボワール
トーゴ
リベリア
赤道ギニア
サントメ=プリンシペ
ガボン

8
奴隷の家
植民地時代、ゴレ島はヨーロッパ諸国の重要拠点だった。島の東岸に残る奴隷の家には、かつて奴隷たちが収容されていた。

アフリカ

人類発祥の地とされ、今も先住民や少数民族の村が多数存在する。
北部は広大な砂漠で、中部の熱帯雨林や草原には多くの動物がすむ。

- 地誌 -

アフリカ

地球で2番目の広さを持つ大陸に人口が少ない理由

大陸の大部分は過酷な気候帯

地球上で最も古い安定陸塊の一部であるアフリカ大陸は、ほかの陸塊と離合を重ねながら、その上で多様な生命を進化させた。北緯35度~南緯35度の間に存在し、大陸のほぼ中心を赤道が通過する。赤道は、地球上で最も気温が高くなる地域であり、その周辺は熱帯となる。

熱帯で熱せられた大気は、緯度20~30度辺りに高気圧をなし、乾燥帯を形成する。それで生じたのが、世界最大の砂漠であるサハラ砂漠や、ナミブ砂漠、カラハリ砂漠だ。

アフリカは、熱帯・乾燥帯という、厳しい気候が大部分を占める。アフリカの人口が、その面積に比して世界の約15%にすぎないのは、この2つの気候も理由である。

アフリカ大陸の古い歴史は、**生態系を持続的に進化させ、人類をはじめとする多種多様な生物を生み出した**。しかし、熱帯に分布する土ラトソルは農業に不適であり、水を得にくい乾燥帯はそもそも生存が難しい。つまり、人間が文明を育むには厳しい土地柄なのである。

加えてアフリカは、200m未満の低地が大陸の面積の10%もなく、標高が高い場所が海岸近くまで広がっている。そのため多くの川は、海の近くで急流や滝になる。この地形が船による交通を妨げ、安定的な国の形成を阻害する要因となった。

キーワード

- 安定陸塊
- 熱帯
- 乾燥帯
- ラトソル

エジプトの地形とナイル川

条件の厳しいアフリカで、安定的な国の形成に向く条件が奇跡的にそろった地。それがエジプトである。通常、砂漠を流れる川は途中で干上がるが、ナイル川の水源のひとつは大地溝帯の影響でできたアフリカ最大のビクトリア湖。その膨大すぎる水は乾燥帯を貫通し、今も豊かな農地を育んでいる。

またエジプトは、ユーラシア大陸とアフリカが唯一つながっている位置にある。地中海と紅海に面するため、インド洋への水運でも重要だ。その結果、交通の要衝としても栄えてきたのである。

アフリカの地形

アフリカ大陸は、海岸線近くまで高地が迫り、川には滝があって水運に適さない。しかしナイル川は例外で、河口から滝までに数百キロの距離があったため、水上交通が可能だった。

水上交通が可能なナイル川の流域には、都市が発達した。

ビクトリアの滝などで知られるザンベジ川では、船行はほぼ不可能。

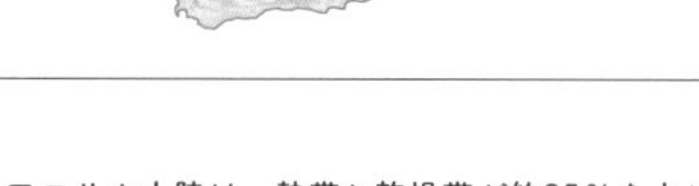

アフリカの気候区分

アフリカ大陸は、熱帯と乾燥帯が約85％を占め、温帯はほとんどない。

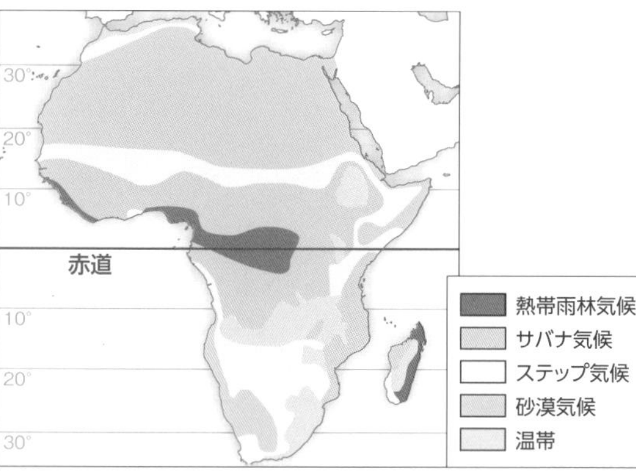

サバナの草原にすむ動物たち。近年は国立公園化し、外国から観光客を呼ぶ資源となりつつある。

➡熱帯、乾燥帯については、202～209ページもチェック！
➡ラトソルについては、230ページもチェック！

- 地誌 -

アフリカ

サハラ砂漠で分かれたアフリカの2つの文化

キーワード

- サハラ砂漠
- アラビア語
- 中近東
- アラブ系民族
- 植民地化

優位の宗教・言語が社会を侵食

アフリカの文化は一般に北アフリカと中南アフリカの2つに大別される。文化圏が分かれた要因は、サハラ砂漠だ。この世界最大の砂漠によって**人の往来が阻害され、北部と中南部とでは差異が大きくなった。**

北アフリカはアラビア語とイスラム教の浸透した社会で、西アジアと共通点が多く、中近東に含められることもある。アフリカの北東部が西アジアと物理的につながっているため、アラブ系民族が入り込んできて、その文化が定着したのだ。

中南アフリカは、俗に「黒人」と呼ばれる人々が住み、先祖から伝わる宗教やキリスト教が信仰されている。非常に多数の民族・言語が存在するため、東部のスワヒリ語のように、交易の中で形成された言語がコミュニケーションのために広く使われる地域もある。

アフリカ全体に大きな影響を与えたのが、15世紀以降のヨーロッパ人の進出だ。アフリカは西欧と地中海を挟んで隣接しており、大航海時代以降、世界へ拡大し始めた西欧諸国にとって、最初の足掛かりとなった。まずアフリカ西部が奴隷の供給地として利用され、19世紀末には、アフリカのほぼ全土が植民地化された。その影響で公用語は英語、フランス語など西欧の言語で、日常では各民族がそれぞれの言語を話す。

未来への課題

アフリカを不安定化させる言語教育

植民地化を経験したアフリカでは、西欧の言語が公的に使われ、各民族の極めて多数の言語と共存している。そのため、「国民の誰にとっても母語でない言語が公用語」という状態の国も多い。子どもは、初等教育と同時に公用語を学ばねばならず、学習効率が阻害される。近年では地元の言語で教育しようとする動きがあり、「少数言語を保護・維持しよう」という機運の国際的な高まりも追い風となっている。しかし文字を持たない母語も多く、実施はなかなか難しいのが実態である。

アフリカの地域区分と民族の違い

サハラ砂漠を境に北アフリカと中南アフリカに分けられ、民族の特徴も異なる。

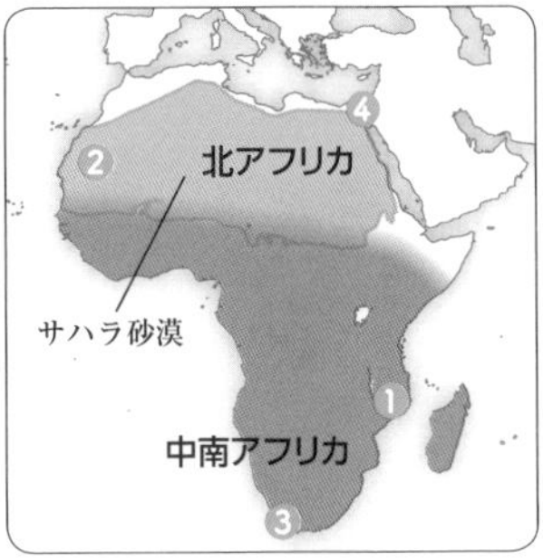

北アフリカ
サハラ砂漠
中南アフリカ

❶ タンザニアなどに住むマサイ族。

❷ モロッコのイスラム教徒の女性。

❸ 南アフリカ共和国のズールー族。

❹ エジプトなどのアラブ人男性。

アフリカの公用語分布

アフリカは民族の境界と国境が一致していない。このため、民族の対立により「国内」で紛争が起きたり、それに対して「隣国」の勢力が介入したりという問題が深刻である。

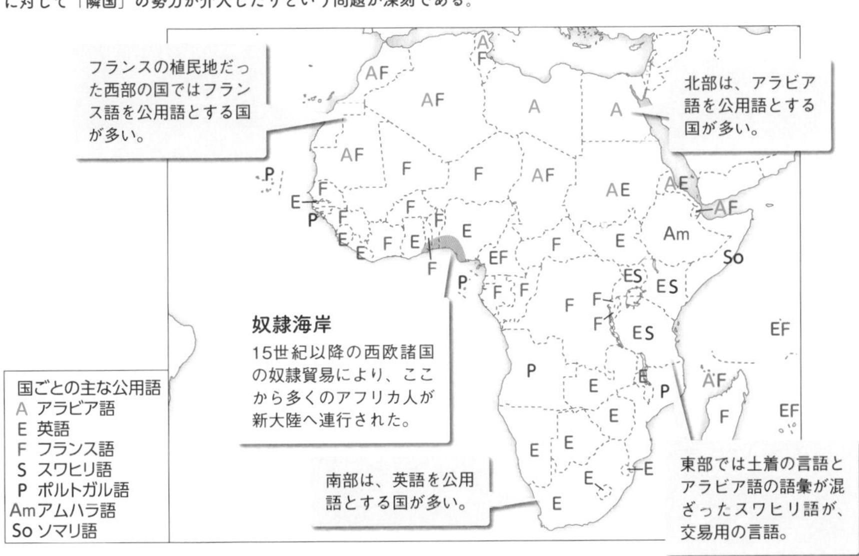

フランスの植民地だった西部の国ではフランス語を公用語とする国が多い。
北部は、アラビア語を公用語とする国が多い。
奴隷海岸
15世紀以降の西欧諸国の奴隷貿易により、ここから多くのアフリカ人が新大陸へ連行された。
南部は、英語を公用語とする国が多い。
東部では土着の言語とアラビア語の語彙が混ざったスワヒリ語が、交易用の言語。
国ごとの主な公用語
A アラビア語
E 英語
F フランス語
S スワヒリ語
P ポルトガル語
Am アムハラ語
So ソマリ語

➡アフリカ系奴隷については、59ページもチェック!

なぜアフリカでは紛争が絶えないのか

植民地支配から残る宗主国体制

大規模な穀物生産には向かないアフリカだが、自給的農業でキャッサバやトウモロコシは栽培されている。水の豊かな地では米が作られる。またカカオやコーヒー豆、地中海沿岸で栽培される柑橘類は、隣接する大消費地ヨーロッパを始め、世界の国々へ輸出される。乾燥に強い綿花も重要な商品作物である。

だが、小規模農家が多く、水・電気などインフラも未整備であるなどの理由で生産性は低い。また、カカオやコーヒー豆は、嗜好品であるため価格が安定しない。近年は人口増加もあり、金になる輸出向けの作物を作って、食べるための作物は輸入品を購入するケースも増えつつある。しかしこの農業形態では金になる作物が不作の年、食料を買えず飢饉となる。

アフリカは、地下資源に際立って恵まれた大陸である。鉄鉱石、石炭、原油という近代産業の原動力である資源を始め、近年さかんなIT産業に欠かせないレアメタルや、少量でも高値がつく金、ダイヤモンドなど、多くの種類が大量に埋蔵されている。

しかし、**資源の産地が偏っているため、資源を持つ国・民族と持たない人々の間で紛争になりやすい**。また開発が外国資本によって行われ、地元が潤わないという問題もある。

KEYWORD

リスクの高い「モノカルチャー経済」

モノカルチャー経済とは、一国の産業がごく少数の農産物や鉱物の輸出に依存している状態を指す。国家は通常、不作や価格変動のリスクを避けるため、多角的な産業育成を志向する。だが植民地であったアフリカ、特に中南部は、宗主国への農産物と資源の供給地として開発が進められたため、独立後の今でも産業構造にその傾向が残っている。また、植民地時代に移住してきたヨーロッパ系の人々が、広い農地と資源の利権を占有し、土着系の庶民との間に格差が生じている。

キーワード

- 植民地
- 自給的農業
- 嗜好品
- 地下資源
- レアメタル

用語解説 **IT産業**…情報技術に関する事業。ハードウェアやソフトウェア、インフラなどコンピュータ関連の開発、製造、サービスなどのこと。

アフリカでとれる様々な農作物

アフリカの農作物には、地中海沿岸、乾燥地帯、熱帯高地など、土地や気候にあわせた農業でとれる農作物のほか、植民地時代の名残によるものがある。

オレンジ
ヨーロッパに近いモロッコなどでは地中海式農業が行われ、柑橘類のほか、ブドウや小麦の栽培もさかん。

カカオ
チョコレートの原料。植民地時代からプランテーション栽培で行われてきた輸出用の商品作物。

キャッサバ
タピオカの原料。やせた土地でも栽培でき、乾燥に強く収穫量が多い。アフリカの救世主のようないも。

米
エジプトのナイル川沿岸では、灌漑用水により砂漠地帯でも稲作が行われている。

アフリカの資源分布と紛争

資源を持つ国では、民族間で主導権をめぐる争いが起こりやすい。ビアフラ内戦やスーダン内戦は宗教対立も絡み、複雑化した。

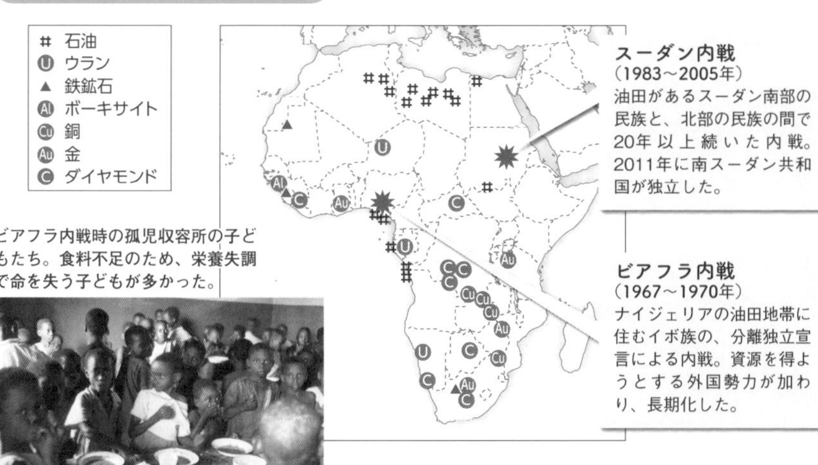

ビアフラ内戦時の孤児収容所の子どもたち。食料不足のため、栄養失調で命を失う子どもが多かった。

➡自給的農業については、108ページもチェック!
➡レアメタルについては、142ページもチェック!

奴隷

奴隷貿易＝「労働力の移動」

POINT

奴隷貿易により、移動元・先の社会で、民族構成や言語、文化が大きく変動した。その影響は、差別問題や経済格差など今でも残存している。

奴隷制が生じる理由、その影響

労働力は、人間社会の基盤である。特に近代以前は、水汲みから畑仕事まで全てが人力作業だったため、人手は必須の資源だった。人間を動産として売買する制度「奴隷制」は、その需要のひとつの現れである。

奴隷制は、基本的には「人の移動」と似た点が多く、

- **移動先には、何らかの誘因がある**
- **移動先の社会の民族構成や言語、文化に影響を及ぼす**

などが共通点である。

例えば古代ローマでは、多くの教養あるギリシャ人を教師などとして購入していた。当時の先進文明だったギリシャ文化と言語を学ぶこと

の、需要があったためだ。このため、ヨーロッパにギリシャ文化が受け継がれ、今でも美術や建築などに影響を及ぼしている。

また中世の中東では、騎馬が巧みなトルコ人奴隷を兵士として、中央アジアから輸入していた。この結果、トルコ系民族のイスラム化や中東への移動・定着が進んだ。

アフリカ系奴隷の影響

最も悪名高い奴隷制は、いわゆる「黒人奴隷」である。誘因は、新大陸で当時さかんになったプランテーション農業である。求められたのが単純労働力であり、供給量も多かったため、極めて劣悪な条件の奴隷制となった。カリブ海のマジョリティ民族をアフリカ系に塗り変えたことや、アメリカの今にも続く人種差別問題の要因になるなど、そのインパクトは極めて大きい。

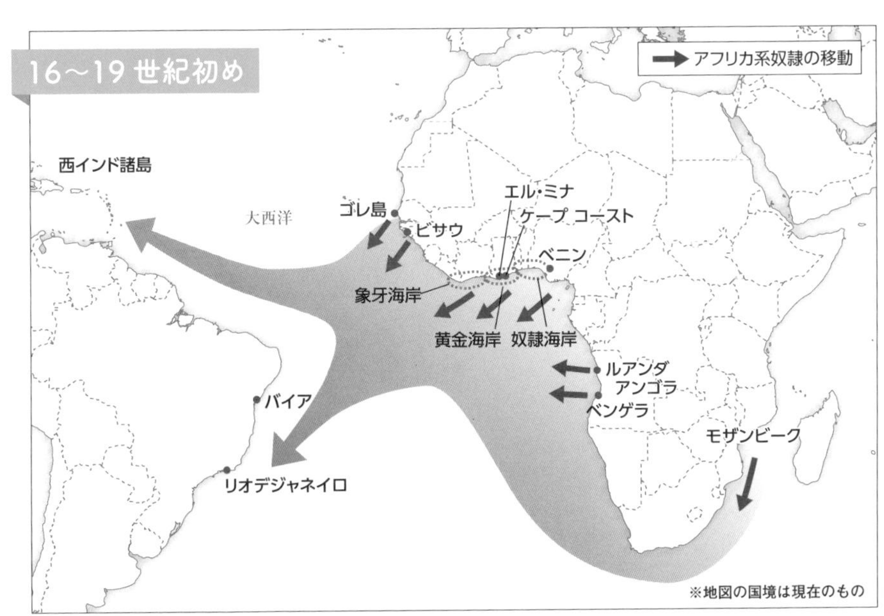

※地図の国境は現在のもの

奴隷城
ガーナの奴隷海岸に残る、当時のヨーロッパ人たちが建てた城。

ヨーロッパ

古代ギリシャ、ローマ帝国が栄えた時代や、大航海時代などを象徴する建築物が多く残る。キリスト教が広く信仰されている。

スウェーデン
フィンランド
ロシア
エストニア
ラトビア
リトアニア
ベラルーシ
ポーランド
チェコ
スロバキア
ウクライナ
ーストリア
ハンガリー
モルドバ
ベニア
ルーマニア
クロアチア
ボスニア・
ルツェゴビナ
セルビア
ブルガリア
コソボ
モンテ
ネグロ
北マケドニア
ギリシャ
アルバニア

1

エルミタージュ美術館

ロシアが西欧に倣い、近代化を進めていた18世紀の建築。華麗で繊細なロココ様式に、フランス文化の影響が見られる。世界三大美術館のひとつで300万点もの名品を収蔵。

2

聖ワシリー大聖堂

ロシアには、正教会系のキリスト教・ロシア正教が根づいている。この大聖堂は16世紀、長年対立してきた中央アジアのイスラム系王朝への勝利を記念して建てられた。

3

パルテノン神殿

約2500年前、現在ギリシャの首都であるアテネが都市国家だった時代に、守護神殿として建造。キリスト教の教会、イスラム教のモスクだった時代を経て現在に伝わる。

④ ケルン大聖堂

ドイツの大都市ケルンにそびえ立つ、高さ157mのカトリック教会。資金不足で工事がなかなか進まず、632年かけてつくられた。

⑤ モンサンミッシェル

カトリックの巡礼地である修道院。満潮時は孤島だが、干潮になると砂州が現れ、陸続きになることから、神秘的な島とされた。

⑥ ベレンの塔

ヴァスコ・ダ・ガマの世界一周を記念してつくられた灯台。大航海時代、要塞としてリスボン港に出入りする船を監視する役割を担った。

⑦ ベネチアの街

砂州を土木工事や架橋により都市に変えた街。地中海貿易の要衝として繁栄した。現在は海面上昇により、水没が懸念されている。

⑧ コロッセオ

約2000年以上前のローマ帝政期に建てられた、円形闘技場。ローマには、ローマ帝国の貴重な遺跡や建造物が多数残る。

- 地誌 -

ヨーロッパ

気候と地形を味方につけて発展したヨーロッパ

過ごしやすい気候という強み

Ｇ７（主要7カ国首脳会議）に参加する世界の先進国7つのうち、４カ国はヨーロッパにある。このことからもわかるように、ヨーロッパは現在、国力ある国が世界で最も集中する地域だ。「産業革命」と呼ばれる機械による大量生産など、技術の革新はこの地域でなされた。

その背景には地理的要因もある。ヨーロッパは**緯度の割には温暖で、大半が温帯だ。**

温帯は、人間の活動に適した気候である。例えば熱帯では、日中は暑すぎて活動が困難になる。照明を火に頼っていた時代、太陽光のある日中をフルに活用できるのは、温帯の強みであった。

また温帯では、冬に落葉する樹木が多い。微生物が活動できる温度でもあるため、腐葉土が形成され、農業に向く肥沃な土壌となる。農業の生産性が高いと、人手を職人や学者などにあてる余裕が生じ、技術革新がなされやすくなる。

加えて**ヨーロッパには平野が多い。**標高もアフリカ大陸のように高くなく、河川の流れが総じてゆるやかである。そのため**古くから船による交通がさかんであり、北海と黒海をつなぐ運河などが開削されて、都市間を結んだ。**このインフラもヨーロッパ内の交流と情報交換を促し、発展に役立った。

発展の源流・地中海文化

人類四大文明の2つは地中海近くに発生した。この2つの文明と地中海沿岸の都市国家群は水運で結ばれ、交流・戦争を繰り返して地中海文化圏を形成した。その文化遺産を引き継ぎ、発展に役立てたのが西ヨーロッパである。ギリシャ・ローマ文化の影響は特に大きい。古代ギリシャの民主政治という概念や、ローマ帝国の法典、文字、キリスト教。それらを学ぶ教育制度は、近代形成に深く寄与した。また中世に先進文明だったイスラム世界からも、知識・技術が到来した。

キーワード

- G7
- 産業革命
- 温帯
- 平野
- 運河

用語解説

G7…フランス、アメリカ、イギリス、ドイツ、日本、イタリア、カナダの7つの先進国の首脳が年1回集まり、国際的な経済、政治課題について討議する会議。

ヨーロッパの地形

中央部はフランスやドイツの平原が広がり、南部はアルプス山脈やピレネー山脈など山がちな地形である。

アイスランド
かつて氷河に覆われていたイギリスは土地がやせているため、牧畜で活路を見出した。羊毛の紡績から機械化、産業革命へと道を開いていった。
国土の狭いオランダは、排水用の風車と干拓により、利用可能な土地を増やした。
北海
アイルランド
イギリス
ドイツの中東から北部の平野は、広い穀倉地帯。西はオランダ、東はポーランドの平地が続く。
オランダ
ドイツ
ポーランド
パリはセーヌ川によりフランス第一の河港都市であり、4800トンの船が航行できる。
ライン川
セーヌ川
カルパティア山脈
ドナウ川
ロワール川
フランス
スイス
アルプス山脈
ルーマニア
黒海
ピレネー山脈
ポルトガル
スイスは山に囲まれた内陸国だが、北海と黒海をつなぐ運河につながるライン川があり、積載1350トンの船が航行できる。
イタリア
スペイン
ギリシャ
アルプス山脈を源とするライン川は、ヨーロッパの大動脈ともいえる。
地中海

南北に長いイタリアには、長い海岸線がある。アマルフィ海岸では、地中海貿易で初めて海商法を整備し、国が栄えた。

- 地誌 -

ヨーロッパ

EU創設は平和と繁栄を目指した、壮大な実験!?

共通の政策により争いを避ける

ヨーロッパは、キリスト教が深く浸透している。その宗派はカトリック、プロテスタント、正教会などに分かれている。言語は、ラテン語派、ゲルマン語派、スラブ語派などが存在するが、ほとんどがインド・ヨーロッパ語族である。

高い山脈などが少なく、ゆるやかな川によって船が海から内陸まで通行でき、交通が容易だった。そのため、貿易や戦争、通婚が重ねられ、宗教と言語の共通性が高まったのである。宗教でも言語でも圧倒的多数派も少数派も存在しないため、各派が併存している状態ともいえる。この各派間の経済や政治の利害が対立すると戦争になる。特に20世紀には、二度の世界大戦で甚大な被害を出した。それを教訓に創設されたのが現在のEU（ヨーロッパ連合）である。

EUはヨーロッパを政治的、経済的に統合することにより、繁栄を共有しようという試みだ。域内では人の移動を自由化し、共通の農業政策や衛生基準を採っている。現在では、ロシアを除く大半のヨーロッパ諸国が加盟。単一通貨ユーロは基軸通貨のひとつとなっている。

多数の小国がひしめくヨーロッパがひとつとなることを目指すEU。**グローバル化しつつも紛争が絶えない現代の新たな可能性として、「壮大な実験」と呼ばれている。**

未来への課題

EUとイスラム教徒の流入

EU では政教分離と信教の自由が原則だが、基盤はキリスト教文化である。隣接するトルコの加盟が認められないのは、イスラム教国だからと見られている。ただ、ヨーロッパへ移民するイスラム教徒は多く、イスラム教が宗教割合第２位を占めるＥＵ加盟国が増えつつある。さらに近年は、中近東やアフリカから、主にイスラム教徒の難民・移民が流入している。その流入のコントロールは地形的に困難であり、ＥＵ内でも移民・難民の受け入れをめぐって、加盟国間の対立が起きつつある。

キーワード

- キリスト教
- インド・ヨーロッパ語族
- EU
- ユーロ

EU発展の流れ

石炭、鉄鋼という、近代産業の主要資源の奪い合いが第一次世界大戦の一因になったことへの反省が、「共同体」構想の原点である。

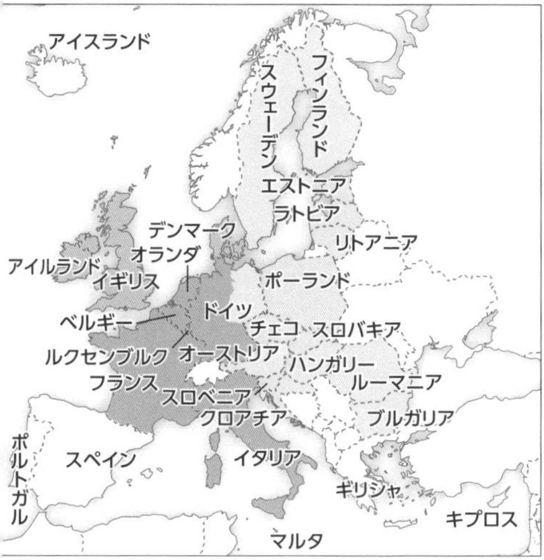

アイスランド
スウェーデン
フィンランド
エストニア
ラトビア
デンマーク
リトアニア
オランダ
アイルランド
イギリス
ポーランド
ドイツ
ベルギー
チェコ
スロバキア
ルクセンブルク
オーストリア
ハンガリー
フランス
ルーマニア
スロベニア
クロアチア
ブルガリア
ポルトガル
スペイン
イタリア
ギリシャ
キプロス
マルタ
EC原加盟
1970年代加盟
1980年代加盟
1990年代加盟
2000年以降加盟

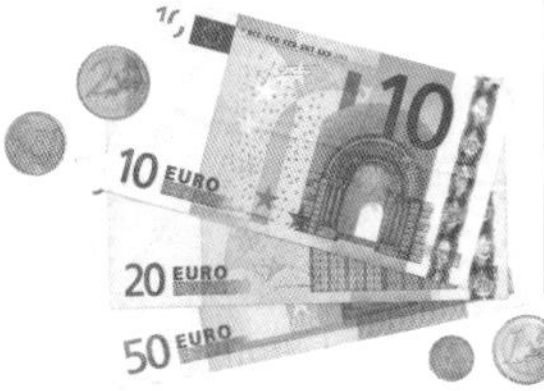

ユーロは圏内の共通通貨。

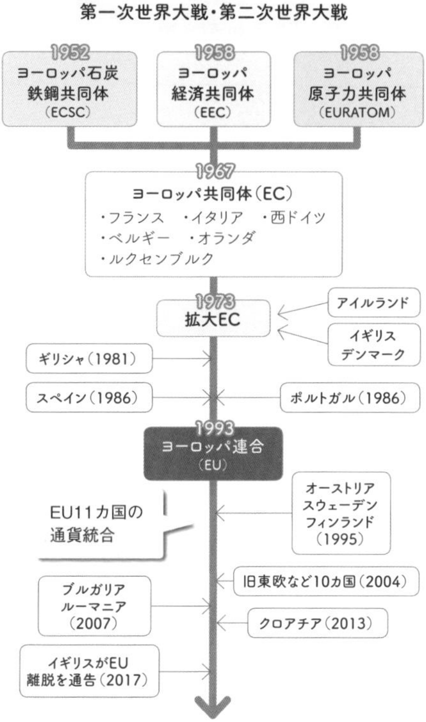

第一次世界大戦・第二次世界大戦
1952 ヨーロッパ石炭鉄鋼共同体（ECSC）
1958 ヨーロッパ経済共同体（EEC）
1958 ヨーロッパ原子力共同体（EURATOM）
1967 ヨーロッパ共同体（EC）
・フランス ・イタリア ・西ドイツ
・ベルギー ・オランダ
・ルクセンブルク
1973 拡大EC
アイルランド
イギリス デンマーク
ギリシャ（1981）
スペイン（1986）
ポルトガル（1986）
1993 ヨーロッパ連合（EU）
EU11カ国の通貨統合
オーストリア スウェーデン フィンランド（1995）
旧東欧など10カ国（2004）
ブルガリア ルーマニア（2007）
クロアチア（2013）
イギリスがEU離脱を通告（2017）

難民の流入問題

地中海には小さな島々があり、貧弱な船で渡航する例も。イタリアは地形的に、難民の救助・受け入れの矢面となる国。EU 諸国のなかでも受け入れに温度差があるため、イタリア国内では EU への不満が募りつつある。

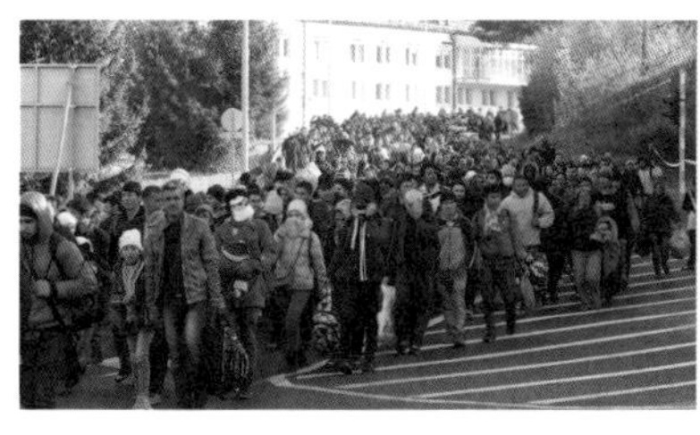

シリア難民
2015年ごろは船で横断する地中海ルートを使ってイタリアを目指す難民が多かったが、海上警備が強化され、陸上のバルカンルートを使ってヨーロッパを目指す難民が増えた。

ドイツ
ハンガリー
オーストリア
ブルガリア
黒海
クロアチア
バルカンルート
イタリア
ギリシャ
トルコ
シリア
地中海
地中海ルート
リビア
エジプト

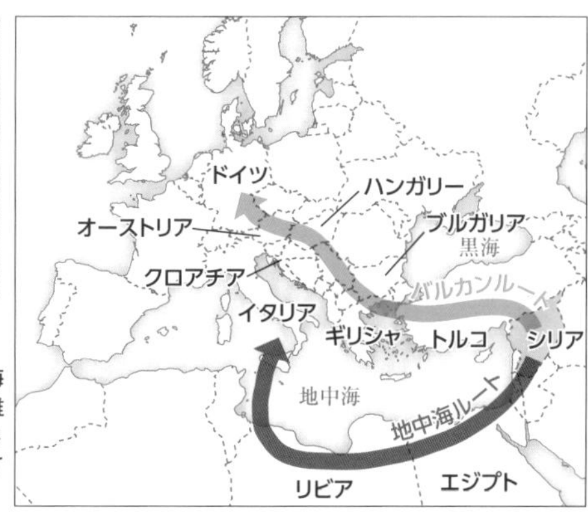

➡インド・ヨーロッパ語族については、70ページもチェック！

- 地誌 -

ヨーロッパ

工業、農業ともに成功させたヨーロッパの産業

大規模生産と、高い付加価値

一般に、主産業が農業である国は途上国である。これらの国は人件費が安く、工業が未発達で、昔ながらの農業を続けている。だがヨーロッパは先進国でありながら、農業がさかんである。

ヨーロッパの中心部では農産と畜産を混ぜた混合農業、土のやせた冷涼な地域では酪農、地中海沿岸では夏に柑橘類、冬に小麦という地中海式農業が行われている。**それぞれ平野をいかした大規模化・機械化で競争力を高めている。**加えて生活水準が概して高いため、**高価格のブランド商品のニーズがあるという、ヨーロッパならではの事情もある。**伝統的手法で作られたワイン・チーズや、有機栽培・園芸など、幅広い農業が活力を保っているのはこのためである。これらの商品は他国の富裕層にも人気があり、輸出品目のひとつとなっている。

伝統的手法で作ったものをブランド化する傾向は、工業にも見られる。「第三のイタリア」と呼ばれる地域では、伝統的手工業(服・皮革製品・家具類)が、高級化路線で生き残っている。

近年は「青いバナナ」と呼ばれる地域に、ヨーロッパの経済活動や人口が集中している。再生可能エネルギーなどエコな産業の需要があるのが特色である。

未来への課題

産業の空洞化による域内格差

高付加価値化が効果を上げてはいるが、生産拠点の海外進出や製品の輸入依存が高まり、国内の製造業が衰退する「産業の空洞化」はやはり問題である。EU の場合、賃金・制度・文化の異なる国々を統合したため、工業製品の生産拠点は人件費の安い東部へ、教育水準の高い労働力は高賃金・高福祉の西部や北部へ移動した。この結果、西部・北部では地元民の失業率の上昇、東部では高度人材の流出が生じ、財政負担への不満も高まって、民族意識の高まりや独立の動きが生じている。

キーワード

- 混合農業
- 酪農
- 地中海式農業
- 第三のイタリア
- 青いバナナ

ヨーロッパの農業

ヨーロッパの農業は、主に次の4つに分けられる。

園芸農業

高度な農業技術を投入し、新鮮な野菜や果物などを栽培する。都市への供給が目的。

酪農

冷涼な地域はかつて氷河に覆われていたため土がやせている。農業には適さず、酪農が発達した。

地中海式農業

夏には、高温乾燥に耐える柑橘類、コルクガシなどを栽培。温和な冬には小麦を育てることが多い。イタリアのパスタの発展はこれに由来する。

混合農業

同じ作物を連作して土地がやせるのを防ぐため、豆類・穀類の農業と畜産をローテーションする。

EUの工業地域

ヨーロッパの中でも特に工業がさかんな地域の通称を確認しておこう。

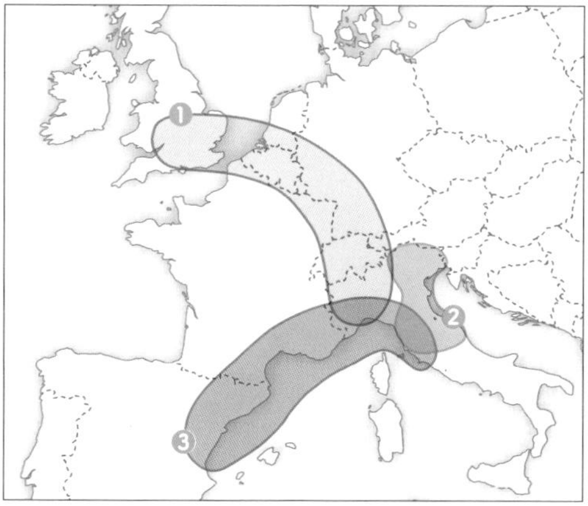

❶青いバナナ

現在、産業が活発な都市はここに集中している。EUの青い旗にちなみ、「青いバナナ」と呼ばれる。

❷第三のイタリア

職人による工芸品など、伝統的な手工業は人件費がかさむ。そのため先進国では通常衰退するが、イタリアでは高級品化により生き延びている。

❸ヨーロッパのサンベルト

スペインからイタリアの地中海沿岸。情報通信技術産業や、先端技術産業が集まっている。

➡混合農業については、112ページもチェック!
➡地中海式農業については、116ページもチェック!
➡酪農については、118ページもチェック!
➡第三のイタリアについては、150ページもチェック!

-地誌-

ヨーロッパ

ロシアはヨーロッパなのか それともアジアなのか

欧州を根とするアジア国家

ヨーロッパの最東端に位置するロシアは、スラブ人が多数派の国であった。

しかし17世紀に中央アジア、19世紀にシベリアへ進出し、極東までを領域化した結果、**イスラム教徒やアジア系民族を多く内包する広大な多民族国家となった。**さらに1917年、ロシア革命によりソビエト社会主義連邦共和国（ソ連）となり、宗教を否定した。また第二次世界大戦後、西ヨーロッパの資本主義諸国とは、東西冷戦で激しく対立した。

こうしてソ連は、ヨーロッパにルーツを持つものの、キリスト教色を弱め、西欧と距離をおく異色の大国となったのである。

1991年のソ連崩壊後は、ほかの民族・宗教の地域が独立したため、ロシアは再びスラブ人を主とする国に戻った。**東ヨーロッパ諸国のEU入りもあり、影響力は薄れた。**ロシアの豊富な地下資源を輸出することで、EUとも関係を強化していた。しかしウクライナ危機以降は、再び対立は激化している。

農業に関しては、寒冷地であるため、耕作には不向きな土地が多い。南西の一部には肥沃な黒土（チェルノーゼム）地帯があり、小麦などの大規模栽培をしている。また、広大なタイガは森林資源としての可能性も期待されている。

ロシアとウクライナ対立の地理的背景

2014年、ロシアが隣国ウクライナのクリミア半島を武力で併合し、大きな国際問題となった。この背景には地理的事情がある。ロシアの海岸線の大半は、北極海とオホーツク海だ。冬には流氷で閉ざされ、海運を阻害される。このような北国ロシアにとって、温暖で凍ることのない黒海は、貴重な“海への出口”である。またウクライナは肥沃で小麦の一大生産国であり、過去にキエフ大公国が存在したという歴史的文化的な重要性もある。ロシアにとってウクライナは垂涎の的なのである。

キーワード

- スラブ人
- 多民族国家
- ロシア革命
- 黒土
- タイガ

用語解説

スラブ人…正教会系のキリスト教を信仰するヨーロッパ最大の民族・言語集団。

チェルノーゼム…温帯のやや乾燥した地域の草原に分布し、黒色の厚い腐植層を持つ、世界的な小麦地帯。

ロシアの成り立ち

広大に見えるロシアだが、有用な地は少ない。農地や不凍港に使える地を求め、拡大を続けた。

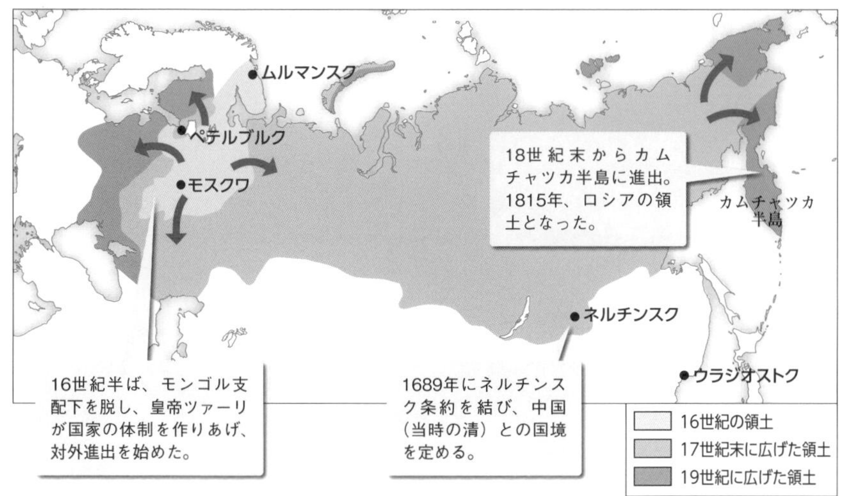

ロシアの豊富な資源

ロシアは現在、サウジアラビアと競う産油国である。天然ガスの輸出量はロシアが世界一を誇る（2018年データ）。

ロシアはウクライナに対し、天然ガスの供給を突如停止したり、クリミア半島を奪取したりと、圧力をかけ続けてきた。
ウクライナ
ロシア
カザフスタン
ウズベキスタン
石油
石炭
天然ガス
黒土地帯
ステップ気候の地域は、草が毎年枯れて養分を供給するため肥沃な黒土地帯が広がる。水さえあれば、農地となる。

シベリアのタイガ
シベリア地方の針葉樹林を、タイガと呼ぶ。貴重な森林資源であり、日本も開発に協力している。

➡東西冷戦については、27ページもチェック！
➡ロシアの黒土については、115ページもチェック！
➡タイガについては、129ページもチェック！

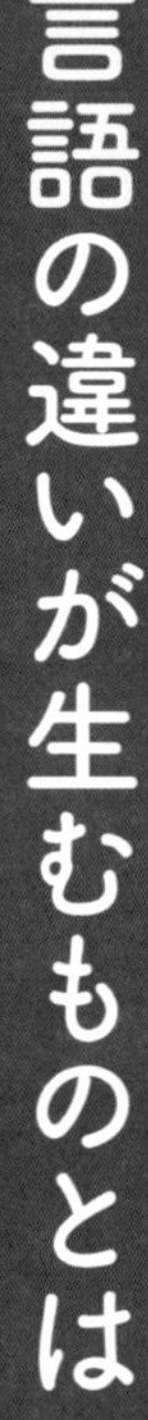

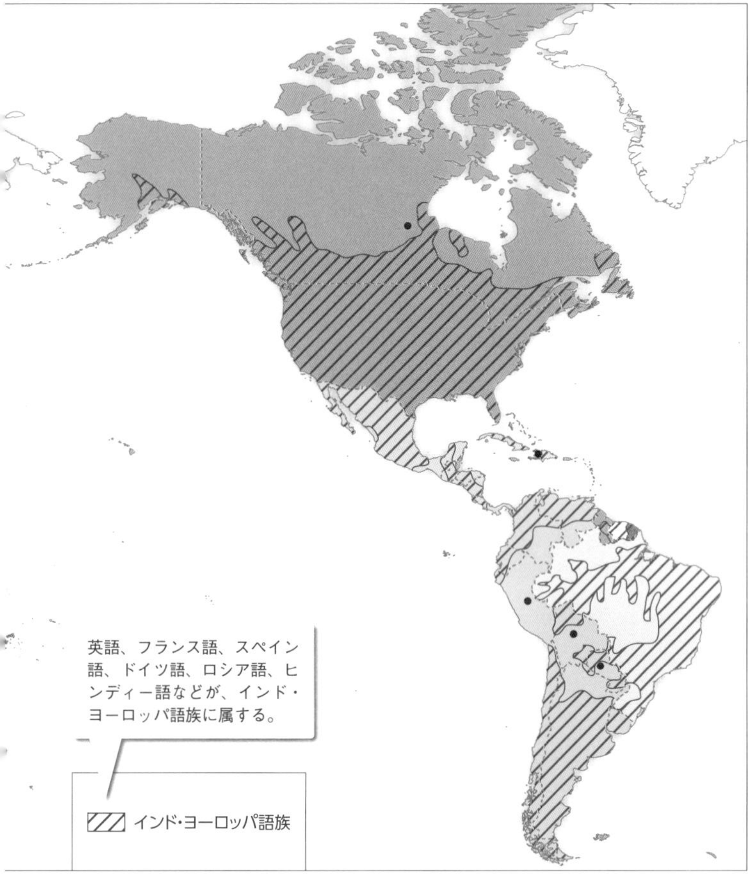
英語、フランス語、スペイン語、ドイツ語、ロシア語、ヒンディー語などが、インド・ヨーロッパ語族に属する。
インド・ヨーロッパ語族

言語

言語の違いが生むものとは

POINT
言語は人間集団にアイデンティティを意識させ、民族紛争に関わることも多い。公用語の選定には、歴史や社会情勢が深く絡んでいる。

民族の対立を反映する言語

言語は、同じ言葉を使う人々の民族意識をかきたてたり、彼らのアイデンティティの一部となったりする。したがって、言語への抑圧や差別は、それを母語とする人々の反発を買う。**民族紛争や独立運動の引き金となることも多い。**

例えば、スペインではバスク地方やカタルーニャ地方に独立の動きがある。この背景のひとつとして、スペインには複数の言語が存在するにもかかわらず、カスティリャ語がスペイン語とされていることへの不満がある。

一方で、言語にはツールという面もある。英語など話者の多い言語を

用語解説 **語族**…同一の起源（祖語）から派生した同系統の言語の集まり。これに対して、同一の起源を持たない言語の集まりは、諸語と呼ばれる。

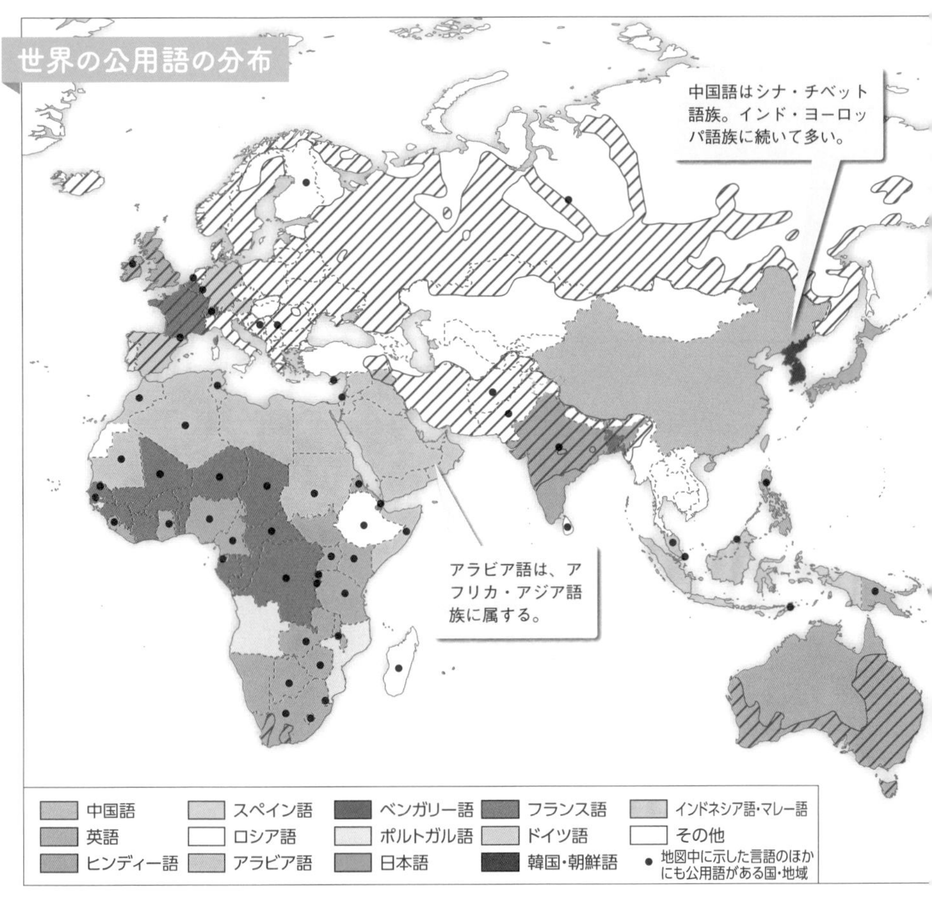

習得すると、よりよい教育や職業、収入につながることが多い。そのため、母語の小言語を捨てて大言語の話者になろうと努める人々もいる。

現在、世界で最も広く分布しているのはインド・ヨーロッパ語族の言語である。昔、黒海沿岸にいた遊牧民が東はインド、西はヨーロッパへ移動し、先々で言語が分化していったと推定されている。後に西欧が世界各地を植民地化したため、インド・ヨーロッパ語が普及した。

多民族国家では、いずれかの民族の母語が優勢になると、ほかの民族が不利益をこうむる。それが民族問題化することを避けるため、英語など外部の言語をあえて公用語に採用するケースは広く見られる。

近年は、**先住民族や少数民族の権利を尊重する気運があり、その言語を公用語に採用する国もある。**

グリーンランド

北アメリカ

大陸の約半分を占めるアメリカは世界の経済の中心地。
メキシコ以南と小さな島々は、植民地化により独自の文化が形成された。

2

ナイアガラの滝
アメリカとカナダの国境に位置する、3つの滝の総称。氷河期に形成され、現在も毎年約3㎝ずつ浸食を続けている。

1

ケベック・シティ
17世紀初めにフランス人の入植者によってつくられた都市で、様々な建造物に中世ヨーロッパの影響が見られる。

カナダ
1
2
3
アメリカ合衆国
6
メキシコ
7
8
バハマ
キューバ
ハイチ
ベリーズ
ジャマイカ
ドミニカ共和国
ホンジュラス
グアテマラ
エルサルバドル
ニカラグア
コスタリカ
パナマ
アンティグア・バーブーダ
セントクリストファー・ネービス
ドミニカ国
セントルシア
セントビンセント=グレナディーン諸島
バルバドス
グレナダ
トリニダード・トバゴ

3

自由の女神像

アメリカ独立 100 周年を記念して、フランスから贈られたもの。台座を含めた像の高さは全体で約 46 m。正式名称は「世界を照らす自由」。

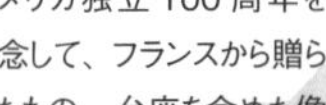

アメリカ合衆国

5

シリコンバレー

情報通信産業の中心地。名門大学と企業がタッグを組み、世界中から人材やアイディア、ベンチャー企業を吸引している。

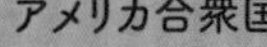

6

ハリウッド

晴天の多い気候と、海岸や山並み、砂漠など自然に恵まれたハリウッドは、戸外ロケに適し、映画産業の中心地となった。

トーテムポール

スタンレーパークに残るトーテムポールは、先住民族が先祖代々の家紋や伝説などを彫り、家の前などに建てたとされるもの。

4

4

7

モロ要塞

入植したスペイン人が 17 世紀に築いた要塞。西欧諸国が海賊を後援し、植民地から得られる金品を奪い合った。

8

チチェン・イツァ

マヤ文明の古代都市の遺跡。この地域は熱帯雨林気候であるため、遺跡が密林に埋没し、発見や調査が困難である。

ハワイ諸島

- 地誌 -

北アメリカ

アメリカに繁栄をもたらした絶対的な強みとは

温暖な気候と広大な平野

アメリカの東南部には、温帯の肥沃な大平野が広がっている。

人の活動に適したこの気候・大地に、革新的な技術を次々と投入し、**「農業の工業化」といわれるほど機械を農業に取り入れ、大規模化をとげた**。自国の需要を満たして余りある生産力を持つため、工業国でありながら、「世界の食料庫」と呼ばれる農業大国にもなった。

アメリカの農業は、地域に合う作物を大量栽培する適地適作が特徴だ。肥沃なプレーリーの、少雨地帯では小麦、湿潤な地域ではトウモロコシが生産されている。乾燥する内陸では牧畜、南東部では綿花栽培、西岸では地中海式農業が行われる。

アメリカ北東部はかつて氷河に覆われていた。土地がやせているため酪農がさかんである。

氷河が地層を削ってできた地形に、水が溜まって生じたのが五大湖だ。五大湖は、ナイアガラ滝ほどの落差をも技術力で克服した多数の運河によって海へ通じる。またミシシッピ水系とも結ばれて、大陸の内部まで水運を行き渡らせている。

一方、隣接するメキシコでは、国土の大部分が山地で河川は急流である。パナマ運河の開削以前には、国の東西を水運で結ぶことも困難であった。アメリカとの国力の圧倒的な差は、この地形も一因である。

COMMENT ON

アメリカの北に位置するカナダ

世界第２位の広さのカナダだが、その大半は居住が困難な寒冷地である。そのため、人口は南部の国境沿いに集中している。

中央部には肥沃なプレーリーが分布し、小麦の一大生産地帯となっている。しかし、冬季に水運が氷結するため、輸送が鉄道頼み。この輸送費が、コスト面を押し上げ、アメリカ産小麦との競争を厳しいものにしている。

一方でカナダには広大な森林資源、美しい湖沼などの観光資源、英語が強みの産業などがあり、経済を牽引している。

キーワード

- 農業の工業化
- 適地適作
- プレーリー
- 氷河
- 五大湖

用語解説

プレーリー…北アメリカ大陸の中部から西部にかけて南北に広がる広大な草原。プレーリーに広がる黒色の腐植土をプレーリー土といい、チェルノーゼム（P.68）よりやや降水量が多い地域に分布する。

北アメリカ大陸の気候

アメリカは南東部に温帯、西部と内陸部に乾燥帯が分布する。

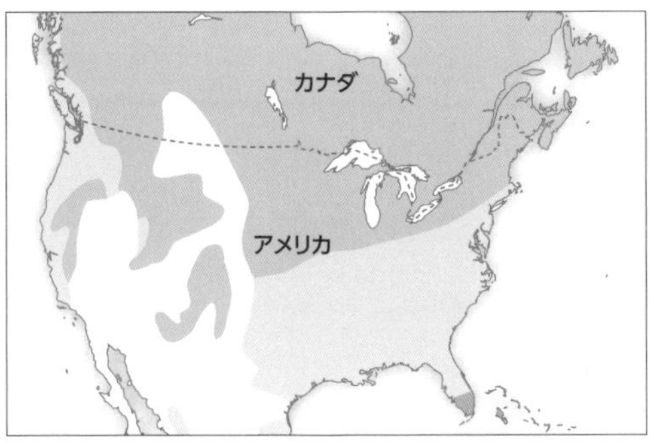

カナダは美しい自然が豊富。治安も安定していて、かつ英語圏。整備された教育機関などで、観光客や留学生を誘引している。

フロリダ半島の南部は熱帯。マイアミはアメリカで人気のリゾート地。

アメリカの農業分布

アメリカは世界的な穀倉地帯。西経100°を境に、肥沃な黒土がひろがるグレートプレーンズとプレーリーが分布する。

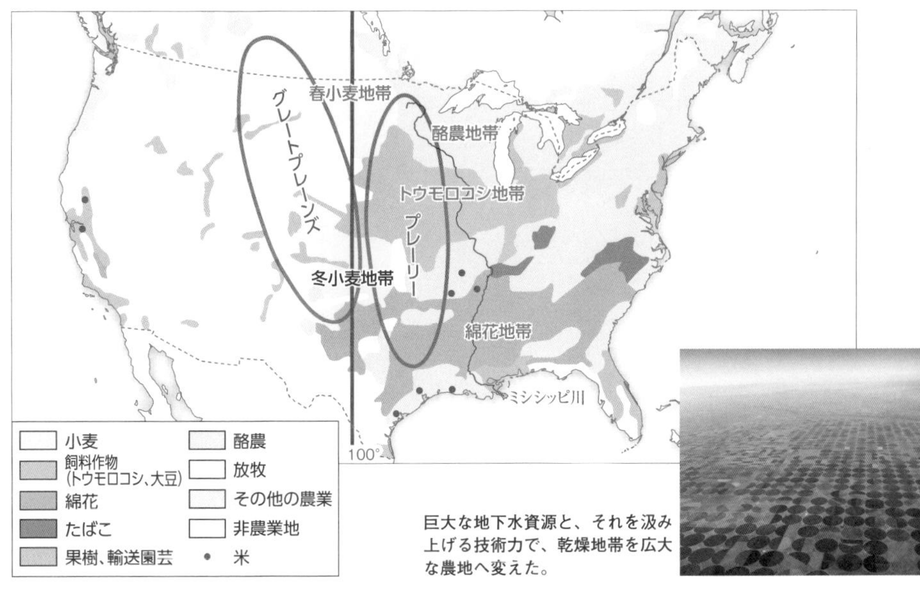

巨大な地下水資源と、それを汲み上げる技術力で、乾燥地帯を広大な農地へ変えた。

➡パナマ運河については、82ページもチェック!
➡適地適作については、120ページもチェック!
➡プレーリーについては、230ページもチェック!

-地誌-

北アメリカ

アメリカの先端産業が世界をリードする理由

キーワード

- 安定陸塊
- 東部工業地帯
- ICT産業
- 北米自由貿易協定

研究開発と企業の国外移転

アメリカはもともと、イギリスの植民地を中核として成長した国だ。世界で最も早く産業革命が起こったイギリスの技術は、交流が密で同じ英語を話すアメリカへも波及する。安定陸塊という古い大陸であるアメリカは、アパラチア炭田やメサビ鉄山など、石炭と鉄鉱石に恵まれており、かつ、それらの資源を水運で結びつけることができた。

こうして、五大湖周辺に東部工業地帯が形成され、自動車など、大衆の生活を一変させる製品が、世界へ送り出されていった。

アメリカ産業の強みは、豊富な資源だけではない。**優秀な人材を世界的に誘致する教育機関と研究開発への莫大(ばくだい)な投資が、先端技術を育み続けている。**特にICT産業では、この国の規格が事実上の世界標準となり、グローバルに影響している。

産業の動向には、政治も関わる。アメリカ、カナダ、メキシコが1994年に結んだ北米自由貿易協定(NAFTA)は、北アメリカ大陸に一大経済圏を形成した。**3国間の貿易を自由に行えるようになったこの協定後、人件費が安いメキシコに多くの企業が進出し、アメリカへ輸出する製品を作るようになった。**

なおアメリカは、産油量、原油輸入量ともに世界最多である。その産業の規模の大きさがうかがえる。

ラストベルトとトランプ大統領

20世紀前半の東部工業地帯は、アメリカ国内の鉄鉱石と石炭を利用した鉄鋼業、ライン生産方式を取り入れた自動車産業などで繁栄した。しかし1970年代、人件費が安く気候の温暖な南部へ企業が移転し始め、新しい工業地帯「サンベルト」が生まれる。取り残された東部工業地帯は「ラスト(錆(さ)びついた)ベルト」と揶揄されるようになった。企業はさらに、NAFTAによりメキシコへ進出。「国内の雇用が失われる」という危機感が高まり、NAFTAに批判的なトランプ大統領を誕生させた。

用語解説

ICT産業…コミュニケーションに、インターネットのようなネットワーク技術を利用した、情報通信技術に関する産業やサービス。

アメリカの工業地域の変化

かつて五大湖周辺を中心に鉄鋼業などで工業地域が発展した。その後、サンベルトや太平洋沿岸部に先端技術産業が集まり、産業の中心が移動した。

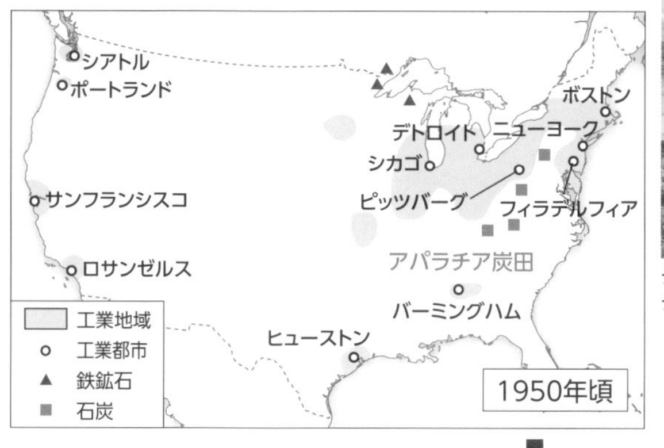

デトロイト郊外のフィッシャーボディプラントの廃墟。

ラストベルト

かつて鉱工業で発展した五大湖周辺は、技術革新の遅れ、組織化された労働組合による高賃金、ドル高による国際競争力の低下などで衰退を招いた。

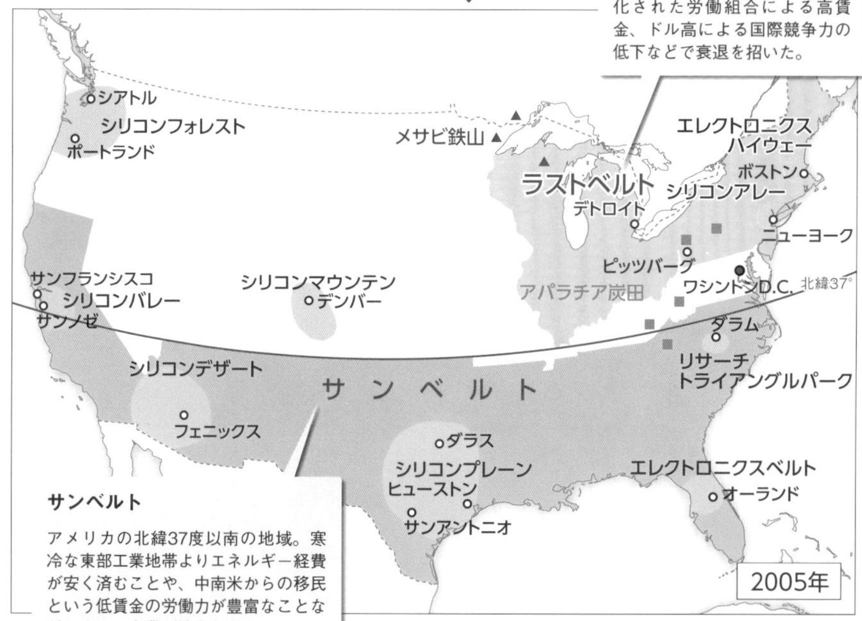

サンベルト

アメリカの北緯37度以南の地域。寒冷な東部工業地帯よりエネルギー経費が安く済むことや、中南米からの移民という低賃金の労働力が豊富なことなどにより、企業が流入した。

ラストベルト
サンベルト
先端技術産業集積地
工業都市
鉄鉱石
石炭

シリコンバレーのビル街。

➡アメリカの資源については、140ページもチェック！
➡先端技術産業については、150ページもチェック！

- 地誌 -

北アメリカ

北アメリカ大陸はどのように移民国家となったのか

アメリカ建国の精神で調和

カナダ、アメリカ、メキシコ3国の共通点は、近代にヨーロッパ人が進出し、その主導のもと移民国家としてスタートしたことである。

そもそも北アメリカ大陸には、「ネイティブアメリカン」と総称される、様々な民族が住んでいた。15世紀末、コロンブスにより北アメリカ大陸が発見されると、ヨーロッパ人の入植が始まる。ネイティブアメリカンは、ヨーロッパ人に付随してきた感染症により人口が激減。また武器など技術水準でも押されてマイノリティ化していった。

カナダではイギリス系とフランス系の人々が入植し、双方の言語を公用語とすることで折り合った。メキシコでは、ヨーロッパ人と先住民族の混血メスチーソが多数派を形成、スペイン語が公用語になった。

アメリカで多数派となったのはイギリス系白人のワスプである。**独立後のアメリカは、〝信教の自由〟や〝人権〟という理想を掲げて移民を大規模に受け入れ、多民族国家として成功し大国になった。**今日でも、アメリカの活力源のひとつとなっている。

一方で、アメリカはアフリカ人を奴隷としていた時代があり、彼らの子孫に対する差別はいまだに社会問題である。近年では中南米からの不法移民をめぐり、議論となっている。

KEYWORD

「ヒスパニック」と「ワスプ」

スペイン語を公用語とする中南米の出身者やその子孫をヒスパニックという。アメリカと中南米の間には経済格差があり、豊かさを求めて、アメリカへ不法に移住するヒスパニックが昔から多かった。

アメリカにとっても、彼らは貴重な低賃金労働力だが、母国が近く、多産傾向のヒスパニックは、近い将来アメリカの多数派になると見込まれている。「国境に壁を」と主張するトランプ大統領の登場は、ワスプ層の警戒感の表れでもある。

キーワード

- ネイティブアメリカン
- メスチーソ
- ワスプ
- 多民族国家

用語解説

ワスプ…WASP。White（白人）でAngro-Saxon（英国人）系でProtestant（キリスト教の一派プロテスタント）の信仰を持つ人々。

ネイティブアメリカンが追いやられた原因

インディアンとも呼ばれるアメリカ先住民族は、ヨーロッパ人によって追いやられた。今もアメリカ政府の管理下にある居留地で生活している。

感染症

天然痘は致死率が高く、感染力が強かった。ヨーロッパ人にも恐ろしい病だったが、免疫を持たなかった南北アメリカ大陸の先住民族には致命的であり、人口が半減したともいわれる。1980年、WHOにより根絶が宣言された。

銃の流通

ヨーロッパ人のほうが先住民族に比べて軍事技術が高かった。先住民族は一枚岩ではなく、多くの民族・部族に分かれ時に抗争していたため、ヨーロッパ人から銃を手に入れ戦いに利用する部族もあった。結果、抗争が激化し、先住民族全体の人口を減少させた。

ネイティブアメリカンのナバホ族の伝統的な民族衣装。

アメリカの人種・民族構成とアフリカ系・ヒスパニックの分布

「人種・民族のサラダボウル」と呼ばれるアメリカに一定数の移民を送り込んでいない国は現在ほとんどない。そのためアメリカの世論は、移民の出身国とも連動し、国際世論に影響を与える。

アメリカの人種・民族構成

現在ヨーロッパ系が6割を占めるが、近年、ヒスパニックの数が増大している。

カリフォルニア州はヒスパニックの割合が高く、スペイン語の新聞やラジオ放送もある。

ベネズエラ
ガイアナ
スリナム
ギアナ
コロンビア
エクアドル
ペルー
ブラジル
ボリビア
パラグアイ
チリ
アルゼンチン
ウルグアイ
1
2
3
4
5
6
7
8
1
ブラジリア大聖堂
計画的に建設された新首都ブラジリアを象徴する建築物。発展が遅れているブラジル内陸部の振興のため、首都が移転された。
3
ラプラタ大聖堂
南アメリカ大陸にはカトリック信者が多い。ラプラタ大聖堂は、約50年かけてつくられた。ヨーロッパの建築様式に影響を受けている。
2
コルコバードの丘
ポルトガルの植民地だったブラジルの1922年の独立100周年を記念してつくられたキリスト像。

南アメリカ

大陸西部の高地には、先史時代の壁画や古代文明の遺跡などが多く残る。
大陸最大の国ブラジルは、近年急速に経済発展をとげている。

5

チチカカ湖

標高 3810 mに位置する巨大な古代湖。インカ帝国時代以前から先住民族が暮らしていたとされる。湖には大小 41 の島がある。

4

コーヒー農園

アンデス山脈の山麓では、植民地時代からコーヒー栽培がさかんになった。農園付近には、スペインの影響を受けた旧市街地が残る。

6

ナスカの地上絵

紀元前 400 ～紀元後 1600 年ごろに描かれたと考えられる地上絵。かつてこの地には、乾燥する砂漠地帯で農耕を営む人々が暮らしていた。

7

アタカマ砂漠

平均標高 2000 mにある砂漠。標高が高く空気が乾燥しているため天体観測に適しているとされ、標高 5000 mの地に国立天文台が設置された。

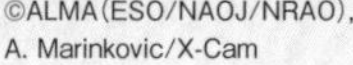

©ALMA（ESO/NAOJ/NRAO）, A. Marinkovic/X-Cam

パスクア島

8

クエバ・デ・ラス・マノス

ピントゥラス川流域の洞窟に、先史時代に描かれたとされる壁画が点在する。クエバ・デ・ラス・マノスには 800 以上もの手形が残る。

南アメリカ
- 地誌 -

2つの海を結ぶ航路 パナマ運河ができた理由

アメリカが建設したパナマ運河

約300万年前、移動の果てに接近していた南北アメリカ大陸の間で、プレート運動による海底の隆起や両大陸からの堆積物により、S字形によじれたパナマ地峡（ちきょう）が出現した。この2つの大陸の連結は、海流・気候・生態系を激変させた。だが人類にとっては何よりも**太平洋・大西洋間の海運を妨げる障壁として**、影響が大きい。

15世紀以降、ヨーロッパ人が世界へ進出しグローバル化が進展する。すると、パナマ地峡の形状と、それが海運に及ぼす影響が認識されるようになり、運河を掘る計画が立てられた。1914年、2つの大洋を結ぶパナマ運河が、アメリカの棍棒外交（こんぼうがいこう）により竣工する。この運河は現在でもチョークポイントのひとつだ。

パナマ共和国は、運河の通航料や便宜置籍船（べんぎちせきせん）など海運ビジネスで、中米一の経済力を有している。 しかしパナマ以外の中米・カリブ諸国には、政情不安や貧困に苦しむ国が多い。

この地域は、かつて西欧に植民地化され、その熱帯の気候ゆえにコーヒー豆・砂糖など西欧向け作物の農業開発が進められた。その時代に形成された大土地所有制や、農産物輸出に依存する不安定な経済は、独立後も後を引いている。地震・火山・ハリケーンが頻発する場所でもあり、混迷に拍車をかけている。

CLOSE-UP

カリブにはなぜアフリカ系が多いのか

中米やカリブ海の島々には、もともと先住民の様々な部族が居住していたが、西欧に植民地化されたあと、農場・鉱山での酷使や免疫のなかった感染症により激減した。その穴埋めとして導入されたのがアフリカ系奴隷である。

特にカリブ海の島々では、民族構成が入れ替わり、アフリカ系・アフリカ系混血の人々が多数派となった国が多い。その結果、音楽や料理などにアフリカ文化の要素が浸透している。また、スペイン語など宗主国の言語が公用語となった国が多い。

キーワード

- パナマ運河
- パナマ地峡
- 棍棒外交
- 便宜置籍船
- 植民地化

用語解説

棍棒外交…アメリカ合衆国大統領セオドア・ルーズベルトの、相手国にとって脅威なものを持ちつつ、穏やかに対話で臨む外交政策のこと。

便宜置籍船…その船の所在国とは異なる国に、船籍をおいている船のこと。便宜的に船籍を置いた国の旗を付けて運航される。船に関わる税金が抑えられるという利点もある。

世界の国々
南アメリカ

パナマ運河

パナマ地峡はＳ字形で長さ約650km、最狭部は幅約50km。パナマ運河はパナマ地峡のほぼ中央にある。

ミラフローレス閘門（こうもん）

パナマ運河は全長約80km。全部で６つの閘門を通過しなければならない。ミラフローレス閘門は、太平洋側からの1つめの閘門。

西インド諸島の民族分布と言語

カリブの島しょ部では先住民族が虐待や感染症によって絶滅・衰退し、アフリカ系主体の国となった。

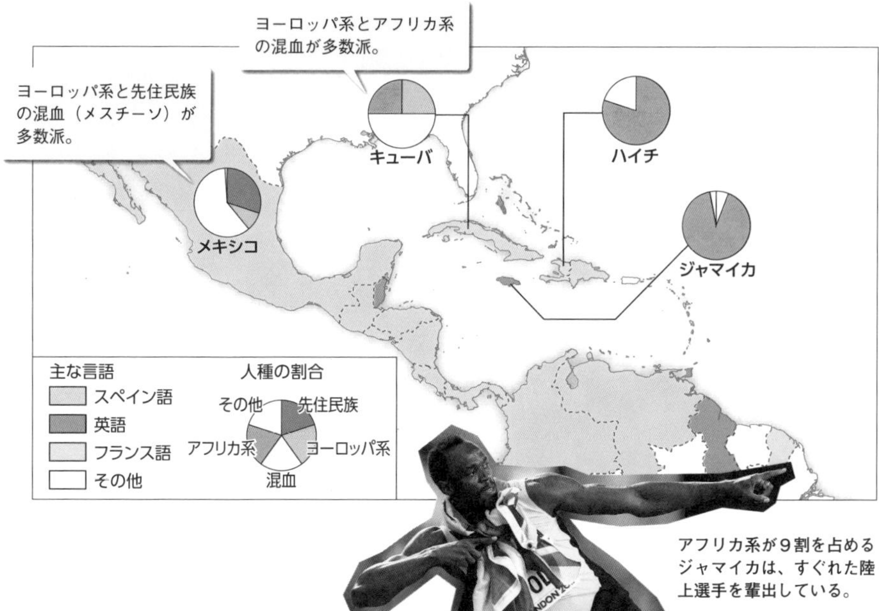

アフリカ系が９割を占めるジャマイカは、すぐれた陸上選手を輩出している。

- 地誌 -

南アメリカ

なぜアンデス山脈の高地で都市が発展したのか

キーワード

- アンデス山脈
- アマゾン川
- 熱帯
- 高山地域

赤道をまたぐ熱帯高地の気候

南アメリカ大陸の最大の特徴は、西側にちょうど沿う形で、アンデス山脈がそそり立っていることだ。5千〜6千m級の高山が、長さ8千kmにわたって、大陸の北端から南端まで伸びている。

このため南アメリカ大陸に降る雨の大半はアンデス山脈を境に、東側の大西洋へ流れ込む。アマゾン川など、広大な流域を持つ大河は、この地形から形成された。

アンデス山脈は交通を阻害し、気候・生態系の区切りとなっているため、山脈の東と西で、人の暮らしぶりがまるで違う。東側には広大な平野や森林があり、農業・林業が大規模に展開されている。一方西側は、国土の大半が山地の国が多い。

一般に、山地は居住に適さない。だが南アメリカ大陸では、古くはインカ帝国が山岳地帯に発展した。現代では、各国の首都がアンデス山脈の山中に立地しており、山地の人口密度が高い。

その理由は、**熱帯かつ標高が高い高山地域は一年を通じて程よい気温となるからだ。**赤道をまたいで広がる南アメリカ大陸には、熱帯の地域が多い。熱帯には、気温が年中ほぼ一定という特徴がある。平野部は気温が高くて住みにくいが、標高が高くなると気温が下がる。そのため過ごしやすく快適な気温となるのだ。

人類の進出が遅れた南アメリカ大陸

プレート運動は、山脈の形成のほか、人類の進出にも影響している。1億年以上前、プレート運動により南アメリカ大陸の東端が分裂した。ちぎれていった大陸はユーラシアに衝突し、その後人類の発祥地アフリカとなった。残った南アメリカ大陸は約300万年前、西端が北アメリカ大陸と結ばれ、氷河期にはユーラシアと地続きになった。このため人類は地球を2/3周してやっと南アメリカ大陸に到達することとなり、南アメリカ大陸は人類の進出が最も遅れた大陸となった。

南アメリカ大陸の地形

世界最長の山脈であるアンデス山脈や世界最大の流域面積を持つアマゾン川があり、起伏に富んだ地形である。

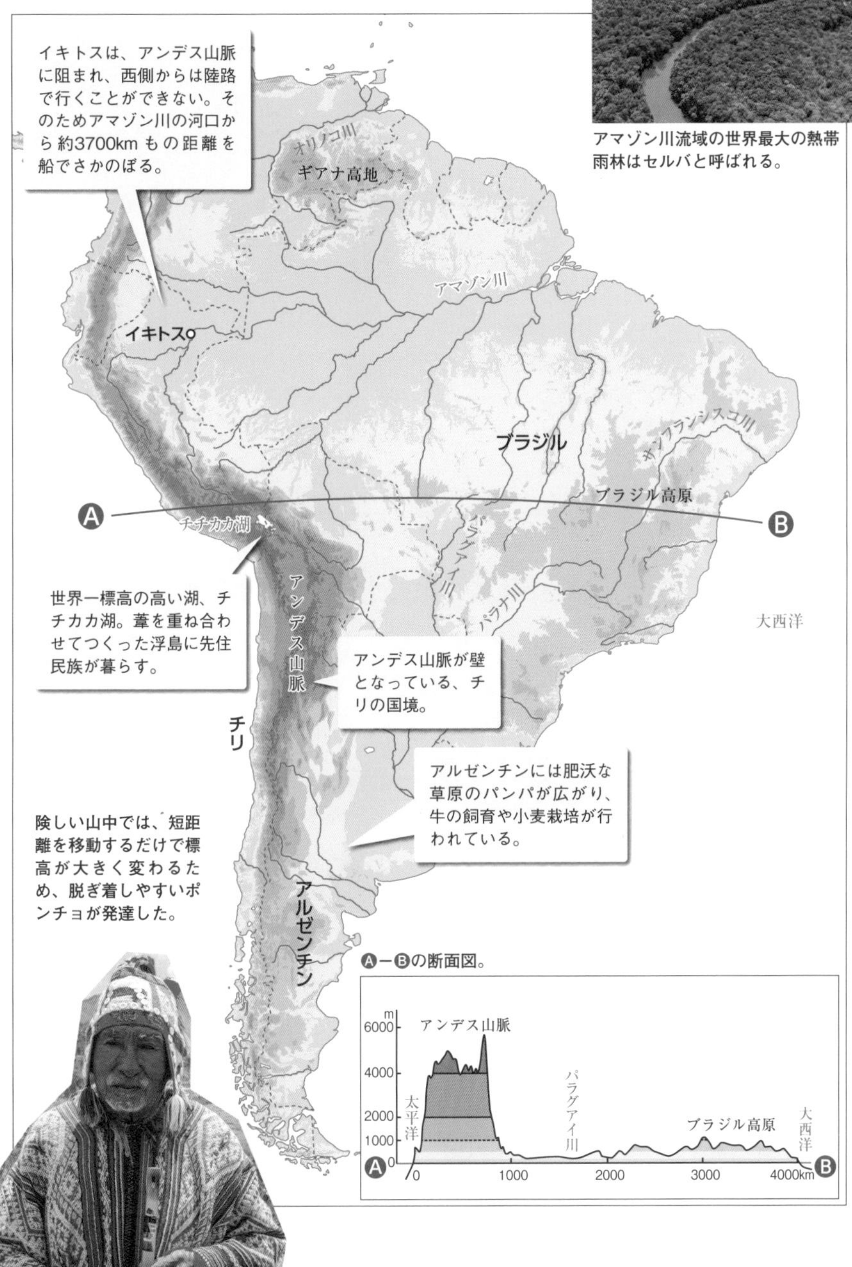

アマゾン川流域の世界最大の熱帯雨林はセルバと呼ばれる。

➡高山気候については、228ページもチェック！

- 地誌 -

南アメリカ

ラテンアメリカに残る植民地化の爪あと

植民地化がつくった文化と民族

メキシコ以南と南アメリカ大陸は、「ラテンアメリカ」と呼ばれる。ラテン音楽、ラテンダンスなどという言葉があるように、南アメリカ特有の文化に「ラテン」とつくことが多い。これはこの地域が西欧のインド・ヨーロッパ語族ラテン語派であるスペインとポルトガルに主に植民地化され、その影響を強く受けたからである。したがって南アメリカ大陸には**公用語がスペイン語かポルトガル語、主要な宗教はキリスト教のカトリックである国が多い**。

言語・宗教以外でも、植民地化は南アメリカに影響を与えている。例えば土地所有の形態だ。スペイン・ポルトガルの大土地所有制が移入されたため、農園主とその下で働く多くの労働者という階層が生じ、貧富の差が大きい社会が形成された。さらに現在は、機械化で職を失った農業労働者が都市へ流入し、スラム化という社会問題も起きている。

また民族構成も植民地化の影響を受けている。南アメリカ大陸では、主な植民者がヨーロッパの男性であったため、先住民族との混血が進んだ。また、持ち込まれた感染症や過酷な労働で先住民族が減少し、その代わりとしてアフリカ系奴隷が導入された。そのため、**混血の人々が多数を占める国や、ヨーロッパ系・アフリカ系の多い国が見られる。**

KEYWORD

「アングロアメリカ」の由来

「ラテンアメリカ」と対をなす言葉が「アングロアメリカ」で、カナダとアメリカを指す。アングロはイングランドと同根の単語で、つまりはイギリス人の意。イギリス系移民が建国の主体となったことから、こう呼ばれる。アングロアメリカでは、家族単位の移民が多かったため、混血はあまり進まず「民族のサラダボウル」となった。また開拓者に土地を与える政策をとったため、自作農という中産階級が社会の主体となった。勤勉なプロテスタントが多かったことも影響した。

キーワード

- ラテンアメリカ
- インド・ヨーロッパ語族
- 植民地化
- 大土地所有制
- アフリカ系奴隷

用語解説

大土地所有制…スペイン・ポルトガル系の農園主が所有する大農園に、労働力として先住民族やアフリカ系奴隷を多数動員したもの。

スラム…大都市の周りに、低所得層の人々が居住することによって形成される不良住宅街。

ラテンアメリカの民族分布

ラテンアメリカは、大土地所有制により労働力として先住民族やアフリカ系奴隷が多数動員されたため、民族が様々である。

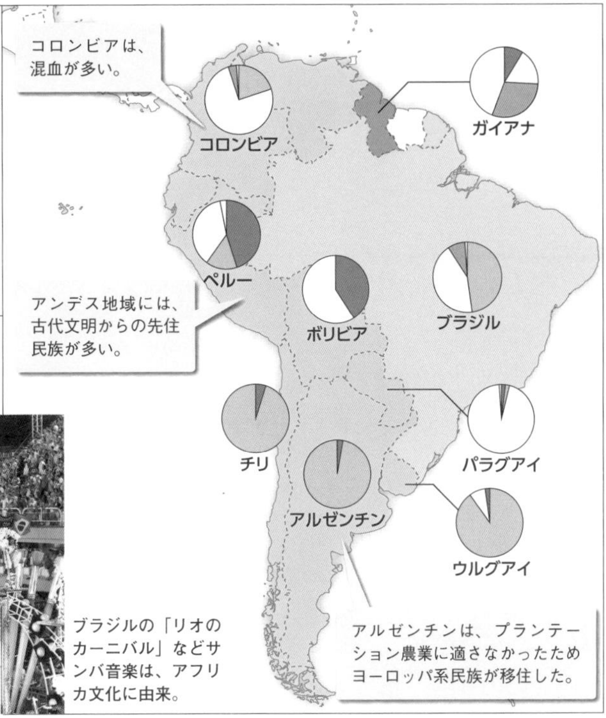
人種の割合
先住民族
ヨーロッパ系
混血
アフリカ系
その他
主な言語
スペイン語
ポルトガル語
英語
フランス語
その他
コロンビアは、混血が多い。
コロンビア
ガイアナ
ペルー
ボリビア
ブラジル
アンデス地域には、古代文明からの先住民族が多い。
チリ
パラグアイ
アルゼンチン
ウルグアイ
アルゼンチンは、プランテーション農業に適さなかったためヨーロッパ系民族が移住した。

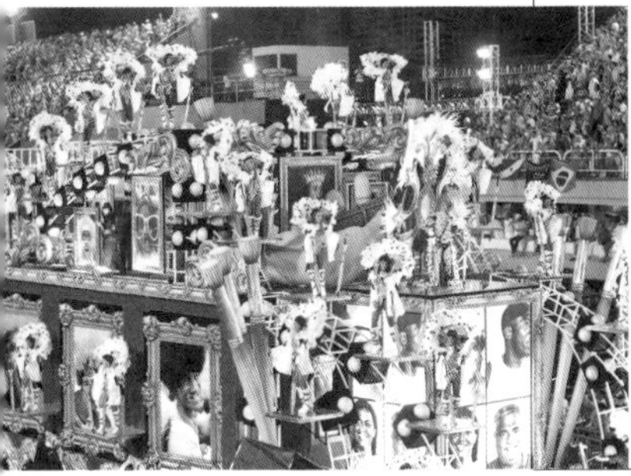

ブラジルの「リオのカーニバル」などサンバ音楽は、アフリカ文化に由来。

文化にもとづく南北アメリカの区分

南北アメリカ大陸はどちらもヨーロッパ人の入植が建国の土台となったが、宗主国の違いで社会に差が生じた。

アングロアメリカ
ラテンアメリカ

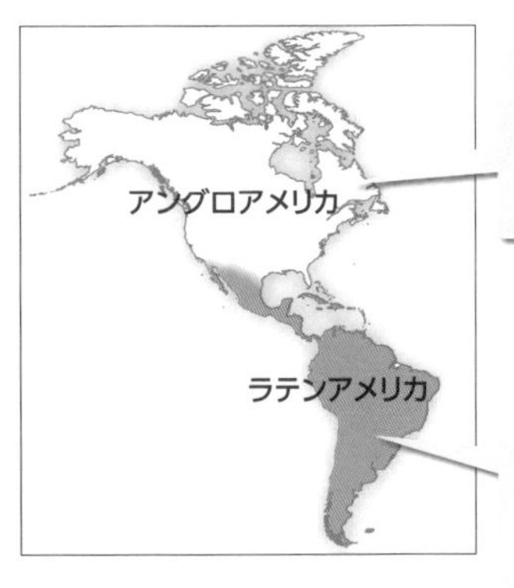

イギリス系とプロテスタントの移民が主体。中産階級の自作農が多い。「祈り、働け」という勤勉さが信条。

スペイン・ポルトガル系とカトリック男性の移民が主体。民族間の混血が多い。大らかな国民性。

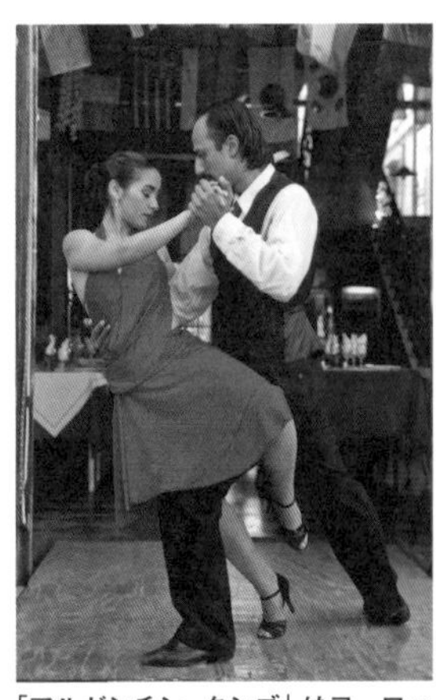

「アルゼンチン・タンゴ」はヨーロッパ・ラテンアメリカ・アフリカのメロディーが混成されている。

➡アフリカ系奴隷については、59ページもチェック!

-地誌-

南アメリカ

南アメリカ大陸の急速な経済発展の影とは

キーワード

- 安定陸塊
- 新期造山帯
- 地下資源
- アグリビジネス

近代化によってふくらむ格差

南アメリカ大陸は、安定陸塊が大半を占めるため、鉄鉱石の大規模な鉱山がある。アンデス山脈は新期造山帯で、銅、銀、すずなど豊富な地下資源に恵まれる。ベネズエラなど世界屈指の産油国もある。南アメリカ大陸の各国はこれらの資源を収入源に、先進国の企業を誘致し、高い経済成長と生活水準の向上を実現しつつある。

安定陸塊で地形が平坦（へいたん）なため、農業や牧畜にも適している。熱帯地方ではコーヒー豆やカカオ、温帯の平原パンパでは、西欧から持ち込まれた小麦、牛、豚の農業・牧畜業がさかんである。近年はアグリビジネス企業が進出し、大規模化が進んで、農産物の輸出が経済の柱のひとつとなってきている。

しかし社会問題化しつつあるのが格差の拡大である。植民地化の経緯から、もともと貧富の差が大きかったことに加え、**工業化の進展によって都市は富み、住民も高学歴化する一方で、農村では教育・医療など社会インフラが整わない状態だ。**

農業が近代化されたことで、収穫量の多い品種や肥料・農薬を購入できる層がうまれた。一方、**機械化により職を失った農村部では、困窮した人が都市へ移動し、スラム化や治安・衛生状況の悪化など、都市問題を深刻化させつつある。**

CLOSE-UP

ブラジルにある「日本人街」

南アメリカ大陸には、日系人といわれる日本からの移民とその子孫が多い。特にブラジルは、海外最大の日系人社会を持つ。日系人は勤勉さで知られ、ペルーで大統領になるなど、社会で大きな役割を果たしている。戦前から戦後しばらくの日本が貧しかった頃、多くの日本人が南アメリカ大陸に移住していった。日本が経済成長をとげ、人手が不足した時代には、逆に日系人が日本へ働きに来た。今も日本とブラジルには日系人が多く住む町があり、多文化共生の試みがなされている。

用語解説

パンパ…アルゼンチン中部のラプラタ川流域に広がる草原地帯。
アグリビジネス…農産物の生産から農産品加工、貯蔵、運搬、販売などの農業に関連する産業。

経済成長によって表れた南アメリカ大陸の変化

天然資源が豊かで人口も増加している南アメリカ大陸は、経済成長が著しい反面、問題も多い。特に大陸の大半を占めるブラジルは、世界の経済や環境に影響を与えている。

経済・文化

影

生活必需品不足
世界最大の石油埋蔵国ベネズエラは、失政により経済が混乱。国民の生活必需品不足が慢性化している。

光

オリンピック開催
国土が広く、資源と農地に富み、人口も多いブラジル。近年の経済成長はめざましく、2016年リオデジャネイロで南アメリカ大陸初のオリンピック開催を実現した。

都市

影

スラム街の拡大
農村では機械化の進展により労働者が職を失い、都市へ流入。ファベーラ（スラム街）が拡大し、ストリートチルドレンも増加している。

光

観光開発と高級住宅
美しい海をいかして観光開発された高級住宅地が集中するリオデジャネイロ。

環境

影

環境破壊
アマゾンの無秩序な森林伐採は環境破壊につながっている。

光

農地拡大
アマゾン開発によって農地が拡大。また、熱帯雨林は樹木の成長ぶりがよく、大森林地帯。林業の重要資源となる。

➡アグリビジネスについては、122ページもチェック！
➡南アメリカ大陸の資源については、140ページもチェック！

主食

世界の主食が抱える問題

肉のかたまりを炭火で焼くアサードは、肉を主食とするアルゼンチンの伝統料理。

ベトナムや東南アジアで食べられる、米で作ったフォーと呼ばれるめん料理。

ペルーなどアンデス山脈に暮らす人々は、じゃがいもを保存食とする。

主食の安定供給を脅かすリスク

食料、特に**主食の確保は、人の生存に直接関わるため、社会の安定を左右する。**日本でも20世紀初頭まで米騒動があったように、現代でも途上国では、主食の値上げが暴動のきっかけとなったりしている。

主食不足に陥る原因は主に2つである。

1つめは、産地での生産量不足だ。温暖化による不作や地球規模での人口爆発により、今後深刻になる恐れがある。

2つめは、例えば食料を消費地へ届けられないなど、流通の問題である。東日本大震災のあと、都市部で品不足が生じたケースが該当する。

POINT

主食の確保は社会の安定に不可欠である。地理では、主要な穀物とその生育条件、および流通システムを研究し、リスクを解析する。

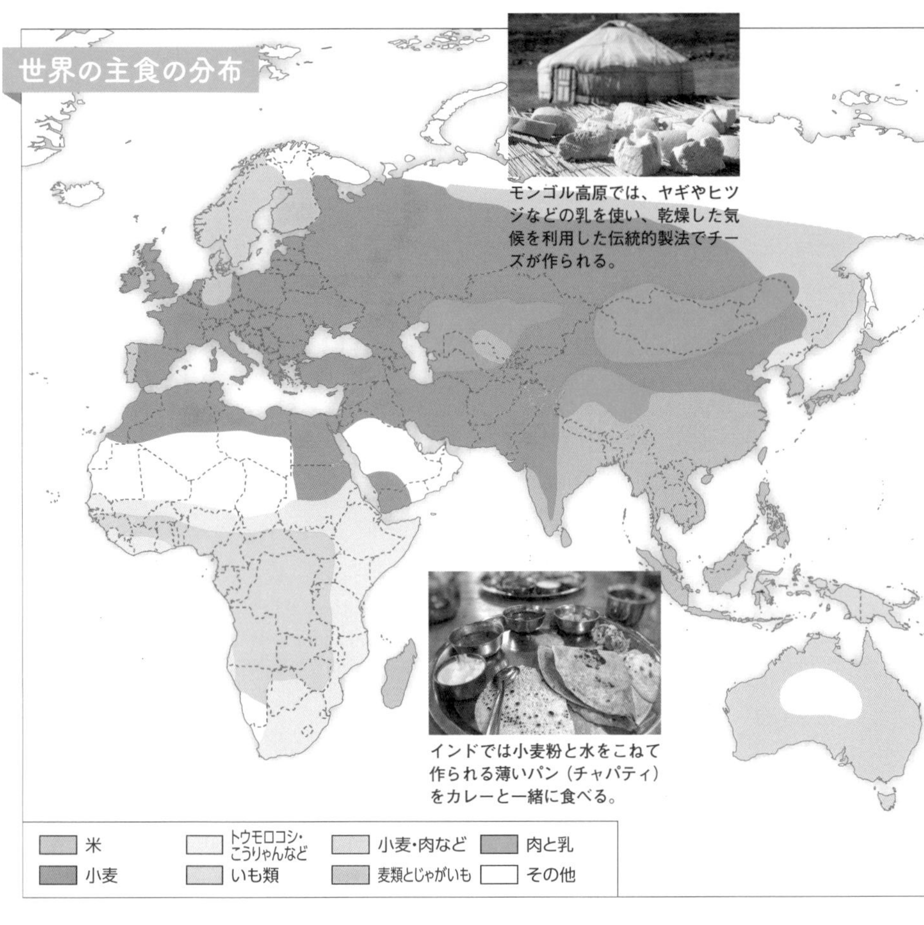

モンゴル高原では、ヤギやヒツジなどの乳を使い、乾燥した気候を利用した伝統的製法でチーズが作られる。

インドでは小麦粉と水をこねて作られる薄いパン（チャパティ）をカレーと一緒に食べる。

また、先進国で家畜の飼料やバイオエタノールなどの需要が高まると、穀物の価格が国際的に高騰し、経済力のない国・人々が食料を入手できない事態に陥る。

三大穀物――生産・供給の現状

米は、自給的農業が多く生産効率が低いため、生産国で消費されてしまうことが多い。

小麦は、国際商品であり、その需要・供給や価格は世界の食料事情を左右する。

トウモロコシは南アメリカ大陸原産で、大航海時代以降に世界へ広まった。原産地ではトルティーヤ（トウモロコシで作る薄焼きパン）など主食とする食習慣もあるが、米・小麦に比べると、飼料やバイオエタノールなど食用外に使われてしまうことが多い。

オセアニア

オーストラリアとニュージーランドはヨーロッパの植民地だった頃の影響が強く、
島しょ部は独自の文化が残る。

マーシャル諸島
キリバス
ツバル
トケラウ諸島
ワリス島（フランス）
サモア
フィジー
ニウエ（ニュージーランド）
タヒチ島（フランス）
ピトケアン諸島（イギリス）
トンガ
ケルマディック諸島（ニュージーランド）
ニュージーランド

①

ナゴール
火山島やサンゴ礁からなる群島国家バヌアツは、自給的農業や観光業が主産業。バンジージャンプの元となった成人になるための儀式ナゴールなど固有の文化が残る。

②

先住民族マオリ
ニュージーランドの北部には、マラエと呼ばれる集会場を中心にいくつかのマオリの社会が存在する。

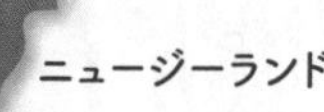

③

テカポ湖
独特のコバルト・ブルーの湖水で知られる湖。サザンアルプスの景観や国内最大の谷氷河タスマン氷河、美しい星空などとともに観光資源となっている。

5

カカドゥ国立公園
公園一帯はかつて先住民族が暮らしていた場所で、約４万年前の石器や 1000 カ所以上の岩絵が発見されている。

6

メルボルンの駅
メルボルンの街は、イギリスを思わせる建造物が立ち並ぶ。19 世紀、イギリスの植民地だった頃の名残が見られる。

7

ポート・アーサーの刑務所
タスマニア島にある、かつてオーストラリアがイギリスの植民地だったとき、囚人たちが送られた最大の流刑所。

4

シンシンの祭り
パプアニューギニアには、800 以上もの少数民族がいる。民族舞踊シンシンは各部族によって音楽も踊りも異なる。

8

カモノハシ
卵を産む珍しい哺乳類で、太古の形態をとどめた「生きた化石」といわれる。ほかの大陸から早くに分離したオーストラリアには、固有種が多い。

- 地誌 -

オセアニア

なぜオーストラリアは好景気を維持し続けているのか

キーワード

- 安定陸塊
- 南半球
- 温帯
- 畜産物
- 語学・教育サービス業

資源と土地と、英語サービス業

オセアニアとは、オーストラリア、ニュージーランド、太平洋の島々の総称である。このうちオーストラリアは、世界最小の大陸であり、大陸が丸ごと一国家である世界唯一の例でもある。

大陸の**大半が安定陸塊、一部が古期造山帯という古い大地で、そのため鉄鉱石や石炭など資源に富む。**風雨に長年浸食された平坦な地形は農業・畜産業に適している。さらに**南半球に位置するため、北半球が収穫できない時期に出荷することもできる。**以上の理由から、オーストラリアは資源および農産・畜産品の一大輸出国となっている。

その主要な輸出先は日本を含む東アジアで、特に近年、中国への輸出が増大している。海路で輸送しやすく、資源や農産・畜産品の需要が多くあるからだ。

ニュージーランドは温帯で人口密度が低いため、農業・畜産業・林業を行える土地がある。特に畜産物の加工がさかんだ。それらを輸出し、機械類や鉱物燃料を輸入している。

オーストラリアとニュージーランドの両国に共通するのは、**英語圏であることをいかした語学・教育サービス業がさかんな点である。**またオーストラリアは、約2億年隔絶された古い大陸ならではの自然・動物も観光資源となっている。

未来への課題

小さな島々のもろい基盤

オーストラリアとニュージーランドは英語を基盤に高水準の教育を実施し、近代化された一次産業を余裕ある土地に展開している。一方、ほかのオセアニア諸国は国土が小さな島から成り立っている。農業を主産業としつつも大規模には実施しにくく、いも類の生産が中心。熱帯の気候と美しい海をいかした観光業も主産業である。ただ、インフラが脆弱(ぜいじゃく)なことや、人口の規模が小さく市場も労働力も限られることなどが弱みだ。近年は気候変動による水没の危機も指摘されている。

オーストラリアの資源分布

オーストラリアは石油、天然ガス、石炭、鉄鉱石などの鉱山資源が豊富である。

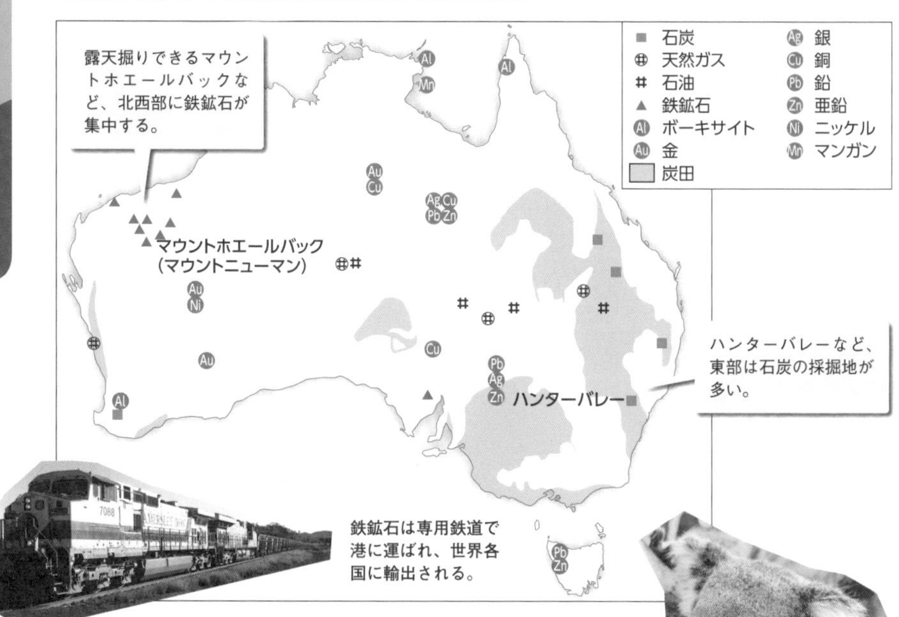

鉄鉱石は専用鉄道で港に運ばれ、世界各国に輸出される。

オーストラリアの珍しい動物たち

２億年前から隔絶されているオーストラリア大陸は、コアラやカンガルーなどの有袋類や、様々な固有種が多数生き延びた。

カモノハシ
鳥のようなくちばしを持ち、授乳するのに乳首がない珍しい哺乳類。

フェアリーペンギン
オーストラリアにしか生息しない、世界最小のペンギン。

コアラ
オーストラリアの重要な観光資源として保護もされている。

ウォンバット
コアラと同じ有袋類。

カンガルー
数十種のカンガルーの仲間が野生で生息している。

➡オーストラリアの資源については、140ページもチェック！
➡ニュージーランドの気候については、216ページもチェック！

地誌

オセアニア

多文化社会オーストラリアは今後どうなっていくのか

キーワード

・アボリジナルピープル
・植民地化
・多文化社会
・マオリ
・白豪主義

移民による国の成長

オーストラリアは18世紀にイギリス系の人々が入植し、オーストラリア連邦が建国された。公用語が英語であるなど、文化の面でもイギリスの影響が残るのはそのためである。先住民族のアボリジナルピープルは、植民地化により激減した。また、ニュージーランドも、元はイギリスの植民地であった。

ただし両国とも近年は、多くの国から移民を受け入れ、急速に多文化社会となりつつある。特にニュージーランドは、国の理念を〝他文化への寛容〟や〝人権の尊重〟に求め、世界に先駆けて女性参政権を実現、先住民族マオリの言語や手話の公用語化などの政策をとっている。

オーストラリアは、20世紀の初頭から約70年間、白豪主義(はくごうしゅぎ)という白人優遇政策を行い、白人中心の国づくりを目指した。しかしイギリスとの関係の希薄化や労働力不足から、アジアなど様々な地域の移民を受け入れる政策へ変更。現在は、国民の約3割が国外生まれである。

これらの結果、両国とも人口が増大。**低賃金の労働者も確保して、好調な経済成長を遂げた**。多言語教育も進められ、**複数の言語を習得してグローバルに働く人材が育ちつつある**。

多文化社会ゆえの摩擦や移民への警戒感もあるが、両国ともこの傾向の政策は続くと考えられる。

未来への課題

移民・難民問題と国民の摩擦

オーストラリアでは、移民は財産・健康・語学力などの審査を経て受け入れが決まるが、難民は人道的配慮からその要件を緩めてかなりの数を受け入れてきた。しかしボートを使い自力で入国をはかる難民の多さに、国民の中でも反対の気運が高まっている。そのため、人数を制限し、特に難民は近隣の島国に移動させる制度をとっている。しかしこの政策に対して賛否が分かれており、2019年にはオーストラリア出身の白人がニュージーランドでテロを起こすなど、摩擦も表面化している。

用語解説

アボリジナルピープル…オーストラリアの先住民族。アボリジニという呼称は、差別的で集団ごとの多様性への配慮を欠くとして近年使われなくなっている。

マオリ…体への刺青や木彫りの彫刻など独特の文化を持つ。近年、権利回復を目指す動きが活発。

オーストラリアの移民出生地の変化

オーストラリアの移民は、1947年から2011年の約60年間で8倍強の増加。1970年代の白豪主義撤廃後は、アジア系移民が増加している。

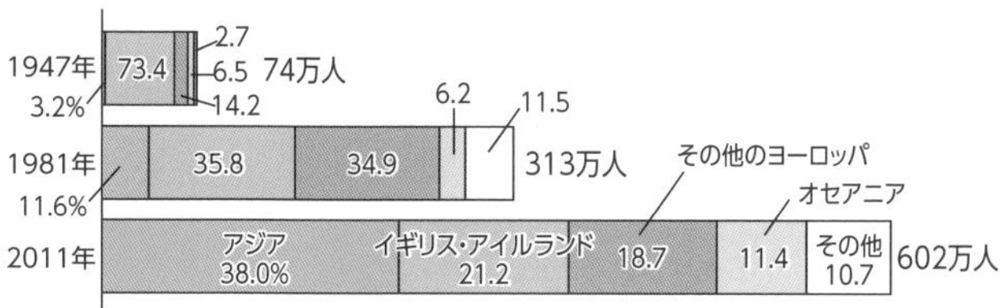

イスラム教徒を狙ったテロの際、ヒジャーブ（イスラム教徒女性のベール）を着用して連帯感を表した、ニュージーランドのアーダーン首相。

オセアニアに残るイギリス植民地時代の名残

1950年代頃は、オーストラリアの移民の大半がイギリス系だった。そのため街並みや文化にも、イギリス由来のものが残る。

建築物
駅舎などメルボルンの街並みはイギリスの伝統的な建築物が残る。

スポーツ
イギリス発祥のスポーツであるラグビーがニュージーランドで大人気。ニュージーランド代表チーム「オールブラックス」は、マオリの儀式ハカを踊る。

オーストラリア

ツバル

ニュージーランド

フィジー

国旗
オセアニアにはオーストラリアのほかにもイギリスと関わりのある国が多く、国旗にもイギリスの国旗（ユニオンジャック）が取り入れられている。

イギリス人が初めて上陸した土地、シドニー。

極地

北極

陸地があるように見えるが、北極はすべて氷だ。しかし北極はシベリアより暖かい。それは、海より陸のほうが冷えやすいためである。

北極の特徴と地球への影響

冒険家が犬ぞりなどで北極点到達を試みる話はよくあるが、その旅路をたどろうと地図帳を開いた人は、不思議に思うことだろう。地図上の北極周辺は海だからである。

北極に陸地はない。冒険家たちが旅しているのは、寒すぎて氷結した海水面である。地図は陸地を表示するものなので、氷塊である北極は描かれていないのだ。

この、北極が海に浮かぶ氷であるという点が、地球の未来に関わってくる。北極の表面が溶けて川が生じたり、氷山が分離・流出したりするなどの現象が観察され、海面上昇が懸念されている。

POINT

極地とは北極や南極のこと。人間の居住には適さないが、氷が溶けることによる海面上昇や南極の資源は私たちの生活に深く関わる。

平和利用を目指す南極

海氷の塊である北極に対し、**南極は大陸であり、岩盤の上を平均2・5㎞という厚い氷床が覆っている。**陸地は海より冷えやすく、しかも氷床の厚みで標高が高いため、南極は北極よりはるかに寒い。寒すぎて水分が降水に至らず、極めて乾燥した大地となっている。

寒さと乾燥は人の生存に向かない。そのため南極はアネクメーネである。人の居住は、研究目的の基地などに限られるが、近年は、一般向けの観光旅行も行われている。

南極大陸は、地球で最も古い安定陸塊であり、資源の埋蔵が期待できる。領有権を主張している国も多い。ただ現在は南極条約により、領有権主張の凍結や軍事利用の禁止が定められ、各国が協調して研究や環境保護に努めている。

南極

南極大陸の最高峰、標高4892mのヴィンソン・マシフの山頂からは、南極の白い山々を見渡すことができる。

南極の激しい吹雪をブリザードといい、風速60mを超えることもある。ペンギンたちは群れになることで風をしのぐ。

南極大陸の昭和基地を目指す日本の観測船「しらせ」。南極には各国の基地がある。

-地誌-

日本

プレートの境目にできた日本の宿命

火山活動と地震

日本は山地を骨格とする列島である。海抜500メートル以上の陸地が多くを占め、それを縁どるように海抜200メートル未満の陸地が分布する。低地は川が山から土砂を流し出して堆積させ、形成した沖積平野が大半を占める。

日本列島がこのような地形となったのは、プレートの動きに関係がある。日本の周辺では4枚のプレートが押し合っており、太平洋側の海底にある海洋プレートが、ほかのプレートの下へ沈み込んでいる。

沈み込んだプレートはマグマをなし、それが上方へ噴き上がって火山となる。こうしてできた火山は、プレートの境界に沿って列をなす。この連なった火山の海面に突き出た部分が、日本列島の骨格だ。

このような成因から、日本には山や火山が多い。**火山の近くには、降灰や火砕流など噴火によるリスクがあり、住民が避難を強いられることもある。**長期的には土壌の質、ひいては農作物の栽培に影響を与える。一方で、マグマを熱源にする温泉は、古来日本の重要な観光資源となっている。

また4枚ものプレートが押し合っていることから、**地殻変動や地震、火山活動が活発であり、しばしば津波を誘発する。**宿命的に災害の多い場所といえる。

CLOSE-UP

海流がもたらす影響

日本の周囲を流れる暖流は、日本の気候に大きな影響を与えている。夏には太平洋側から、冬には大陸側から吹くモンスーンは、この暖流の上を通ることで水気を含む。その結果、夏は高温多湿となり、冬は水気を含んだ風が山地に当たって、日本海側に豪雪・曇天を、太平洋側に乾燥をもたらす。

また暖流は南から暖水性の、寒流は北から冷水性の海産物や魚を運び、さらに両方が交わる所に好漁場を形成する。そのため古くから漁業がさかんで、海産物をいかした和食が発展した。

キーワード

- 沖積平野
- プレート
- 地震
- 火山活動
- 津波

用語解説

海溝・トラフ…深い溝状の海底地形のうち、水深6000 m以上のものを海溝、それより浅いものをトラフと呼ぶ。

日本の地体構造

火山分布は東日本火山帯と、西日本火山帯に分かれ、海溝とほぼ平行に並ぶ。火山前線と呼ばれる。

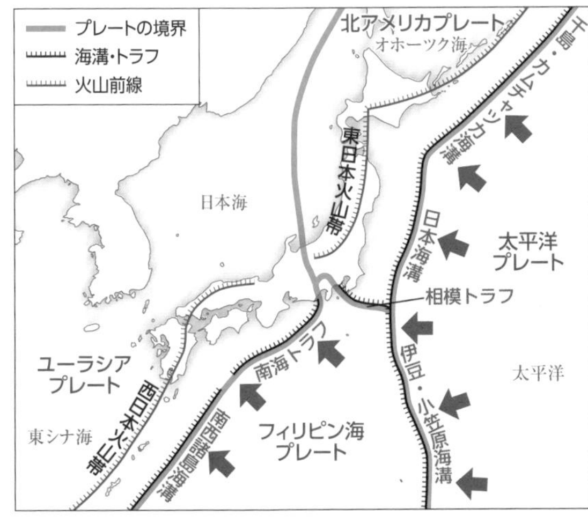

昭和南海地震
南海トラフの沈み込みは、たびたび巨大地震を引き起こしており、今後も発生が懸念されている。

日本のまわりの海流と日本の水域

日本の領海＋排他的経済水域の広さは世界６位。この水域内では、水産物や海洋資源の採取を自由に行え、水域の確保は国益に関わる。

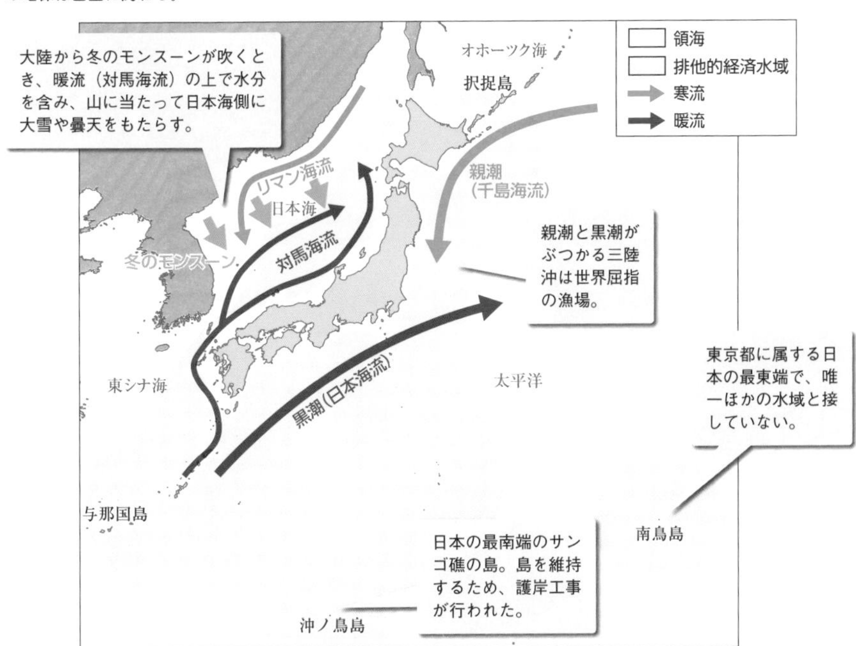

➡プレートについては、168ページもチェック！
➡日本の形成については、170ページもチェック！

-地誌-

日本

山がちな島国のメリット・デメリット

災害列島日本

日本は、ユーラシア大陸の近縁にある島国である。そのため、**大陸で発展した技術や制度を学ぶことができた**。一方、大陸で起きた戦争や民族問題からは、海を挟むことにより比較的守られた。

島国は一般に、無数の小島からなる場合は交通が不便で、国が統一されにくい。しかし日本は、ある程度大きい本州・四国・九州の3島が存在したため、中心部分がおのずから形成された。大和政権の統治が5～7世紀頃から3島に及び、また17世紀以降は江戸幕府が、安定した政体を2世紀以上維持した。その過程で人の往来がさかんになり、共通性のある文化圏が生じて、制度や教育の普及が進んだのである。

一方、**日本のデメリットは山がちな地形だ**。平野は小規模で、農業用地が限られる。急斜面での作業により、林業のコストもかさむ。加えて河川が短く急で、降雨が海へ速やかに排出される。そのため日本は、世界平均の2倍の年間降水量があっても**水不足になりやすい**。

さらに、山がちな地形と多雨の気候が相まって、土砂崩れなどの災害が多い。多量の雨で土砂も多く流出するため、天井川が形成され氾濫のリスクも高い。日本は、**災害の多い土地柄であり、防災・復興のコストが必要不可欠**なのである。

未来への課題

日本の気候と温暖化

温帯は、人間の生活に最も適した気候である。日本は温帯といえども、夏の暑さと冬の寒さが厳しい。それは大陸の東側に位置するため、夏には高温のモンスーンが海上から、冬は冷たいモンスーンが大陸から吹くためである。

近年は温暖化の影響か、夏の暑さが増す傾向にあり、集中豪雨や台風による災害が毎年のように起きている。一方、穀倉地帯の北海道では、温暖化により栽培できる作物が増える可能性もある。地域に合わせた対策が必要である。

キーワード

- 平野
- 河川
- 急斜面
- 水不足
- 天井川

日本の地形

日本の国土の７割が山地。しかも傾斜が急である。

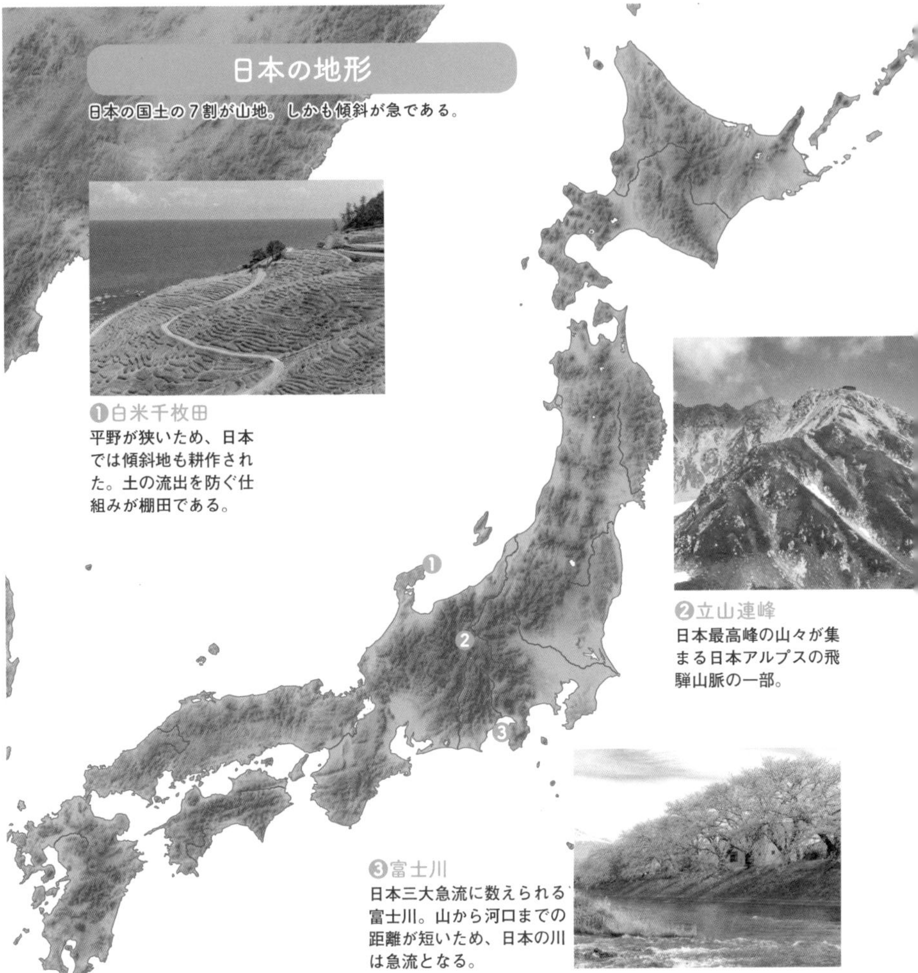

❶白米千枚田

平野が狭いため、日本では傾斜地も耕作された。土の流出を防ぐ仕組みが棚田である。

❷立山連峰

日本最高峰の山々が集まる日本アルプスの飛騨山脈の一部。

❸富士川

日本三大急流に数えられる富士川。山から河口までの距離が短いため、日本の川は急流となる。

天井川

川の底がまわりの土地よりも高くなった川を天井川と呼ぶ。

線路の上を流れる滋賀県の草津川。

-地誌-

日本

稲作の伝来が日本をどのように変えたのか

稲作に適した地理的条件

米は、人間が必要とする栄養を豊富に含み、かつ土地あたりの収穫量が、もっとも多い作物である。稲作が日本に伝わってきたことと、栽培できるだけの雨量のあったことが、日本を平野の広さの割に人口が多い国にすることを可能にした。

日本は大陸東岸であるため夏に高温で多量の雨に恵まれる。**米は生育時に高温・多雨を必要とするため、日本はまさに稲作に適した気候**だった。そのため稲作は日本に浸透し、神事に米を使ったり、わらを畳に役立てたりなど、現代でも生活や文化に深く根づいている。

現在は、安価な小麦が入手可能になったことからパン食も普及しているが、米を主食と位置づける政策は変わっておらず、米はほぼ100%の自給率を維持している。

一方で、日本の山がちの国土は水を溜めておけず、降水は海へたちまち排出されてしまう。その中から編み出されたのが、棚田や水田など、水を保持する農業である。養分が新たな水によって供給されるため、連作障害に強いという特長もある。

また日本は、米の原産地から見れば寒冷だ。特に東北以北では、ヤマセによる凶作が長年の課題であった。そのため、苗代(なわしろ)などの技術革新や寒さに強い品種改良が行われ、亜寒帯の北海道でも稲作を可能にした。

未来への課題

日本は人件費が高い!

日本は、工業化に成功し先進国となった国である。そのため人件費が高く、製造業が海外へ流出し産業が空洞化している。農業も、傷つけずに収穫するなど機械化できない労働が多いため、日本では農業従事者の労働コストがかさむ。結果、外国人実習生を実質的な低賃金労働者にしたり、輸入作物との価格競争に負けて食料自給率が下がったりという問題がある。自給率の低さは、海運の途絶・原産国の凶作・世界の人口爆発などにより、食料不足や価格高騰を招くリスクもはらんでいる。

キーワード

- 平野
- 棚田
- ヤマセ
- 品種改良

用語解説

ヤマセ…北海道や東北地方、関東地方の太平洋側に、6～8月に吹く冷たく湿った風。
苗代…田植え前にべつのところに稲の種をまき、苗を一定の大きさまで育てる農業技術。

稲作にまつわる様々な文化

稲作は食以外にも生活や文化、経済に影響を与えた。

わら製品
畳やロープ、草履など、現代の生活用品にも使われている。かやぶき屋根など屋根素材にも使われた。

神事
米の豊作を願う神事が古くから行われてきた。もちやしめ縄は神事において神聖なものとされる。

日本酒
米を原料とする日本酒は、神社で行われる祭りの供え物や祝いの縁起ものとされる。

貨幣代わり
貨幣経済が浸透していなかった時代には、米が通貨の役割を果たした。「加賀百万石」など藩の規模や武士の俸給は石高で表された。

学問・文芸
田の測量や収穫量の計算などが、数学の普及につながった。民謡などの文芸にも稲作の影響がある。

芸能
日本の伝統芸能となっている能や狂言も、豊作を祈って歌ったり踊ったりした田楽から影響を受けた。

➡北海道の稲作については、224ページもチェック！

第2章

世界各地で営まれる 農林水産業

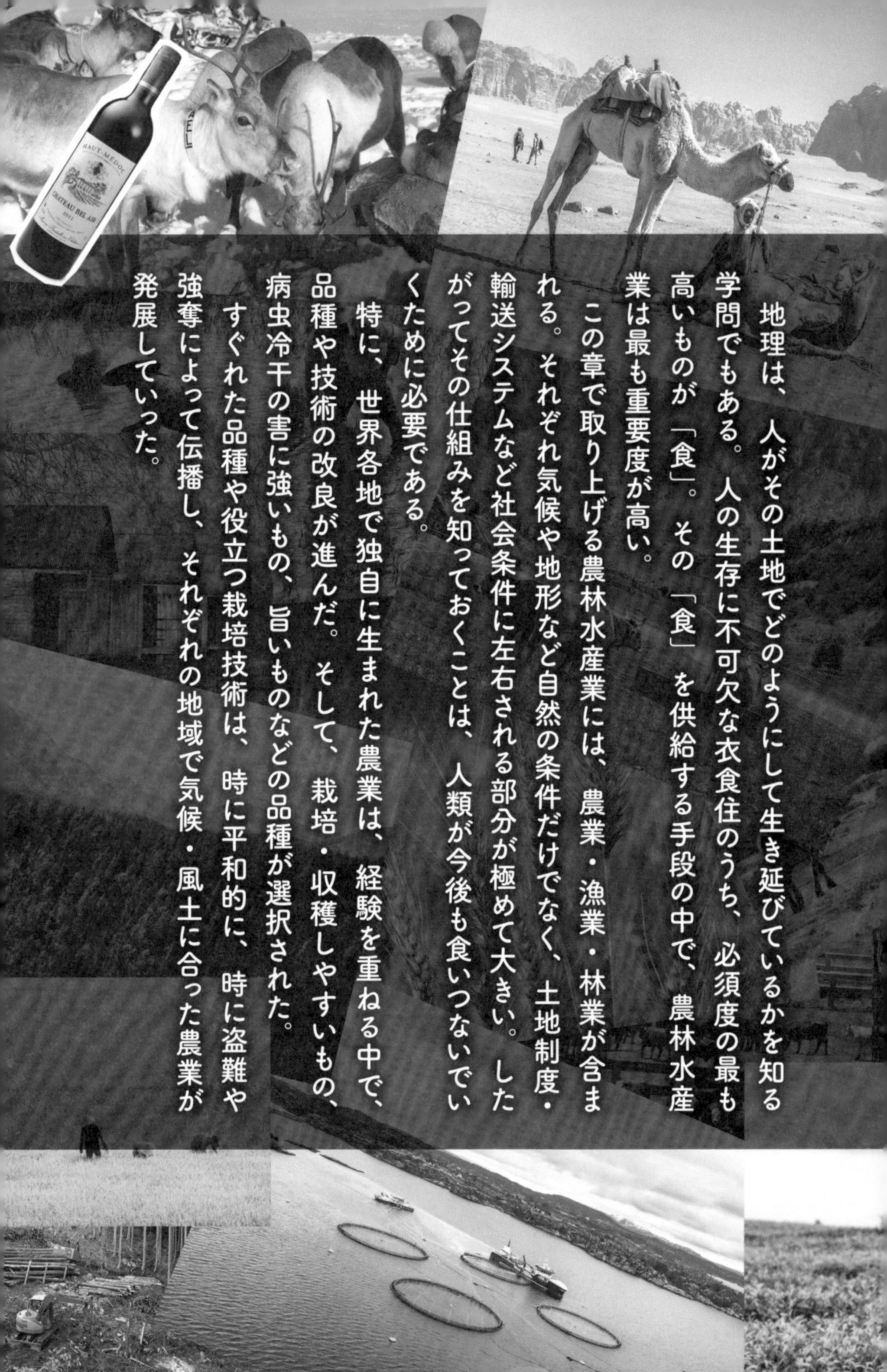

地理は、人がその土地でどのようにして生き延びているかを知る学問でもある。人の生存に不可欠な衣食住のうち、必須度の最も高いものが「食」。その「食」を供給する手段の中で、農林水産業は最も重要度が高い。

この章で取り上げる農林水産業には、農業・漁業・林業が含まれる。それぞれ気候や地形など自然の条件だけでなく、土地制度・輸送システムなど社会条件に左右される部分が極めて大きい。したがってその仕組みを知っておくことは、人類が今後も食いつないでいくために必要である。

特に、世界各地で独自に生まれた農業は、経験を重ねる中で、品種や技術の改良が進んだ。そして、栽培・収穫しやすいもの、病虫冷干の害に強いもの、旨いものなどの品種が選択された。すぐれた品種や役立つ栽培技術は、時に平和的に、時に盗難や強奪によって伝播し、それぞれの地域で気候・風土に合った農業が発展していった。

自給的農業

遊牧、焼畑、オアシス農業…伝統的な農業の今

土と気候に合った自給スタイル

自給的農業は、自家消費を主な目的とした農業だ。約1万年前から行われている伝統的な農業で、その代表例には、遊牧（ゆうぼく）、焼畑（やきはた）農業、オアシス農業、集約的稲作農業・畑作農業がある。

遊牧とは、水と自生する草を求めて長距離を移動しながら家畜を飼う生業を指す。乾燥や寒さなどで作物の栽培には向かない土地でも、広い面積を利用できるならば、わずかな自然資源でできるというわけだ。

焼畑農業は、土がやせた熱帯に広く見られる。森や草原を焼き、灰を肥料とする農業だ。数年耕作して地力が衰えると、別の地に移動してまた焼畑を行う。

遊牧と焼畑は移動を伴うため、組み立て式の家に住み、所有物も限られる。交通網が整備され、食料を買えるようになるにつれて移動する必要がなくなり、**定住に移行する傾向がある。**

通常、砂漠やステップでは遊牧が行われるが、外来河川があったり地下水がわいていたりするなど、近くから水を得られる地域では、農地にすることが可能となる。ここで行う農業をオアシス農業といい、乾燥に強い食物などが栽培されてきた。**オアシス農業は近代化に伴い、綿花などの商品作物を大規模に栽培する、企業的農業に変わってきている。**

COMMENT ON

自給的農業の強み

自給的農業は、その地の自然・社会条件に合った農業である。ある国ではいも類がよく育つ、ある国では豚がタブーで飼われないなど、農業関連ビジネスにも役立つ情報の宝庫だ。また耕作方法や道具が比較的シンプルで、機械など近代のインフラを投入せずとも、比較的安価に開始・継続できることが多い。そのため飢餓が頻発する地域への支援策として有効である。気候変動や人口爆発が予想されるなか、持続・自給可能な農業の選択肢としても期待されている。

キーワード
- 自給的農業
- 遊牧
- 焼畑農業
- 定住
- オアシス農業

遊牧で飼育される主な家畜の分布

農業に向かない環境下でも、遊牧ならば食料（乳や肉）を生産できる。土地の生産力は低いが、広大な面積を利用できるため、人の生存が可能となった。

リャマ
アンデスのリャマ・アルパカなどは、標高によって草の生える時期が異なるため、上下に垂直移動する。
中央～西アジアなどは、1カ所で草を食べつくすと、また別の食料がある地域へ水平移動する。
トナカイ
ヤク
ヒツジ、ヤギ、ラクダ
水牛
アンデスの高地では、山麓の低地ではコーヒーやバナナなどを栽培し、標高の高いところではリャマやアルパカを飼育している。
リャマ、アルパカ
遊牧

ヤク
標高の高いチベット高原でも飼育可能な希少な生き物。

水牛
機械化が進んでいない地域では、水牛は農作業の貴重な労働力ともなる。

ラクダ
ステップではヒツジやヤギ、より乾燥した砂漠ではラクダの割合が増える。

トナカイ
ロシア北部やノルウェーではトナカイが多い。皮は手袋や靴にすることができ、寒冷地には欠かせない家畜。

➡遊牧については、40ページもチェック！
➡企業的農業については、120ページもチェック！
➡焼畑農業については、205ページもチェック！

自給的農業

昔ながらのアジア式農業の今後における課題とは

古い大地と偏西風・季節風

自給的農業の中でも、人手や資本を集中的に注ぎ込んで収穫量を上げているのが、集約的稲作農業と集約的畑作農業だ。「アジア式農業」と別称されるように、アジアに多く見られる。

東・東南・南アジアはモンスーンアジアといわれ、季節風の影響で夏に雨が多く、栄養価の高い米が栽培できた。そのため古くから人口過密地帯となり、その人口を養うためと収量を増加するための努力を重ね、さらに人口が増えた。この循環で、集約的稲作農業が発達していった。

一方、降水量が比較的少ない、中国の華北・東北地方や、インドのデカン高原では、集約的畑作農業での小麦や大豆の栽培がさかんである。

アジア式農業は、家族単位で小規模に行われていることが多く、生産効率が低い。米を主食とする国の多くが、米を自国内でほぼ消費しているのは、このためである。

また、アジア式農業が行われている地域では、農業が身分制や宗教のしきたり、経済の仕組みなどと強く結びついていることが多い。そのため**機械化や大規模化などの近代化が、地元の反発によって進まない**ことがある。農業従事者に情報をどう周知するか、地域の秩序とどう折り合うかなど、地域の実情を踏まえたソフト面の施策も必要となる。

KEYWORD

世界の農業をゆるがした「緑の革命」

自給的な米・小麦栽培が中心だった東〜南アジアに、第二次大戦後、ドラスティックな変化が起きる。高収量品種の導入や化学肥料・農薬・機械などの使用により、作物の収穫量を増大させた「緑の革命」である。東〜南アジア諸国では、この技術革新を取り入れ功を奏した国が多く、人口10億を超える大国インドでさえ、増加一方の人口にもかかわらず米の輸出が可能になったほどであった。ただ、農業の近代化には資本が必要であり、農村における格差をいっそう広げることにもなった。

キーワード

- 集約的稲作農業
- 集約的畑作農業
- アジア式農業
- モンスーンアジア
- 季節風

用語解説

モンスーン…インド洋、東・東南・南アジアに吹く季節風のこと。場合によってはその気団を含めたものの総称。季節風の影響を受けることをモンスーンということもある。

アジアの年間降水量と自給的農業の分布

いわゆるモンスーンアジアは、雨に恵まれているおかげで稲作に適した大地であることがわかる。

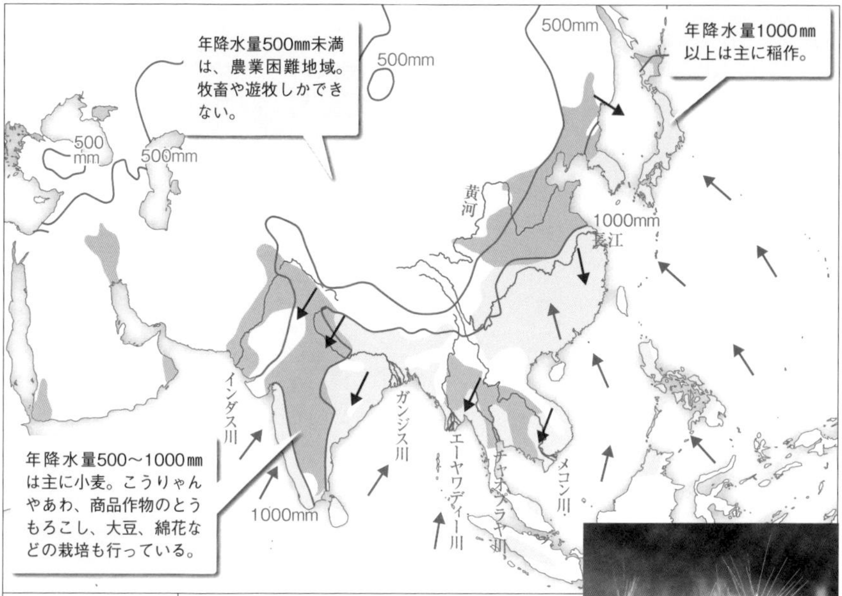

年降水量500㎜未満は、農業困難地域。牧畜や遊牧しかできない。

年降水量1000㎜以上は主に稲作。

年降水量500〜1000㎜は主に小麦。こうりゃんやあわ、商品作物のとうもろこし、大豆、綿花などの栽培も行っている。

500mm
500mm
500 mm
500mm
1000mm
1000mm
黄河
長江
インダス川
ガンジス川
エーヤワディー川
チャオプラヤ川
メコン川

遊牧
集約的稲作農業
集約的畑作農業
1月の季節風
7月の季節風

年間降水量が少ない場所では古くから小麦が栽培され、インダス文明や黄河文明を生んだ。

アジア式農業の特徴

土地や気候条件に適応するために稲を品種改良したり、傾斜地に田をつくったりしているが、生産効率は低い。

浮稲
メコン・デルタでは乾季と雨季がある気候に適応した、草丈の高い浮稲という品種がある。

人力耕作
アジア式農業は、機械化が進まず、家族単位で人力により耕作していることが多い。

棚田
平地が少ないインドネシアやフィリピンなどの島国では、斜面につくった階段状の棚田で稲作を行う。

➡南アジアの農業については、37ページもチェック！
➡季節風については、214ページもチェック！

商業的農業

畑作と牧畜を組み合わせる混合農業のメリットとは

休耕地がなくなりコスパアップ

世界に先駆けて産業革命が始まったヨーロッパでは、工業やサービス業など農業以外の産業に従事する人の増加もまた早かった。生産性の低い自給的農業に代わり、多くの人々の食をまかなうために始まったのが、作物の販売を主目的とする商業的農業である。

商業的農業には混合農業、地中海式農業、酪農、園芸農業がある。

混合農業とは、畑作と牧畜を組み合わせて行う農業のことである。フランスやドイツを始め、ヨーロッパの内陸部で広く行われている。

1つの畑で同じ作物を栽培し続けると土中の養分が減り、連作障害と呼ばれる生育不良が起こるため、昔は休耕地を設けて、年ごとに耕作地を交換していた。しかし休耕地をただ寝かせておくのは惜しい。そこで**休耕地を、地力の回復にも役立つ、牧畜や豆類などの栽培に利用するようになった**のである。

混合農業の主な作物は小麦である。気候が寒冷な東部へ行くほど、ライ麦やじゃがいもの割合が大きくなる。この採れる作物の違いが、郷土料理の違いを生んでおり、イタリアやフランスでは小麦が原料のパスタやパンが主流だ。一方ドイツではライ麦や大麦を使った黒くてかたいパン、フィンランドではじゃがいも入りのパンが生まれた。

COMMENT ON

ヨーロッパに学ぶ日本の農業

ヨーロッパは日本よりも、農業に適した土地が広く、移民など低賃金の労働者を雇用できる点で根本的な違いがある。しかし共通することもある。先進国であるため人件費や生活水準が高い、民主主義国家なので農業関係者の票を意識した政策が行われる、有機農業など環境や安全を意識した農産物の需要があるなどの点だ。

環境保全を誘導するＥＵの農業政策や、ブランド戦略による高付加価値化には、日本も学ぶべきところがある。

キーワード

- 商業的農業
- 混合農業
- 畑作
- 牧畜

混合農業の土地利用の仕組み

畑で同じ作物を作り続けていると、土中の養分がなくなり収穫高が落ちてしまう。これを連作障害という。混合農業は、いかにしてこの連作障害を防ぎ、土地を最大限に使うかが重要である。

マメ科の牧草は地中に養分を蓄え、飼料にもなる。ここに家畜を放牧すれば、糞が肥料にもなる。

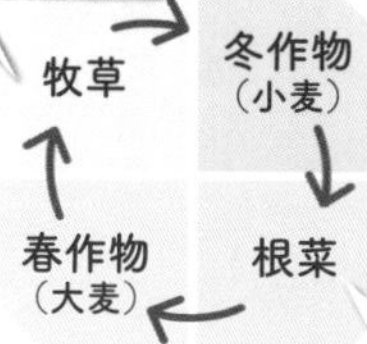

かぶやてんさいなどは、根が地に深くもぐるので、耕す効果がある。

混合農業の耕地
区画ごとに、植えられている作物は異なる。

ヨーロッパの気候とパンの関係

ヨーロッパは、東の内陸部へ行くほど寒くなる。収穫できる農作物が異なることは、それぞれの国や地域で食べられているパンの特徴からもわかる。

フランスパン
地域：フランス
特徴：外側はかたく、中はふんわり。程よい塩気のあるあっさりした味。
主要穀物：小麦

フランスはパン作りに適した小麦の一大生産地。

亜寒帯のフィンランドは、ライ麦で作ったパンが主流。じゃがいもが練り込まれるものもある。

ドイツは、寒冷地でもよく育つライ麦の生産国のひとつ。

フィアデンリング
地域：フィンランド
特徴：薄いドーナツ形で表面はざらざら。酸味があり、かみごたえがある。
主要穀物：ライ麦

イタリアはパスタの原料になるデュラム小麦の栽培がさかん。

フォカッチャ
地域：イタリア
特徴：オリーブオイルやハーブなどで味をつける。塩気が強い。
主要穀物：小麦

ライ麦パン
地域：ドイツ
特徴：黒くてかたく、しっとりとしている。酸味がある。
主要穀物：ライ麦

➡ヨーロッパの農業については、66ページもチェック！
➡牧畜については、208ページもチェック！

土壌

土の生成は2種類に分けられる

POINT

土壌の質は、農産物の種類や生産量を大きく左右する。農業に適した土は古来、貴重であり、その地の政治、経済、暮らしに影響してきた。

成帯土壌と間帯土壌

土壌は、その土地の農業の質に大きく影響する。多量の収穫を可能にする肥えた土のある場所では、古代には文明が生まれた。現在は、地域の食をまかなうほか、商品としての作物を生産し、周辺の経済にも影響を与える地となっていることが多い。

土壌は、成帯（せいたい）土壌と間帯（かんたい）土壌に大別される。**成帯土壌とは、雨の多さや植物の腐葉土化など、気候による影響を強く受けて生成された土**のことである。したがってその分布は、気候区の広がりとほぼ一致する。**間帯土壌は、気候とは無関係に分布する土**である。岩石が風化したり、風に飛ばされてきた土が堆積したりするのが主な成因である。

TOPIC 1

畑作・稲作と日本の土

適度な気温と降水に恵まれる温帯には、常緑樹から針葉樹まで、多くの種類の木が生育する。その落ち葉により生成されるのが、成帯土壌の褐色森林土である。この土は日本に広く分布しているが、多雨のため酸性が強く農業には適さない。

火山国の日本には、火山灰が風化した黒土という間帯土壌も多い。この土も、リン酸と強く結合してしまう性質を持ち、農耕には向かないものであった。しかし土壌の研究が進んだ現在では、リン酸肥料を用いて畑作に広く利用されている。

また、日本には沖積平野が多い。この平野には川が肥えた土を運んでくるため、水田に活用されてきた。

落葉広葉樹
ブナ、サクラ、ケヤキなど葉が薄い樹木

常緑広葉樹
クスノキ、ツバキ、シイなど葉が厚い樹木

針葉樹
葉が針のように細長いマツやスギなどの樹木

TOPIC 2

インドのレグール土

熱帯は土壌の養分が高温で分解されやすく、やせた赤土が成帯土壌となるのが一般的だが、インドのデカン高原にはレグール土と呼ばれる肥沃な黒土が間帯土壌として広がっている。

地上最古の大陸の一部であり、現代は安定しているインド半島だが、恐竜時代の末期頃には火山の大規模な噴火があった。そのとき噴出した溶岩が、巨大な台地・デカン高原となった。レグール土は、この溶岩性の岩・玄武岩（げんぶがん）が長い年月をかけて風化した土壌で、溶岩に由来する鉱物成分を含む。この土と、乾燥性の気候は、綿花や大豆の生産に役立てられている。インドは綿花の主要生産国で、古くから繊維産業もさかんであり、大航海時代にはすでに有名であった。

デカン高原のレグール土は、綿花土とも呼ばれ、綿花の栽培に適している。

TOPIC 3

「欧州のパン籠」たる黒土

黒海の北岸に位置するウクライナは、西部がEU、東部がロシアに接する国である。1991年のソ連崩壊で独立した。その後もロシアとは緊張状態にあり、2014年には黒海の要衝クリミア半島を併合された。EUへの加盟を目指しているが、安全保障の脅威が増すことになるロシアは、猛反発している。

ウクライナからロシア南西部にかけてはステップ気候で、その土壌は世界一を誇る肥沃な黒土のチェルノーゼム地帯だ。そのためウクライナは「欧州のパン籠」と呼ばれるほどの小麦産地で、寒冷な旧ソ連の中で貴重な穀倉地帯でもあった。つまりウクライナの独立はロシアにとって、食の安定という面でも重大な損失だったのである。

ウクライナには、チェルノーゼムといわれる肥沃な黒土地帯が広がっている。

ウクライナの黒土地帯は、ひまわりの栽培量で世界一。種子からとれる油も食用に利用されている。

地中海式農業は地中海沿岸以外でも行える!?

夏の気候をいかした農業

地中海式農業とは、ヨーロッパを中心とする地中海沿岸で典型的に見られる農業だ。夏に果樹栽培、冬に小麦栽培とヤギ・ヒツジの牧畜をしている。

植物の生育には、一定以上の気温を必要とする。そのため、例えば日本では米を、夏の気候に合わせて栽培している。しかし地中海式農業では冬に小麦を育てる。これは地中海沿岸の冬は比較的温暖であり、また乾燥帯に近い気候のため、夏の暑さや乾燥が厳しいからだ。植物はたいてい高温・乾燥に弱い。この農業に不向きな夏の環境下で、いかに土地を有効活用し、作物の収穫高を上げるかを追求しなければならなかった。

そこで人類が見つけた作物が、乾燥に強いオリーブや柑橘類、ブドウ、コルクガシなどだった。これらは加工すれば商品化することができる。こうしてこの地域は、世界に誇るオリーブオイル、ワインの生産地となった。

地中海式農業は、今ではヨーロッパを飛び出し、**アフリカの北西部やオーストラリア、南北アメリカ大陸など、世界中の似た気候の地で行われている。**アメリカでは企業的農業の形態でも実施されている。その根幹にあるのは、気候に合わせて最大限の収穫を上げようという、人間の切なる望みである。

地中海文化に根づいた作物

オリーブは、地中海沿岸では、食用・医薬用・燃料として昔から身近で貴重な植物だった。ギリシャの首都アテネの名の由来には、「アテネ女神はオリーブというすばらしい植物を創り出して人間に贈ったので、この町の守護神となり、そのため町の名もアテネになった」という伝説もある。平和の印のハトがくわえている葉もオリーブ。聖書の逸話にある「ノアの方舟(はこぶね)」で、神の怒りの洪水が終わった証として描かれているためだ。キリスト教徒にもオリーブは聖なる植物なのである。

キーワード
- 地中海式農業
- 地中海沿岸
- 牧畜
- 乾燥帯
- 企業的農業

地中海式農業の様々な産物

地中海式農業を行う地域の中心に位置するイタリアは、世界有数の柑橘類の生産量を誇る。イタリアのトスカーナはワインの産地としても知られる。

柑橘類
地中海性気候の夏の高温・厳しい乾燥に耐えられる作物として、柑橘類が栽培されている。

ブドウ
地中海沿岸では古来、ブドウを原料にワインを生産し、交易に利用してきた。

小麦
イタリアでパスタがよく食べられるのは、その気候がパスタの原料となる小麦の生産に適しているからである。

コルクガシ
コルクガシはブナ科の木で、地中海地域原産。その樹皮から採れるコルクは、ワインの栓などとして長年活用されてきた。

世界に広がる「地中海式農業」の分布

南アメリカ大陸のチリ、北アメリカ大陸のカリフォルニア、南半球のオーストラリアは、近年ワインの生産がさかんな地域だ。世界各地に分布する地中海性気候の地域で、地中海式農業が行われている。

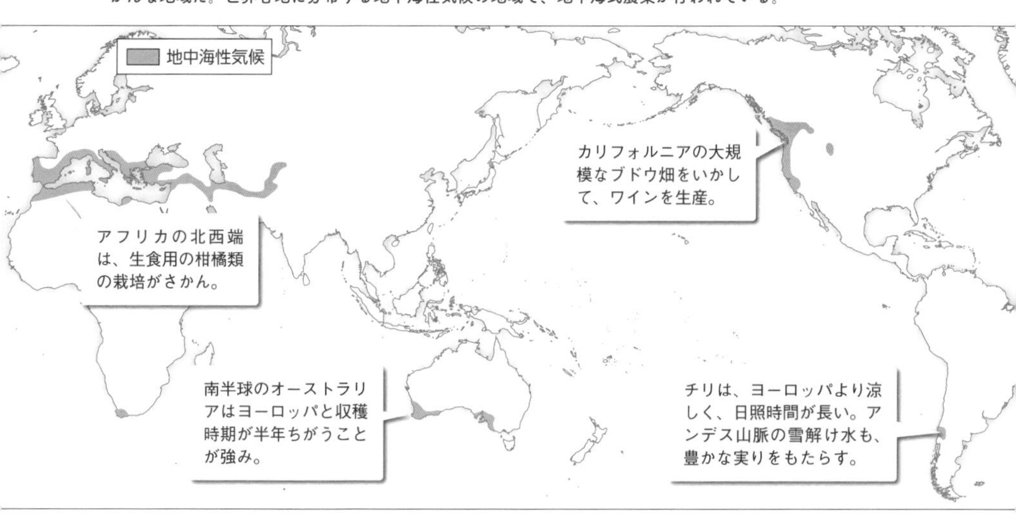

➡企業的農業については、120ページもチェック!
➡地中海性気候については、218ページもチェック!

商業的農業

輸送手段の発達で広がった酪農

キーワード
- 酪農
- 牧畜
- 氷河
- ブランド化

ヨーロッパで発展した酪農

酪農とは、牧畜の中で、生乳の獲得とその販売・加工販売に特化したものをいう。ユーラシア大陸で発祥・発展したこの産業では、家畜の中でも乳量の多い牛の利用が特に進んだ。

酪農はヨーロッパで特異的に近代化し、商業化した。その背景には地理的な理由がある。イギリスやオランダ、デンマーク、スイス山岳部など、気候が冷涼な地域は、氷河期にはもっと寒く、地表が氷河で覆われていた。そのため土地がやせていて穀物栽培には向かない。結果、牧草を育てて牛に食べさせ、その乳を商業的に利用する酪農が発展したのである。

生乳は、鮮度が重要な食品である。加えて温度が高いと傷みやすい。そのため酪農は、消費地の近場で営まれる傾向が強かった。

その状況を変えたのは、冷却システム、真空パックなど新技術の発明と、自動車、高速道路、大型船など交通インフラの革新である。**輸送効率が飛躍的に発展したため、生鮮食品を輸送できる距離が格段に伸びた。**ニュージーランドなど遠隔の産地が競争相手として台頭してきたのである。

ヨーロッパの酪農は機械で搾乳するなど効率を高め、今日では**ブランド化により、競争力を維持している。**

未来への課題

ブランドを確立し、守る —— EUの戦略

先進国の多いEUは人件費が比較的高く、その農産物は世界の他地域からの輸入品との深刻な価格競争にさらされている。それに対抗する戦略のひとつがブランド化、すなわち高くても売れる産品の創出だ。例えばフランス・シャンパーニュ地方のシャンパン、イタリアのパルマ地方のハムなど、伝統のある農業産品は割高でも売れる。EUではこのような産品を、品質や生産工程、背景にある文化・歴史を含めて審査・認定する原産地呼称保護（PDO）制度などを設けて戦略的に保護している。

酪農がさかんな国や地域

酪農が発達した場所は、涼しく、土地が穀物栽培に不向きな地域や国々に多い。

イギリス

ジャージー牛は、イギリスのジャージー島の牛の種。イギリスは古くから酪農がさかんだった。

ニュージーランド

乳製品の輸出量は世界最大。広い大地を利用した放牧酪農。ヒツジが多いイメージがあるが、実は牛も多い。

スイス

冬は寒さと雪を避けるため山のふもとで飼育し、夏は暑さを避けて、山の上で放牧をする。夏と冬で飼育場所を移動するため、移牧とも呼ばれる。

アメリカの酪農地帯

かつて氷河が覆っていたアメリカの五大湖周辺に、酪農地帯が分布している。

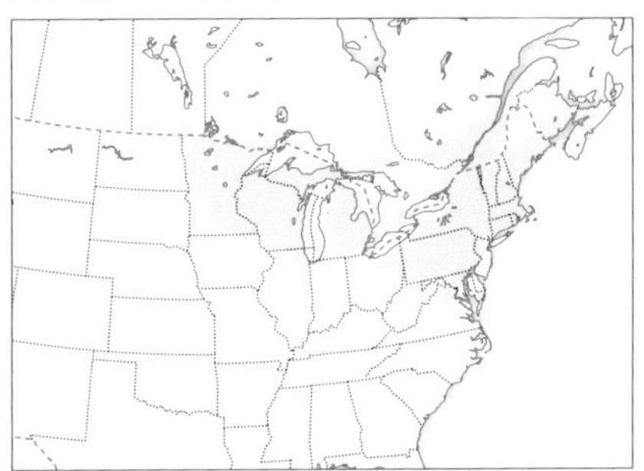

近代化する園芸農業とオランダ

園芸農業とは、野菜、花、果樹などを栽培し商品として出荷する農業である。酪農と同じく鮮度が重要なため、都市の近場が産地になりやすい。オランダはチューリップ栽培で世界一のシェアを誇る。

品種改良

トルコ原産のチューリップを品種改良して商品化するなど、品種や農業技術の研究開発に取り組んでいる。

ハウス栽培

ＩＣＴで自動的にハウス栽培するスマートアグリが広まりつつある。

➡氷河については、192ページもチェック！
➡牧畜については、208ページもチェック！

ソ連時代から、肥沃な土が酷使され荒廃。ソ連崩壊後は企業的農業が普及。
乾燥を好み塩水を飲めるヒツジは、この大陸の内陸部がうってつけ。
熱帯性気候をいかして天然ゴム、コーヒー豆、アブラヤシなどが栽培。

冷凍船
暑い赤道を越えて肉を運べるようになった結果、南米産の安価な肉が西欧へ大量に流入。価格競争にさらされた西欧の畜産業は、混合農業や酪農へと変わっていった。

企業的農業

植民地で広まった新しい農業が世界に及ぼした影響

入植先での農業が始まり

多量の資本と先端技術を投入し、商品としての作物を大規模に生産する工業化した農業を、企業的農業という。20世紀に広まったこの農業は、人類の生活を大きく変えた。

企業的農業が見られる地域は、南北アメリカ、オーストラリア、アフリカ、東南アジアなどだ。大航海時代以降に、西欧諸国が植民地として開拓を進めた地域が多い。これは西欧で産業革命が起き、国力が増大するとともに、非農業従事者の人口が増えたためである。

つまり、食料を自給自足せず、買って調達するという人が多くなり、商品としての農産物の需要が増

キーワード
- 企業的農業
- 植民地
- 適地適作
- 飼料作物
- 牧畜

用語解説　**畜産業**…牛や豚、鶏などの家畜を飼育して加工し、乳製品や肉、卵、皮革などをつくる産業。

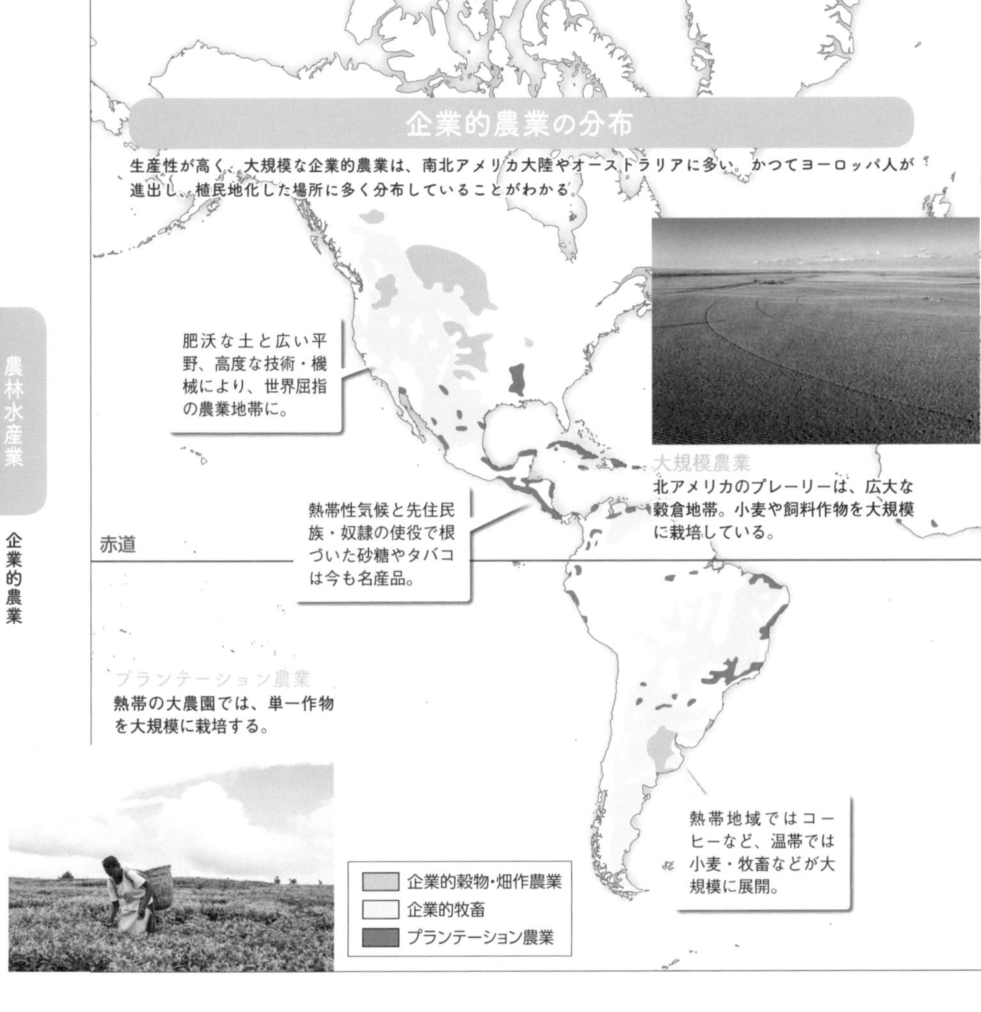

大した。それを受けて西欧諸国は進出先で、自国市場向けの農産物を積極的に生産する。結果、大々的な耕作が行われ、企業的農業が発展したのである。

気候や土壌に合った適地適作

企業的農業では、その地の自然条件に合った作物を集中栽培する適地適作が行われる。

耕作ができるほどの降水量がある地域では、小麦を栽培していることが多い。家畜の餌にもなる飼料作物（とうもろこし、大豆など）も主要商品である。**雨が少なく耕作に不向きな土地では、牧畜が行われる。**

企業的農業は、現在の商業的農業の形成にも影響を与えている。例えば西欧の畜産業は、南米産の安価な肉が大量に流入した結果、打撃を受け、合理化やブランド化を図ることにつながったのである。

➡プレーリーについては、74ページもチェック！
➡牧畜については、208ページもチェック！

企業的農業

世界を豊かにしたアグリビジネスの問題点とは

農業のグローバル化とその功罪

企業的農業と、進歩した輸送システムが結びついた現在、農業は工業に近いものとなりつつある。

先進国を拠点とする多国籍企業が、新しい品種・肥料などの研究開発や、世界各地での集荷、運送、販売などを一貫して担っている。これにより多量の農産物がグローバルに流通し、**食べ物の生産に充てざるを得なかった人手を、ほかの分野へ充てることが可能となった。**その結果、研究開発に関わる人員が増え、ICTなどの新産業とその雇用が創出されている。

一方で、グローバルなアグリビジネスには負の側面もある。例えば、先進国の巨大企業が農産物の世界市場を実質的に支配しているため、農業を主産業とする発展途上国の経済が不安定になったり、農産物の価格が低く抑えられて農業従事者の貧困が起きたりする。

もともと、熱帯や亜熱帯にはプランテーション農業の地域が多い。これは、ヨーロッパが世界を植民地化していた時代に生まれた企業的農業である。ヨーロッパ系の農園主が、奴隷など安価な労働力を大量に使って、商品作物を単一耕作していた。

植民地が独立した今もこの農業の枠組みは残存し、アグリビジネスと結びついて、**貧富の格差や機械化による失業などの問題が起きている。**

未来への課題

おさまらない飢餓のリスク

企業的農業が人類にもたらした恩恵は、自然条件による飢餓の緩和である。人は長年、凶作と端境期（はざかいき）（収穫と収穫の間で品薄になる時期）に苦しんできた。しかし企業的農業による大規模生産と産物のグローバルな取引により、ある地の不作をよその豊作で補ったり、北半球の端境期には南半球から輸入したりということが可能になった。一方で、食料が輸送できない、高価で買えないなど、社会条件による飢餓のリスクは、食料自給率の低い国や、モノカルチャー経済の国で、むしろ高まっている。

キーワード

- 多国籍企業
- アグリビジネス
- プランテーション農業
- 商品作物
- 単一耕作

用語解説

多国籍企業…生産拠点を複数の国に置いている大規模な企業。
商品作物…市場での販売を目的としてつくられる農作物。主にコーヒー豆や天然ゴムなど。

フードシステムとは

農産物の生産から、消費までの一連の流れをフードシステムという。アグリビジネスは「農業資材の確保」から「農産物の加工」までに関わる。

農業資材の確保
種や肥料、農薬、農業機械などをそろえる

農産物を生産
農産物を栽培して収穫し、原料として販売

農産物を加工
農産物を加工し、製品にする

流通
製品を小売店へ出荷する

消費
飲食店や小売店で消費者のもとへ

アメリカの企業的農業

アメリカは、広大な土地で大型機械を使って畜産や農業を行い、大量生産をしている。

フィードロット
牧場とは違う場所に出荷前の肉牛を集めて肥育する施設。家畜の管理も機械化されている。

センターピボット
大規模な灌漑方法。くみ上げた地下水に肥料を混ぜてスプリンクラーで散水する。

南北戦争前のアメリカ南部の「家」

かつての農場主と労働者の家を比較しても、プランテーション農業地域の貧富の格差がわかる。

農場主の家
農場主とその家族が住む。宗主国の影響を受けたヨーロピアン様式の屋敷。窓が大きく、キリスト教徒移民のため十字架があるのが特徴。

労働者の家
プランテーション農業の大農園内にある、労働者のための丸木小屋。安価で建築が容易。アフリカ系奴隷が多数必要だったため、たくさんの棟が密集している。

➡プランテーション農業については、34ページ、204ページもチェック!

グランドバンク

古来アメリカ先住民族も漁労をしたとされる、好漁場。

ラブラドル海流
カリフォルニア海流
メキシコ湾流
北赤道海流
ブラジル海流
ペルー(フンボルト)海流
フォークランド海流

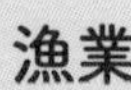

漁業

好漁場となる地理的条件とは

風、海流、底・岸の地形

キーワード

- 大陸棚
- バンク
- 寒流
- 暖流
- 潮境

漁業が産業として成り立つには、海の中で海産物に富む場所（好漁場）と、港に適した地形が必要である。

好漁場は、大陸棚やバンク（浅堆）など、水深の浅い海域に生まれやすい。浅い海は、太陽光が底まで差し込むためプランクトンが繁殖する。すると、それを餌とする魚が集まるからだ。好漁場となる上で、地形とともに重要なのは海流である。

海流とは、海の上を吹く風を主要因として発生する、海水の一定方向への流れだ。このうち、高緯度海域から低緯度へ向けて流れてくる**寒流は、栄養分に富み、魚が豊富で好漁場となる。**また、寒流と暖流が交わ

大陸棚…海岸から水深約200mまでゆるやかに傾斜する、棚状の海底。
バンク…大陸棚のうち、特に浅い部分。
潮境…暖流と寒流がぶつかるところ。海面上に見える細長い筋を潮目と呼ぶ。

世界の海流と好漁場

好漁場は、大陸棚やバンクなどの浅い場所、寒流が通る場所、暖流と寒流の潮境のいずれかであることが多い。

ドッカーバンク

長さ約300km、最大幅130km。タラやニシンが豊富。

大和堆（やまとたい）

日本海中央部に位置する最浅部236ｍの好漁場。近年注目を浴びている。

北大西洋海流
カナリア海流
季節風海流
北赤道海流
赤道反流
南赤道海流
ベンゲラ海流
南赤道海流
西風海流
親潮
黒潮
北太平洋

暖流
寒流

る**潮境**（しおざかい）**にもプランクトンが多量発生し、魚が集まる。**

港に適した地形は、波が静かで船の停泊に適した入り江だ。氷河が削ったU字形の谷に海が入り込んだフィヨルド、雨や川が大地を刻んだ谷が沈水したリアス海岸などが該当する。そのような地形と好漁場が近くにある場所では漁業がさかんになり、魚介類を使った郷土料理が生まれ、水産加工業が発達した。

ノルウェーの養殖場
ノルウェーは、先端技術を投入した養殖業で日本人好みのサーモンを育て、日本への輸出を増やした。

➡リアス海岸については、190ページもチェック！
➡フィヨルドについては、192ページもチェック！

漁業

なぜ遠洋漁業が衰退し養殖業が増えているのか

キーワード
- 排他的経済水域
- 遠洋漁業
- 養殖業
- 栽培漁業

技術革新とEEZ

漁業の発展に欠かせないもう1つの条件が、保存と輸送の技術である。

近代以前、新鮮な魚介類を食べられたのは港町周辺の人々であった。海から遠い内陸では鮮魚が入手困難であったため、塩漬けの魚が保存食かつ塩分供給源として流通した。

状況を劇的に変えたのは、輸送技術の進歩である。自動車・大型船・飛行機・鉄道などによって輸送が高速・大量化した。また、保存技術も大幅に向上し、海産物がグローバルな商品になった。これにつれて、国際政治が重要なファクターとなった。漁業関係者の利害の調整や、遭難した漁民の保護が外交問題化し始めたのである。

例えば19世紀末、冷凍船の登場で漁場が遠洋へと広がった。そのため、漁場や水産資源（その海でよく採れる魚介類など）の取り合いが激化し、国家間の火種となった。

現在は、沿岸から200カイリ（約370km）までを**排他的経済水域（EEZ）とし、この域内では、その国が水産資源への権利を行使できる。**その結果、遠洋漁業が衰退し、排他的経済水域内での養殖業、栽培漁業が増えつつある。

乱獲の防止も重要な課題である。食文化への価値観の違いや、漁業関係者の生計も関わり、各国が一致した対応を困難にしている。

HISTORY

日本のIWC脱退

IWCは1948年、当初は鯨を漁業資源として持続的に活用することを目的に結成された。しかし1960年代、環境問題への関心が盛り上がり、乱獲で減少していた鯨は欧米で保護されるべき生物と見られるようになる。1982年には商業捕鯨の一時停止が採択された。その後は、市民活動や動物の権利への意識の高まりなどにより、反捕鯨国では鯨漁＝エシカル（倫理的）な悪、という空気が定着している。捕鯨国と反捕鯨国は議論が成立しない状態となり、日本の脱退表明につながった。

用語解説

栽培漁業…ふ化した稚魚を海に放流し、自然の海で成長したものを漁獲すること。

IWC（国際捕鯨委員会）…2019年現在、ノルウェーやアイスランドなど80カ国以上が加入している。

漁業生産量の移り変わり

近年、中国が養殖業により大幅に生産量を伸ばしている。主に、黄河や長江などの大河や大きな湖などで行われる内水面養殖業で、コイ科を中心とした淡水魚が生産されている。

中国には太湖などのほか、河川や湖が多いため、いたるところに養殖池がある。

イギリスとEUの漁業問題

EU 離脱はイギリスで2016年、国民投票により可決された。その背景には、移民の急増や主権の制限に対する不満がある。特に漁業関係者には、離脱支持派が多かった。

イギリスと EU 各国の排他的経済水域

イギリス周辺は好漁場であり、ＥＵの他国の漁船が集中した。一方で EU の共通漁業政策により、漁獲量は加盟国ごとに割り当てられている。そのためイギリスの漁業関係者たちには、自国の漁を抑制されているにもかかわらず、他国がイギリスの海で漁業をしている、という不満が高まっていた。

漁業者らが EU 離脱を訴えるイギリスのポスター。

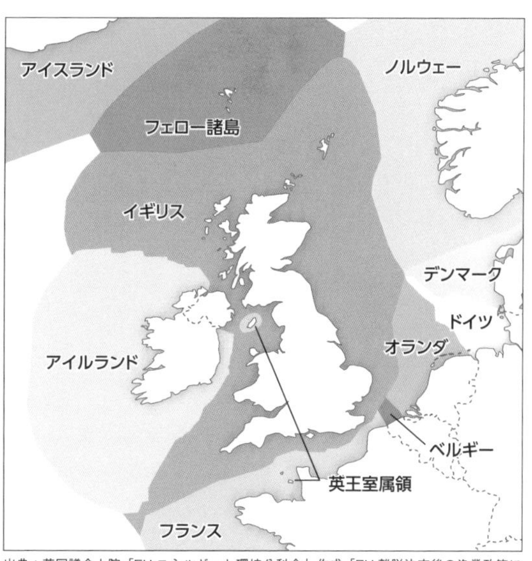

出典：英国議会上院「EU エネルギーと環境分科会」作成「EU 離脱決定後の漁業政策に関するレポート」

➡EUについては、64ページもチェック!

林業

世界中の森林が危機的状況にある理由

木は今も昔も重要な資源

森林は、古代から人が利用してきた資源である。木を燃料にする火、木材でつくる建築物や道具、木を原料とする紙、いずれも人の文明に欠かせないものばかりだ。

森林は、熱帯林、温帯林、亜寒帯林に大別される。それぞれ、生育する場所の気候を反映した特徴を持つ。

熱帯林は、年間を通じて日照・水に恵まれるため、光合成と成長を続けて大木の森となる。世界の森林の約半分が、この熱帯林だ。ラワンやチークなど、建物や家具に使われる特定の樹種の需要もあり、先進国に多く輸出されている。人口が増加している**発展途上国では、薪炭材として**(しんたんざい)**の過度の伐採や焼畑農業による過剰開発**が起きている。

温帯林は、寒い季節には落葉する落葉樹が主体で、寒冷度が増すほど針葉樹が混じる。人に長年利用されてきていることが多く、植林による人工林や、人の管理に適応した里山など、独自の生態系が生じている。近年は、樹種の多さや人件費の高さが不利に働き、林業は不振である。

亜寒帯林は、厳しい寒さに適応できる木が少ないため、樹種の限られた森となる。同種の木を多く大量に得やすいので、**先進国で建築資材や製紙原料として、さかんに利用されている**。結果、亜寒帯林が広がるロシアでは、森林の劣化が進んでいる。

COMMENT ON

いま見直すべき森林の役割

シュメールやマヤなど古代文明が衰退した要因は、森の過剰伐採にあったのではないか、という説が近年注目されている。人口増大とともに薪や建築材の需要が増し、森林の荒廃と土壌流出、塩害などを招いて耕作が不可能になった、とする説である。

森林は木材として有用なだけではない。光合成により二酸化炭素を吸収して酸素を供給し、地球温暖化を防ぐ作用や、根を張って土壌流出を防止し、水源を保全する役割などもある。現在の日本では、林業の目的が環境保全に移りつつある。

キーワード

- 熱帯林
- 温帯林
- 亜寒帯林
- 落葉樹
- 針葉樹

用語解説 **薪炭材**…燃料用の木材。

世界の森林

世界の森林の種類は大きく3つに分かれ、全ての森林のうち約半分は熱帯林である。

<table>
<tr><th></th><th>分布</th><th>特徴</th><th>樹種</th></tr>
<tr><td>熱帯林</td><td>熱帯雨林気候を中心に分布
・ブラジル
・インドネシア
・マレーシア
など

一年中雨が降り、様々な樹種が生い茂る熱帯林。たくさんの生き物たちの生活の場でもある。</td><td>常緑広葉樹の熱帯雨林と、乾季に落葉する熱帯モンスーン林がある。樹種が多く、木材生産には適さない。熱帯の土壌はやせているため、森林の回復は遅い。</td><td>・ラワン
（合板材、建築材に利用）
・チーク
（船舶材、建築材に利用）
・マホガニー
（高級家具に利用）
・ケブラチョ
・アブラヤシ
・ココヤシ</td></tr>
<tr><td>温帯林</td><td>温帯に分布
・ヨーロッパ
・中国
・日本
など

人が苗木を植え育てる人工林は、木の種類が同じであることが多い。日本の森林の4割は人工林。</td><td>低緯度では常緑広葉樹、高緯度では落葉広葉樹と針葉樹の混合林。人工林がほとんど。森林の回復が早い。</td><td>・常緑広葉樹
…カシ、クスノキ、シイ
・落葉広葉樹
…ブナ、ナラ、ケヤキ
・針葉樹
…マツ、スギ、ヒノキ、モミ、トウヒ
・コルクガシ
・オリーブ
・ユーカリ
・漆</td></tr>
<tr><td>亜寒帯林</td><td>亜寒帯に分布
・ロシア
・カナダ
・アメリカ合衆国
など</td><td>針葉樹林帯（タイガ）は樹種がそろっているため、伐採の効率がよく、木材に利用しやすい。
近年はタイガで大規模な火災が頻発し、環境破壊の問題にもなっている。</td><td>・エゾマツ　・トウヒ
・カラマツ　・トドマツ
</td></tr>
</table>

➡温帯の森林については、114ページもチェック！

嗜好品

嗜好品が社会・経済・文化を変えた！

学問「地理」の実利的な使い方

嗜好品は、必需品ではないにもかかわらず、社会への影響力が大きい。衣食住が足りて、それ以外の事物を購入できる人々が一定以上存在する社会では、嗜好品の市場が成長する。やがて携わる人々と動く金が増え、最終的には政治・戦争にまで発展することもある。

世界史を変えた大嗜好品・コーヒー豆、茶、カカオは、いずれも熱帯で生育する。これらを栽培できる地を模索する過程で、気候や土壌についての知識が蓄積され、地理学の発展につながった。生産国ではプランテーション農業が普及し、消費地では多彩な食文化が育まれた。

TOPIC 1

宗教の壁を乗り越えた「コーヒー豆」

コーヒー豆は原産地のエチオピアから中東イスラム圏へ広まり、宗教の違いを超えて欧州キリスト教圏でも人気となった。世界的に需要は大きいが栽培可能な地は乾季と雨季がある熱帯に限られる。

このことが大航海時代以降の、西欧諸国によるコーヒーノキの争奪、植民地での栽培、プランテーション農業化へつながった。地理学の発展や経済のグローバル化、熱帯地域のモノカルチャー化など、世界の今を形づくった要因のひとつである。

現在の主産地は中南米と東南アジア。コーヒー豆が主産業となり、国民の誇りである国もある。一方、機械化により雇用が失われ、農民だった層が貧困化するなど、社会への影響は依然大きい。

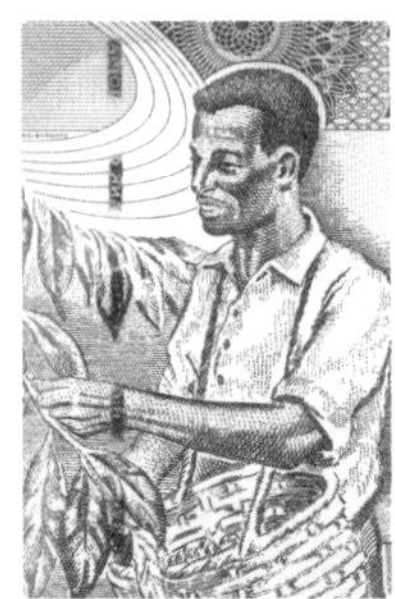

エチオピアの紙幣に描かれている、コーヒー豆を収穫する男性。

コーヒー豆の運搬に使われていたカレータ（荷車）。国を支えた労働のシンボルとしてコスタリカの伝統工芸品＆世界無形文化遺産になっている。

POINT

嗜好品のニーズとその経済効果は、生産地・消費地の政治や経済まで左右する。特にコーヒー豆、茶、カカオは、全世界的に影響を与えている。

TOPIC 2

セレブから庶民へ広まった「紅茶」

中国南西部原産のチャノキの葉は、東アジアで飲料に利用されてきた。ほかの嗜好品と同様に、当初は薬用などで王侯貴族にたしなまれ、のちに下の階層へも広まり、茶道などの儀式や、多くの品種・喫茶方法が誕生した。

大航海時代、茶は西欧に伝播する。茶器ともども「東洋の高級品」として人気を集め、特にイギリスで大流行になり、アフタヌーンティーなどの紅茶文化を生んだ。その需要の大きさは政治にも影響。イギリスが清朝に挑んだアヘン戦争は、茶の絡む貿易摩擦が原因である。チャノキは高温多雨の丘陵地を好む。イギリスの植民地だったインド（アッサム、ダージリン）やスリランカは、今なお名産地である。

紅茶を楽しむビクトリア朝時代のイギリスの女性たち。アフタヌーンティーは1840年代半ばにイギリスで生まれた。

セイロンティーの産地で知られるスリランカの斜面は見渡す限りの茶畑。

TOPIC 3

スイーツ界の重役席を占めた「カカオ」

チョコレートやココアの原料・カカオの原産は中米だ。大航海時代に西欧人が持ち出し、わずか500年で極東まで浸透した。茶が中国から日本に伝わり庶民の手に届くまで、少なくとも1000年かかったことと比較すると、グローバル化の速度アップが見て取れる。

カカオは緯度20度以内の高温多雨な低地で、水はけのよい土壌に生育する。強風や日射に弱いため、ほかの木の陰に植えるなどの手間を要する。現在の主産地は西アフリカであり、東南アジアやラテンアメリカでも生産されている。カカオを単純に輸出するだけでなく、自国内で加工し付加価値を付けようという、軽工業化の動きも見られる。

19世紀中頃にイギリスの製造工場で固形チョコレートが発明され、世界に広まった。

チョコレート製造工場で、すりつぶされるカカオ豆。

第3章

暮らしを支える 世界の資源と工業

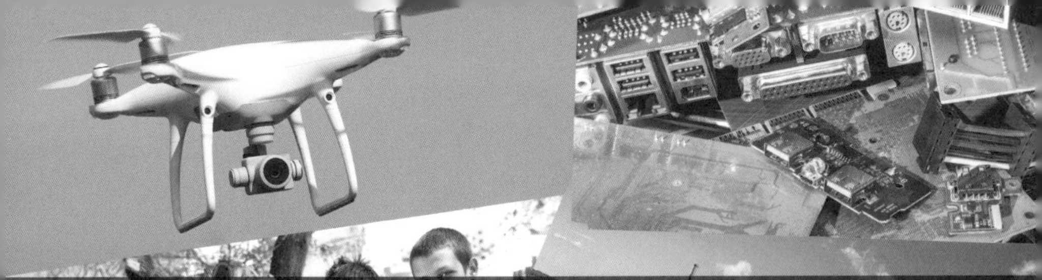

人の生存に最低限必要なものは、衣食住であり、それを産出する農林水産業の重要さが感じられることだろう。だが現代社会では、エネルギー資源や鉱産資源、工業も、暮らしに不可欠のものとなっている。生活環境の近代化にともない、まちには水・ガス・電気・交通などのインフラが張りめぐらされた。これらを支えるエネルギー資源が欠ければ、健全な暮らしは成り立たない。

また工業は、製品や雇用を生みだして、地域や国の経済を支えている。商業やサービス業、先端技術産業など、新たな産業の呼び水にもなる。現代では、工業が機械化・大規模化していて、原料の鉱産資源などの原料が大量に必要である。その結果、工業の維持に政治・行政が関与する度合いも高まりつつある。

この章では、それほど重要度を増したエネルギー資源・鉱産資源の産地や輸送方法について解説する。そしてそれらを活用した工業が、各国でどのように振興され成長しているのか、そしてどんな問題が起きつつあるのかも分析していく。

エネルギー資源

石油の価格が世界に影響を与える理由

重要な資源は人を動揺させる

資源は、地球上に偏って存在する。その獲得と輸送をめぐって金と人が動く。

石油の用途は、第一に燃料である。火力発電、航空機、自動車、船舶などに広く用いられる。第二に、工業製品の原料である。プラスチックや化学繊維など、幅広い工業製品が石油から作られる。**石油の価格が上昇すると、電気代や輸送コスト、原料費も上がり、社会全体が影響を受ける。**

例えば1973年、中東戦争による第一次石油危機(オイルショック)では、石油の供給不足で物価が上昇。大衆がパニックに陥って、トイレットペーパーなどの買いだめをしたことで、実際以上の価格上昇が引き起こされた。

地下資源の中でも、石油の産地は特に偏在している。現在確認されている埋蔵量の約半分は、西アジアに存在する。

しかし近年では技術革新により、シェール層という地層や原油を含んだ砂(オイルサンド)からも採掘できるようになった。この**シェール革命により、従来の外交関係が変動した。**例えば、オバマ政権下のアメリカは中東にあまり関与しなかった。これは、自国でのシェールオイル生産が増えたため、中東産の石油の重要性が下がったことも一因とされている。

COMMENT ON

産油国の長所と短所

産油国には、福祉が高水準で、税金も安いという国が多い。これは石油関連の安定した収入があるためだ。一方で、石油が紛争を助長することもある。局所的に存在する“金を生む”資源であるため、同じ国内でも油田地域とそれ以外とで対立が起きやすい。ナイジェリアのビアフラ内戦やスーダン・南スーダンの独立問題は、深刻な紛争に発展した例だ。イギリスでは2014年にスコットランド独立が僅差(きんさ)で否決されたが、要因のひとつが北海油田の利権であった。

キーワード

- 石油
- 石油危機
- 地下資源
- シェール革命
- シェールオイル

用語解説

シェール層…地下数千mの頁岩層といわれる硬い地層。そこで採れる原油をシェールオイル、天然ガスをシェールガスという。

石油が採れるまで

地上もしくは海上から、原油を含有する地層に穴（油井）を掘り、パイプを入れて採取する。

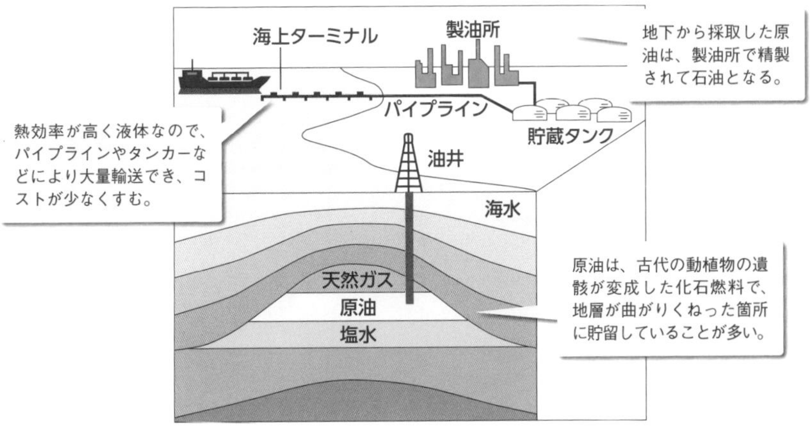

海上ターミナル
製油所
地下から採取した原油は、製油所で精製されて石油となる。
パイプライン
貯蔵タンク
熱効率が高く液体なので、パイプラインやタンカーなどにより大量輸送でき、コストが少なくすむ。
油井
海水
天然ガス
原油
塩水
原油は、古代の動植物の遺骸が変成した化石燃料で、地層が曲がりくねった箇所に貯留していることが多い。

油田・シェールガス田の分布と原油の輸出先

従来の石油や天然ガスより奥深くの地層から採掘できるようになったシェールオイルやシェールガスは、非在来型資源とも呼ばれ、各国で開発が進められている。

ロシアも世界2位の石油輸出国。

2014年に秋田県でもシェールオイルの生産がはじまった。

中国、インド、日本、韓国は、ペルシャ湾岸から多くの石油を輸入している。

サウジアラビアは、ペルシャ湾岸に大規模な油田が発見されて以来、世界の石油供給の中心地。

シェールガス田
♯ 主な油田
➡ 原油の移動

アメリカ・テキサス州の油田。アメリカのシェールガス産業の中心地。

➡中東の油田については、46ページもチェック！

エネルギー資源

エネルギー源としての石炭は今後、衰退していくのか

石炭は、今も現役の資源

18世紀半ばイギリスで起きた産業革命で、基盤となった燃料は同国内で採れる石炭であった。その後、近代化が世界へ波及していくにつれて、石炭は燃料の主役として需要がグローバルに高まっていく。固体であることも、当時の技術では掘削・運搬がしやすく、有用であった。

1960年代に入ると工業の規模が巨大化していき、また密閉容器の製作が技術的に容易になったこともあり、液体の石油のほうが扱いやすい燃料となっていった。熱効率という点でも石油に分があった。この石炭から石油への主役交代は「エネルギー革命」といわれ、社会に大きな影響を与えた。

しかし、石炭が利用されなくなったわけではない。地域によっては、ガスや電気のインフラを整備するより個々人で石炭を購入するほうが効率的であり、今なお重要な燃料である。**石炭は埋蔵量が多く、熱量換算では石油の4倍以上も存在するとされる点も強みである。**石油ほど偏在していないため、**価格や採取量が世界情勢に左右されにくいという利点もある。**

現在、世界的な人口増大・経済成長の中で、エネルギー消費量も増加しつつある。石炭の消費量も増えており、**今後も重要な資源であり続けることが予想される。**

キーワード

- 産業革命
- 石炭
- 石油
- エネルギー革命

未来への課題

先進国の炭鉱の今

石炭は鉄鉱石とともに、鉄鋼の生産を支える素材でもある。原料が重く運搬コストのかさむ鉄鋼業は、節約のため原料産地に立地する傾向があり、産業革命以降の先進国では、炭田の周りに巨大な工業地帯が形成された。しかし資源の枯渇や人件費の高騰、さらにエネルギー革命やほかの地域からの安価な石炭の流入などにより、先進国の炭鉱は閉鎖されていった。それによる失業や、都市の活力の衰えによる社会的影響は大きく、多くの先進国にダメージを与えている。

石炭と石油の違い

石炭と石油は、世界の工業生産を飛躍的に増大させたエネルギー資源である。2つの違いを比べてみよう。

	石油	石炭
形	液体	固体
採取方法	陸や海底の地下にある油田にパイプをさして採取する。	地層を爆破したり、重機で岩を削ったりして採掘する。
輸送	タンカー、パイプライン	鉄道、船
主な消費国	密閉容器の製作など、高度な技術を持つ先進国で消費されることが多い。	ガスや電気が未整備の国で燃料になったり、旧式の施設で使われたりなどの理由で、発展途上国で消費されることが多い。
特徴	高低差があれば流れていくので輸送コストが少ない。大規模に扱いやすく、先進国に輸出されて消費される割合が高いため、外交に関わる。	手持ちができて、小規模でも扱える。個人消費向き。二酸化炭素の排出で環境問題になっている。

日本の石炭産業

日本の石炭産業は、明治時代初期以降、経済発展の主役となった。しかし規模が小さかった日本の炭鉱は、安い輸入石炭におされ、1960年代以降、多くの炭鉱が閉山にいたった。

日本の主な炭鉱跡

主に北海道と九州で、多くの炭鉱が栄えた。このうち、長崎県の高島炭坑、端島炭坑、福岡県の三池炭鉱の炭鉱跡は、UNESCOの世界遺産に登録されている。

明治から昭和にかけて炭鉱で栄えた長崎県の端島は、塀が島を取り囲み、高層アパートが立ち並ぶ。その外観から軍艦島と呼ばれ、観光地となっている。

エネルギー資源

電気の安定供給はなぜ困難なのか

それらを踏まえた結果、各国が主に利用している発電方式は現在、火力・水力・原子力に絞られる。それぞれにメリットとデメリットがある。

例えば火力発電は、立地や発電量の融通が利くので、世界の総発電量の6～7割を占めている。だが燃料を確保するコストがかさむ。大河を有するカナダ・ブラジルなどは、水力発電を多く利用している。石油資源の乏しいフランスは、原子力発電が大部分を占める。

近年は、石油に依存するリスクや気候変動への懸念、原子力への不安から、再生可能エネルギーが注目されている。しかし発電量や安定性の点では、まだまだ問題が多い。

備蓄の問題と燃料の不足

電気は現代生活に必須のエネルギー源である。各国の電力の消費量は経済規模とほぼ比例し、不足すれば経済成長の足を引っ張る。そのため各国とも自国の事情に合わせた発電方式を採り、供給の安定を図っている。

電気の特徴は、**大量の貯蔵が困難**という点である。燃料の中では圧倒的に便利で、火を使うより安全だが、必要量以上の電気を絶えず発電しておく必要がある。これには**発電に必要な材料・施設を、安定的に維持しなければならない**。近年では、環境への負荷の大きさも考慮に入れる必要がある。

COMMENT ON

日本に適した発電方法とは…？

先進国かつ工業立国の日本は、消費電力が多い。石油・石炭を自給できないため、1973年の石油危機では大きなダメージを受けた。山がちで平野が少なく、ダムを建設できる場所は山奥となりコストがかかる。このような国情から主に利用されているのが火力と原子力発電である。しかし2011年の原発事故の後は原子力発電を停止し不足分を火力発電で補った。現在は火力発電９割の状況であり、特に石炭による火力発電を利用していることから、2019年のCOP25では強く批判された。

キーワード

- 火力発電
- 水力発電
- 原子力発電
- 再生可能エネルギー

用語解説

再生可能エネルギー…自然界のものや廃棄物などを活用するため、枯渇する心配がなく、繰り返し使うことができるエネルギー。

火力、水力、原子力発電の特徴

発電方法は、場所や土地の条件によって適性が異なるため、それぞれに一長一短がある。

火力発電

メリット

消費地（都市）の近くに建てられる。発電量を消費に合わせてフレキシブルに変えられる。

デメリット

CO_2を排出するため、環境には極めて悪い。石油、石炭などの化石燃料を安定的に確保しづらい。

水力発電

メリット

自然の水の落下を利用したエネルギーなので、環境に優しい。

デメリット

川のそばにしか建てられない。国際河川の場合、他国との争いのたねになる恐れあり。

原子力発電

メリット

CO_2の排出が少ない。原料の確保が火力発電ほど難しくない。

デメリット

事故になった場合の放射性物質の放出による対応は困難を極める。

再生可能エネルギーの特徴

太陽光、風力、地熱、海水の流れなどの自然の力を利用した再生可能エネルギーがあるが、自然の状況に左右されるため、設備費用のわりに発電量が少ない。

太陽光発電

建物の屋根や屋上、未使用の広い敷地などに設置され、太陽電池にあたった太陽光を利用して発電する。

風力発電

発電機を取り付けた風車が風によって回る力で発電。年中安定した風が吹く農地や牧場などに設置される。

地熱発電

地中深くのマグマの熱の噴出が見られる場所で、高温の水蒸気によりタービンを回して発電する。火山国の日本では、今後の開発を期待されている。

潮汐発電

潮の満ち引きで起こる海水の流れを利用して、タービンを回して発電する。燃料が不要なため排出物などの害がない。

鉱山資源

なぜ鉄鉱石の産地は限られているのか

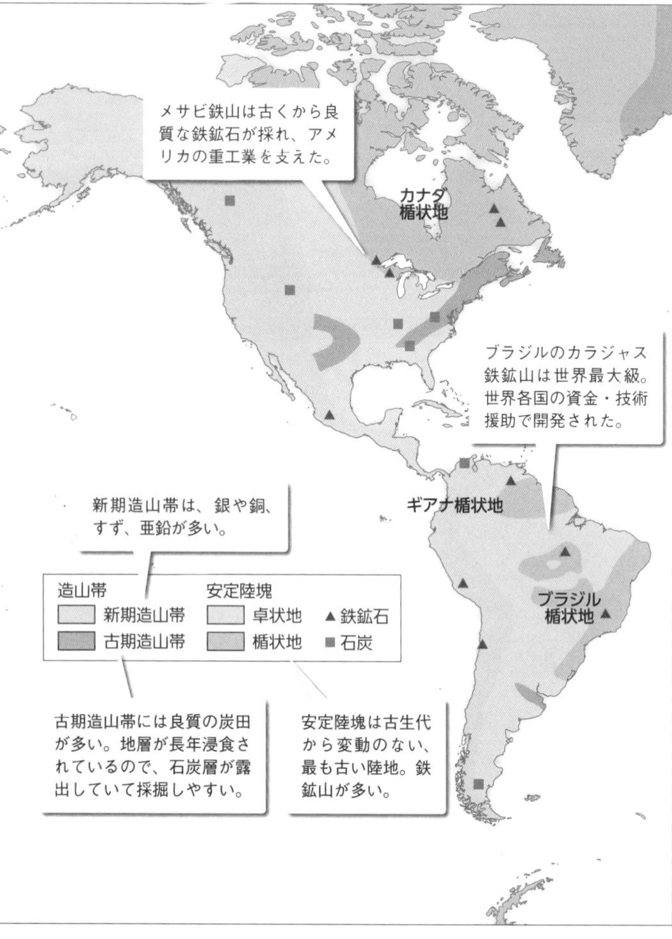

メサビ鉄山は古くから良質な鉄鉱石が採れ、アメリカの重工業を支えた。
カナダ楯状地
ブラジルのカラジャス鉄鉱山は世界最大級。世界各国の資金・技術援助で開発された。
ギアナ楯状地
新期造山帯は、銀や銅、すず、亜鉛が多い。
ブラジル楯状地
造山帯
新期造山帯
古期造山帯
安定陸塊
卓状地
楯状地
▲鉄鉱石
■石炭
古期造山帯には良質の炭田が多い。地層が長年浸食されているので、石炭層が露出していて採掘しやすい。
安定陸塊は古生代から変動のない、最も古い陸地。鉄鉱山が多い。

地球の成り立ちが関係している

強くて加工しやすい鉄は、機械や建物、鉄道などの材料として、現代社会で大量に使用されている。鉄鉱石を用途に合わせた鉄鋼材に加工する鉄鋼業は、重化学工業の根幹である。原料の鉄鉱石は重要な国際商品であり、生産国の影響力も大きい。

鉄鉱山が分布するのは、主に安定陸塊だ。これは先カンブリア時代、地球が海に覆われていたことに由来する。当時、海水には鉄分が満ちていた。バクテリアによって作り出された酸素がこの鉄分と結合して沈み、酸化鉄(鉄鉱石の成分)の層ができた。この層が隆起して陸地となったのが安定陸塊である。安定陸塊の中

キーワード
- 鉄鋼業
- 鉄鉱山
- 先カンブリア時代
- 安定陸塊
- 楯状地

用語解説 **先カンブリア時代**…約46億年以上前から始まる地球最古の時代。生物が存在していなかった。

大地形と鉄鉱石、石炭の分布の関係

鉄鉱石や石炭などの資源が採れる場所は、地球の成り立ちと密接な関わりがある。

でも楯状地（たてじょうち）という地形は、**地表の浸食が進んでいるため、発見と採掘が容易で、多くの鉄鉱山が存在する。**

新しい二大輸出国

鉄鉱石の採掘は、産業革命が世界に先駆けて起きたヨーロッパで早くから進んだ。イギリスのバーミンガム、フランスのロレーヌなどの大都市は、鉄鉱石が採れるため大工業地帯に成長した。

しかし近年は枯渇し、現在の鉄鉱石の生産拠点は、中国、ブラジル、オーストラリアである。このうち中国は自国での鉄鉱石の消費量が多いため、世界一の生産国であると同時に輸入量も世界一である。**輸出が多い国はブラジル、オーストラリアの二強**となっている。新興国でも鉄鉱石の需要が高まっているため、この二国の発言力も増大しつつある。

➡中国の資源については、21ページもチェック！
➡オーストラリアの資源については、95ページもチェック！

鉱山資源

レアメタル、銅、ボーキサイト…なぜ外交の切り札になるのか

自給できない日本では、安定供給を確保するため、備蓄が図られている。また近年注目されているのが、家電などの廃棄物に含まれるレアメタルだ。これを「都市鉱山」と呼び、リサイクルを推進する動きもある。

その他、銅は電気関連産業などで用いられ、チリが埋蔵・生産・輸出で世界第1位である(2012年)。ボーキサイトはアルミニウムの原料になる鉱物で、オーストラリア、中国、ブラジルなどで生産されている。

産地の限られる資源は、他国に打撃を与えられる外交カードにもなる。しかし資源が契機となった戦争も多いため、現在は一方的措置を禁じるWTOルールなどが定められている。

希少性と産地の偏り

埋蔵量が少なく、技術・費用面で採掘が難しい鉱物資源を総称してレアメタルという。半導体や特殊合金などの材料になるため、航空宇宙、エレクトロニクスなど、先端技術産業には必需品である。

レアメタルは需要が高いにもかかわらず、生産国が少ない。現在、レアメタルの生産国は、中国、ロシア、アフリカ南部などに限られ、各国が安定供給に苦心している。つまり、**生産国との外交関係が悪化したり、生産地の政情・治安が乱れたりすると、価格や供給にダイレクトに影響する。**日中関係が悪化した際、レアアースの供給が滞った事例もある。

COMMENT ON

鉱産資源と地理的な条件

資源は、どこに埋蔵されているかという地質学的な点が注目されがちだが、実際に供給・利用する際には、地理的な要因も軽視できない。例えばレアアースの鉱山はアメリカにも存在したが、現在は中国一強状態になっている。その理由は、低価格に採掘できる中国に押されて、閉山したからだ。

またボーキサイトは、アルミニウムへ加工するために大量の電力が必要である。そのため、大規模な水力発電所を有する国、つまり平野と大河を持つ国が加工の中心となっている。

キーワード
- レアメタル
- 先端技術産業
- 都市鉱山
- 銅
- ボーキサイト

用語解説
エレクトロニクス…電子(エレクトロン)の働きを利用した機器を作る工業。
WTOルール…世界貿易機関(WTO)によって定められた、WTO加盟国の貿易に関する国際ルール。

レアメタルの分布

レアメタルは、先端技術産業には必須の材料であり、半導体や特殊合金に使われる。埋蔵量がそもそも少ないもの、産地が偏っているもの、広く存在してはいるが安く採掘できる国が限られるものなどがある。

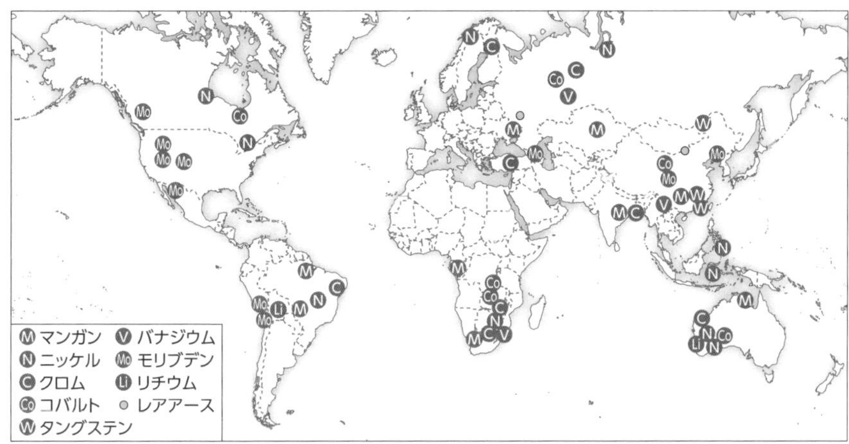

マンガン

ニッケル

バナジウム

レアメタルは鉱物資源名ではなく、「rare(希少)な metal(金属)」の総称。経済産業省では31種類の金属を指定している。レアアースは、レアメタルのうち17種類の元素(希土類)の総称。

主なレアメタルとそれぞれの用途の例

レアメタル名	用途
Ⓜ マンガン	乾電池など
Ⓝ ニッケル	ステンレス鋼、ニッケル水素電池、硬貨など
Ⓒ クロム	耐熱鋼、めっき、磁石など
Co コバルト	ジェットエンジン、電池、切断工具など
Ⓥ バナジウム	切断工具、原子炉のモーターなど
Li リチウム	陶器やガラスの添加剤、リチウムイオン電池
○ レアアース	磁石、家電製品のモーター、発光ダイオード、テレビのディスプレイ、電池、自動車、コンピュータなど

近年注目が集まる都市鉱山

ゴミとして廃棄される家電製品などは、解体すれば、レアメタルなどの貴重な資源の再利用となる。

回収された電化製品の回路基板

これらの廃棄物に含まれる資源は、「都市鉱山」と呼ばれ、資源を自給できない国には、新たな可能性となっている。

人口

社会を支え、またゆるがす人口問題

多くても少なくても困る人口

人口ボーナスとは、子どもと高齢者の割合が減り働く世代が多くなったとき、福祉・教育費の負担が減って経済振興の余裕ができることを指す。子どもの出生も死亡も多い多産多死社会が、医療などの向上で少死社会になり、その結果、少産化する過程で生じる。**働き手が増え、高度経済成長が可能となる時代である。**

人口は社会の維持に不可欠だが、過多だと食料不足や失業者増を招き、人口流出や出稼ぎなどが発生する。過少だと労働力不足となり、移民や人身売買など、人口の社会増を図る動きが起きる。その制御は、価値観や宗教も絡み、きわめて難しい。

TOPIC 1

進行し続ける日本の少子化

日本では明治時代以降、多産少死社会が続き、人口は増加を続けた。戦後の1947～49年にはベビーブームが起き、「団塊」と呼ばれる多人数世代が出現する。その後の1960年代には少産少死社会へ転じ、人口ボーナスもあって経済は高度成長期に入った。

一般に、近代化が進むと未婚率の上昇や女性の社会進出により少子化も進行する。日本でも合計特殊出生率はベビーブーム以降下がり続けている。1975年頃からは人口を維持できる水準である2.07を下回る危機的状況が続いている。

ある年に減った出生数は、その後自然に増やすことはできない。つまり、「○年の出生数が少なかった」ということは、その年生まれの人が就職する頃には労働力不足となることを意味する。

日本の人口ピラミッドの変化

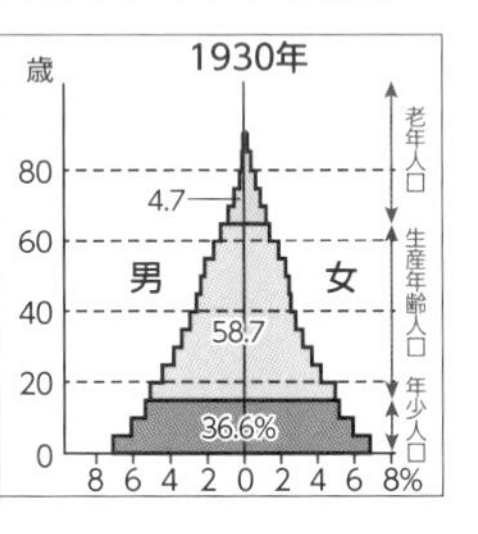

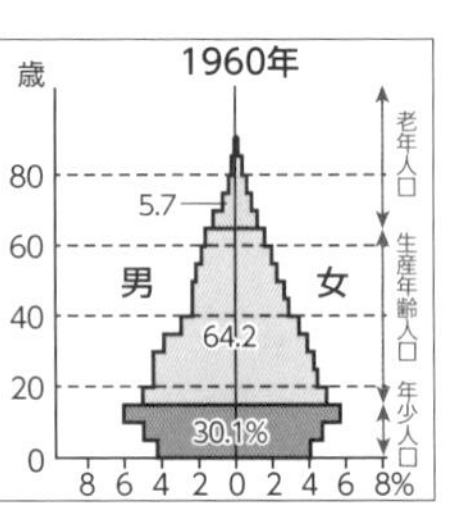

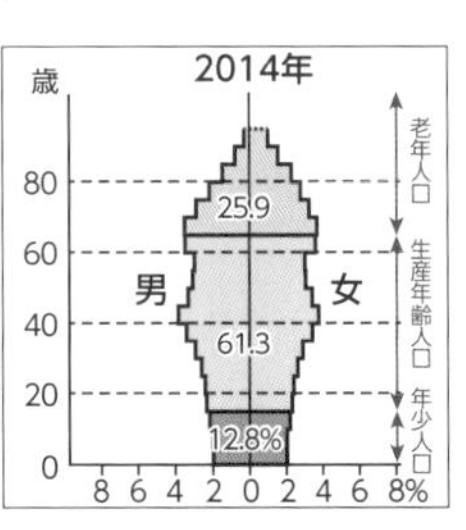

POINT

人口は過多でも過少でも、その地域社会に混乱を引き起こす。そのため地理では、人口問題の影響や、その制御を困難にする要因を研究する。

用語解説 **合計特殊出生率**…女性1人が生涯に産むと予想される子どもの数を示す指標。

TOPIC 2

消えない人口ピラミッドの凹み

日本の人口ピラミッドは、1966年に凹みがある。干支の丙午(ひのえうま)生まれは縁起が悪いという俗信から、出産が控えられたためである。翌年には回復しているが、66年生まれが少ない事実は変わらず、凹みがピラミッドに刻まれた。つまり翌年、出生数が増えたとしても、一度減った分の不足分は埋められないということである。

現在出生率は下がり続けている。仮に来年以降回復を続けたとしても、この20年ほどの少産状態は埋まらない。この世代が成人となった時代の労働力不足は、もはや確定した未来である。

少産だった年の人口不足は、自然増では埋められない。補充するとしたら社会増、つまり移民や海外からの出稼ぎということになる。

TOPIC 3

人口コントロールを妨げるもの

人口のコントロールはどの国でも課題だが、問題の質は異なる。先進国は全般的に、少子化による労働力不足に悩んでいる。

一方アフリカでは、多産状態が続いており、中南アフリカでは2050年までに人口が2倍になると予測されている。インドでも人口増加率が高く、国は家族計画を奨励しているが、多子を良しとする伝統的価値観の前に難航している。インドや中国では、国が人口抑制政策を推し進めた結果、女子より男子を望む価値観から男女比が偏るという問題も生じている。

東欧諸国では流出による人口減少が深刻である。EUに加盟したため域内の移動が自由になり、賃金の高い国へ現役世代が移住するという傾向が生まれた。結果、出生率も下がる悪循環となっている。

インドでは、女児が中絶され男児の出生率が上がる問題が生じている。将来の結婚難が予測される。

「一人っ子政策」を守るように促す横断幕。中国では1979年から2015年まで一人っ子政策が行われていた。

工業とはどんな産業なのか

地域の自然や風土などが関わる

工業とは、農産物や鉱産資源を製品に加工する産業である。現代社会では、工場で大規模に行われることが多く、その国や地域に雇用や収益をもたらす。どんな工業がどのような地域に集まるのか、工業が発展する背景にはどんなインフラ・政策・風土があるのかなど、様々な要素との関連を知ると理解が深まる。

例えば繊維工業は綿花が採れる地域に立地しやすいが、鉄道などインフラが充実している地域では、産地よりも消費地近くに立地する。近年では合成繊維が多く、その場合高度な技術を持つ、人件費の高い所にも立地するようになる。

工業は、軽工業、重化学工業、先端技術産業に分類される。軽工業は食品、繊維、紙など比較的軽いものを生産する工業をいう。重工業は鉄や自動車など重量のあるものを作り、通常は化学工業も加えて重化学工業と分類する。近年は、ハイテク技術による先端技術産業が伸長している。具体的には、バイオテクノロジーやコンピュータ、ICTなど、高度な技術と知識を要する工業だ。

基本的には、**軽工業、重化学工業、先端技術産業へいくにつれて、より高度な技術力を要する。**つまり技術集約度が高まる。技術集約度が高ければ高いほど付加価値も増し、利益を上げられる工業となる。

キーワード
- 繊維工業
- 軽工業
- 重化学工業
- 先端技術産業
- 付加価値

KEYWORD

第1次、第2次、第3次産業の定義

産業は3つの部門に分けられている。第1次産業は農業・水産業など、第2次産業は工業、第3次産業は商業やサービス業などと位置づけられている。これらは経済学者クラークによる産業分類のひとつである。

一般に、途上国では第1次産業に従事する人口が多い。先進国では産業の多様化から、第3次産業の需要が増える。工業を含む第2次産業は、相応の技術力を持ち、かつ人件費がいまだ安い国、つまり先進国に近づきつつある途上国に多い。

用語解説　**付加価値**…企業が商品を生産するときに、企業が生み出した独自のものを付け加えた価値のこと。

工業の分類

工業は第2次産業に含まれる。さらに軽工業、重化学工業、先端技術産業に分けられ、技術力が高い国ほど先端技術産業が発展している。

先端技術産業

ハイテク産業ともいい、情報通信などの分野に利用される製品を、最先端の科学技術を用いて作る工業。

製品例：
エレクトロニクス、新素材、バイオテクノロジーなど

重化学工業

大型装置で、重量の重い製品を作る工業。一定以上の技術力と資本が必要となる。

製品例：
鉄鋼、金属製品、産業機械、自動車、造船、精密機械、石油化学製品など

軽工業

身の回りの生活に使われる軽い製品を作る工業。高度な技術力や資本を必要としないが、労働力が必要とされる。

製品例：
食料品、繊維、出版・印刷、皮革など

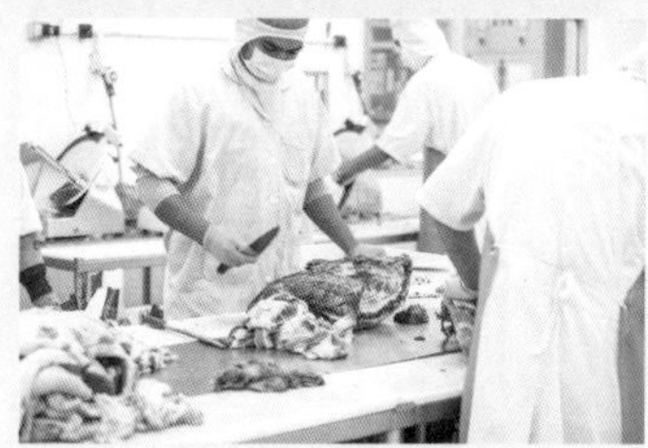

工業発展に関わるファクター

工業が存続する背景には、様々なファクターがある。それらが複雑に作用して、工業を発展させたり、逆に衰退へ向かわせたりする。その分析も地理学の領域であり、以下のような多様な知識が必要になる。

気候

原材料が穀物や綿花など農産物である工業は、気候に左右される。原材料が栽培できる気候や不作になる気象条件を知ることが必要。

地質

原材料が石油や鉄鉱石など天然資源である工業は、産地の地質を知る必要がある。また地震や火山など、地質リスクに備えることも大事。

交通

工業は、原材料や製品を大量に輸送する必要がある。鉄道、港湾、高速道路など交通インフラの充実度や、コスト・安定性も問われる。

経済

原材料や製品を輸出入する場合、どの通貨で取引をするか、その為替レートは有利か、などの知識が重要。

政治

どの工業に対して振興策が取られるか、輸入代替型か輸出指向型か、補助金や関税の有無、治安など、政治も関わる。

文化や宗教

先進国は先端技術産業が立地する、食の宗教的タブーがある地域ではそれを踏まえた食品加工業が生じるなど、文化・宗教も影響する。

➡輸入代替型、輸出指向型については、149ページもチェック！
➡ICTについては、150ページもチェック！

工業はどのように成長するのか

軽工業から技術の分野へ

一般的な傾向として、先進国では重化学工業や先端技術産業の割合が高い。これらの産業は付加価値が高いため売った際の単価も高く、一人当たりのＧＮＩ(国民総所得)を高める。つまり、国を金持ちにしている。

一方、途上国は一般に、農業や外国人向けの観光業などを行い、工業製品は先進国から輸入する。すると外貨が流出するうえ、農産物の不作や国際情勢などに振り回されるので、概して貧しい国となる。

この貧困から脱却するため、まず工業の育成を図る。この際、最初に興すのは繊維や雑貨など軽工業である。付加価値は低いが、高度な技術力や大規模な設備が不要だからだ。これらの製品を自給できるようになれば、外貨の流出を減らせる。

次の段階として、輸出指向型の工業が行われる。国内の資源を加工したり、部品を製作したりなど、軽工業より技術・資本を要する工業である。安い人件費を強みに先進国から企業を誘致することが多い。

このようにして**資本を蓄積し、また先進国の企業が途上国で熟練工を育てるなど技術も移転できると、より付加価値の高い、重化学工業や先端技術産業に力を入れられるようになる。**この経済成長の代表例が、１９７０年代以降、安定した高度成長を遂げたアジアＮＩＥｓである。

未来への課題

途上国への技術流出

途上国がしばしば取るのが自国産業の保護策である。先進国とは技術力に圧倒的な差があるため、対等に競っては勝負にならない。そのため、輸入品に高い関税をかけるなど政策で保護する。外国企業を誘致する際に、自国企業との合弁会社設立を義務づけることもある。雇用の増大や技術移転を期待しての政策である。だが近年、先進国も技術流出を懸念するようになった。途上国のスタンスを取り続ける中国に対し、アメリカが中国系企業華為(ファーウェイ)の締め出しを始めたのもその現れである。

キーワード

- GNI
- 輸出指向型
- 重化学工業
- アジア NIEs

用語解説　アジアNIEs…急速な工業化と経済成長を達成したアジアの新興工業国・地域。香港、シンガポール、韓国、台湾など。

日本の工業発展の歴史

日本がこれまでにたどってきた歴史や変遷を見てみると、工業発展の過程も理解できる。

戦前～1940年代	19世紀の後半から日本は、絹など繊維産業を足掛かりに殖産興業を進めた。
1950年代	最新技術の導入で、繊維産業に代わって鉄鋼業がさかんになり「鉄は国家なり」といわれるほどの重要産業となる。
1960年代	高度経済成長期を迎え、電化製品の重化学工業がさらにさかんになった。カラーテレビ、クーラー、カーの3つの家電「新三種の神器」が登場。1964年にOECDに加盟し、日本も先進国の仲間入り。
1970年代	石油危機での原油価格の高騰により、日本は戦後初めてのマイナス成長となる。自動車や半導体などの海外輸出を始める。
1980年代	自動車の生産台数、半導体の生産数が世界一となる。生産工場を労働費の安い中国や、インド、東南アジアなどへ移す。
1990年代	バブル経済と呼ばれた好景気が終わり、経済が停滞。海外での生産量が増え、国内生産が減少し、産業の空洞化が問題となる。
現在	アニメーションや、ゲームソフトなどを開発するコンテンツ産業や、ICTやバイオテクノロジーなどの創造型企業が発展。

1872年に日本で開業した最初の官営製糸工場・富岡製糸場が、繊維産業の中心を担った。

1988年のトヨタ自動車のスプリンターカリブ。

途上国の工業発展の流れ

自給的農業を行っている途上国が工業の育成を図るとき、一般的に、軽工業、重化学工業、先端技術産業へという流れで発展していく。

農業
自給的農業やプランテーション農業、外国人向けの観光業などを行い、工業製品は先進国から輸入する。

▼

軽工業

輸入代替型
繊維や雑貨などを作り、製品を自給する。国内市場を占めていた先進国製品を、自国製品に代替させることを目指す。

輸出指向型
安価な労働力を活用。国内資源の加工度を高めたり、先進国の企業を誘致して部品を作ったりして、海外へ輸出する。

▼

重化学工業・先端技術産業
資本が増え、技術も手に入り、付加価値の高いものを生産できるようになる。

➡アジアの経済成長については、34ページもチェック！

先進国はどうすれば生き延びられるのか

求められるオンリーワン

工業の立地を決める要因はいくつかある。例えばビール工業など、原料の水がどこででも得られる工業は、輸送コストの節約を最優先して大消費地の近くに、セメント工業など原料が重い工業は原料産地に集まりやすい。服飾業は、流行に敏感な国や都市に立地する。

それら諸要因の中で、**先進国にとって近年深刻な問題となっているのが人件費である。**一般に、人件費の安さも立地要因であるため、工業は途上国へ移転しがちである。先進国の武器は技術力だが、近年はアジアＮＩＥｓなど、技術力のある新興国も増えてきている。

その結果、現在の先進国では、国内の製造業が衰退する「産業の空洞化」に悩む国が増えている。そしてその対策として、より**高度な技術・知識を要する製品の開発や、産業のブランド化を進めている。**

例えばアメリカ先端技術産業のひとつであるＩＣＴは、高度な機器などハードウェアを開発・製造するだけでなく、ソフトウェアなど通信・情報が価値を生む。

イタリアの、「第三のイタリア」と呼ばれる中部一帯では、皮革製品などをブランド化している。職人の手作りが評価され、伝統の技術が価値となっている。スイスの時計産業も同様である。

未来への課題

工業の舵取りに必要なものとは

工業には、国民感情や政治も関わってくる。例えば2012年には中国で尖閣問題から反日デモが起きた。これにより日系企業の工場などが破壊されたり休業に追い込まれたりした。2016年にはアメリカで「雇用を取り戻す」と謳(うた)うトランプが支持を集め、大統領に当選した。それを受けて、日本をはじめ各国の自動車メーカーがアメリカでの生産増強などを宣言。一方、“アメリカの工場”であったメキシコでは、生産が控えられている。他国で工業を行うには、現地社会についての幅広い知識が必要である。

キーワード

- 立地要因
- 産業の空洞化
- 産業のブランド化
- 第三のイタリア

用語解説
ICT…Information and Communication Technology（情報通信技術）の略。

世界最大の先端技術集積地

アメリカ西海岸のシリコンバレーは、スタンフォード大学などの研究機関や世界有数のICT関連の企業が多く立地している。住民構成は、ヨーロッパ系、アジア系が多い。各国から技術者や研究者が集まっている。

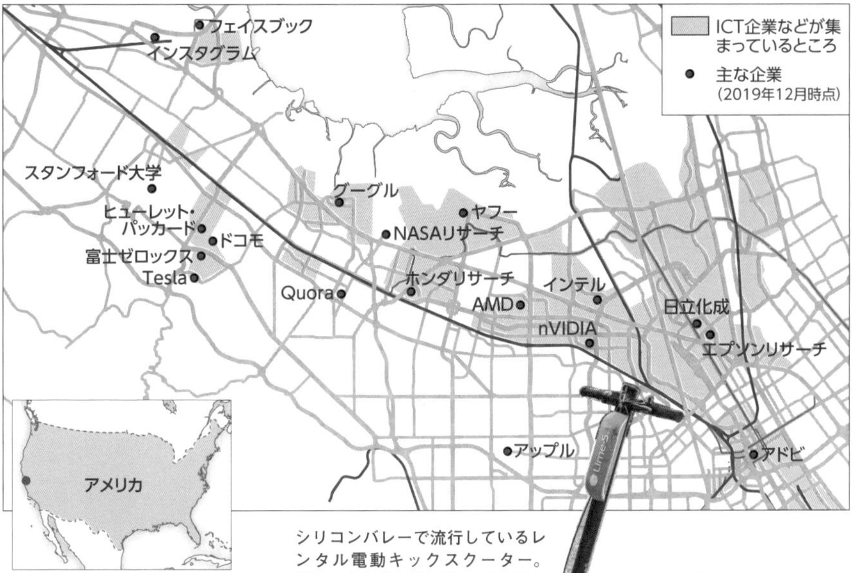

ICT企業などが集まっているところ
主な企業
(2019年12月時点)
フェイスブック
インスタグラム
スタンフォード大学
ヒューレット・パッカード
ドコモ
富士ゼロックス
Tesla
グーグル
ヤフー
NASAリサーチ
Quora
ホンダリサーチ
インテル
AMD
nVIDIA
日立化成
エプソンリサーチ
アップル
アドビ
アメリカ

シリコンバレーは、アメリカ西部のカリフォルニア州に位置する。

$1 TO START

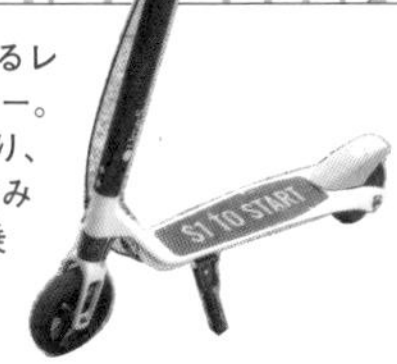

シリコンバレーで流行しているレンタル電動キックスクーター。街のいたるところに置いてあり、専用アプリでQRコードを読み取れば、ロックを解除して乗ることができる。

イタリアの失業率と伝統産業

イタリアは工業が発展して豊かな北部と、農業が中心で貧しい南部に分けられる。失業率も南部のほうが高い。

失業率(2010年)
12%以上
6~12%
6%未満
繊維
皮革・革製品
宝飾
その他
コモ
ベルーノ
ビエーラ
ビチェンツァ
モデナ
プラート
ピサ
フィレンツェ
ローマ

第三のイタリア

古くから伝統産業がさかんな地域。皮革製品、食器類など高級ブランド企業が多数。

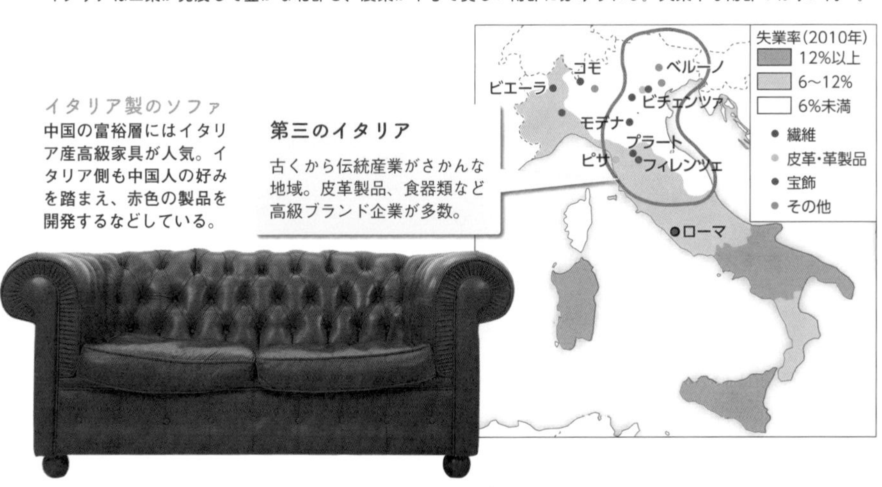

イタリア製のソファ

中国の富裕層にはイタリア産高級家具が人気。イタリア側も中国人の好みを踏まえ、赤色の製品を開発するなどしている。

➡第三のイタリア、産業の空洞化については、66ページもチェック!
➡アメリカの産業については、76ページもチェック!

BRICs（ブリックス）はなぜ工業化に成功したのか

広さ、人口、資源が投資を呼ぶ

ＢＲＩＣｓとは、工業化が進み、著しい経済成長を実現しつつある4つの新興国（ブラジル、ロシア、インド、中国）の総称だ。

この4カ国はいずれも、安定陸塊に広大な国土が広がり、豊かな天然資源をもち、人口は一億を越える。

面積、特に**平野の広さは、工業用地の取得を容易にする。天然資源は、輸出により財政にゆとりをもたらす。**特に20世紀末は資源価格の高騰が続いたため、その収入で鉄道・道路などのインフラを整備でき、工業化に弾みがついた。**人口の多さは、労働力が豊富だということであり、同時に巨大な市場でもある。**これらの要因から、外国からの投資や外国企業の進出が続き、経済成長につながった。

２０１０年代に入ると、シェールオイルの登場などで資源価格が下落し、その影響でブラジル、ロシアは低迷ぎみである。中国でも、経済成長とともに人件費が高騰したため、外国企業が他国へ移転しつつある。代わって伸長しているのがベトナム、インドネシア、ミャンマーなどだ。

これらの国の強みは、さらに安い人件費である。また平均年齢の若さも魅力的だ。生産人口がこれから増大するため、豊富な労働力に加え、旺盛な消費を期待できる。市場としても有望なのである。

KEYWORD

時代とともに変わる「世界の工場」

もともと「世界の工場」とは、世界に先駆けて工業化を成し遂げ、輸出大国となったイギリスを指す言葉だったが、1980～90年代以降は中国を指すようになった。社会主義国で計画経済を行っていた中国は政策を転換し、市場経済を導入。外国企業に門戸を開いたため、大量の安価な労働力を目当てに外国企業が集中したからである。しかし近年、中国では人件費が上がって、外国企業が流出し始めたため、もはや世界の工場とは呼ばれなくなりつつある。

キーワード

- BRICs
- 新興国
- 安定陸塊
- 天然資源
- シェールオイル

用語解説

BRICs…4カ国をBRICsと呼び、南アフリカ（South Africa）を含めてBRICSとすることもある。21世紀初めに生まれた造語。
新興国…工業化に成功しつつある途上国。

BRICsとベトナムの経済成長率

BRICsの4カ国は、2008年のリーマンショックでは打撃を受けたものの、高い経済成長率を保ち続けている。ベトナムはBRICsに続く新興国として注目されている。

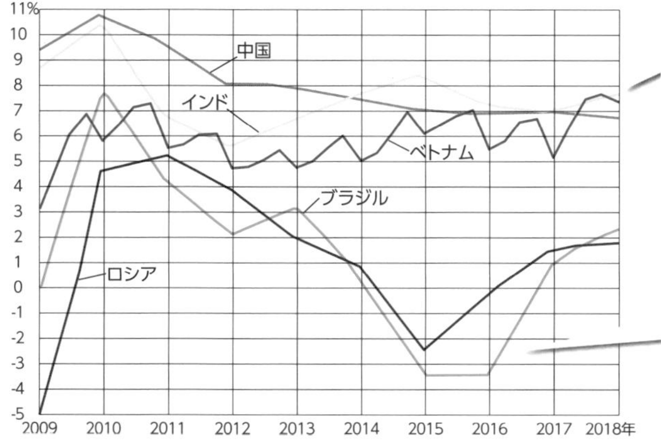

インド、ベトナムは近年世界をリードする伸び率。

2015〜2016年はエネルギー・資源価格が大幅に下落したことから、資源輸出国のロシア、ブラジルはマイナス成長になった。

BRICsの4カ国

BRICsはBrazil（ブラジル）、Russia（ロシア）、India（インド）、China（中国）の頭文字をとってつけられた名称である。

ブラジル B

南アメリカ大陸最大の面積、人口を有する。天然資源が豊富で、石油はほぼ自国生産でまかなっている。鉄鉱石の輸出量は世界2位（2018年データ）。GDPに占める個人消費の割合が6割と高い水準である。

ロシア R

世界第1位の国土面積を持つ。鉱物資源が豊富な国のひとつで、天然ガスと石油の生産高は、世界1〜2位を争う。IT産業もさかん。ほかのBRICs諸国と比べて人口増加率が低い。

インド I

12億人を超える国民は、多様な民族、言語、宗教によって構成されており、主な言語だけで15を超える。経済成長率は高いが、一方で貧困層も多く、貧富の格差が課題である。

中国 C

人口13億人超の、アジアの大国。中国経済の最大の武器は、安価な労働力をいかして低コストで製品を製造できることだが、近年、ベトナムなど東南アジアに生産拠点を移す企業も増加している。

アフリカの工業

アフリカは資源が豊富で、近年人口も増加傾向だ。条件が整いつつも工業化が進まないのは、地形や治安の問題などでインフラが未整備であるためだ。また、植民地時代の名残であるモノカルチャー産業も、資本の蓄積を妨げている。

日産自動車の南アフリカ工場。南アフリカは、アフリカ大陸で最大の先進国。

➡モノカルチャー経済については、56ページもチェック！
➡ブラジルの経済成長については、88ページもチェック！

ゴミ

世界中にゴミが漂流している!?

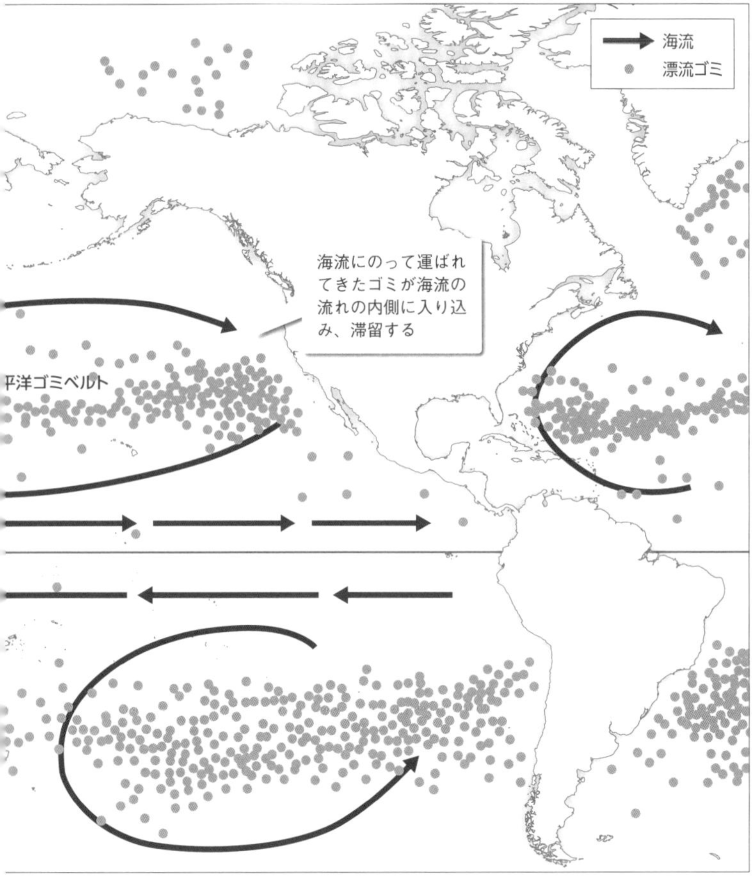

POINT

ゴミの不適切な処理は、感染症の流行や有害物質の排出を招き、社会に深刻な害を与える。現代のゴミ問題は国際化し、外交問題にも発展。

都市化とゴミ問題

人は、都市に集住した結果、知識が集積して文化や新産業を生み、現在の繁栄を手に入れた。一方で、深刻化したのがゴミ問題である。**生ゴミや屎尿の不始末は、虫やネズミ、それらが媒介する感染症を蔓延させ、**社会を幾たびも危機に追い込んだ。

大量生産の時代になると廃棄物が急増。同時に素材も多様化し、再利用が難しくなったり、焼却により有害物質が出たりするようになった。

そのようなゴミを安全に処理する苦労は大きい。1965年には日本でも東京湾の埋立場でハエが大量発生し、自衛隊などの協力で焼き払う騒ぎとなったことがある。現在では

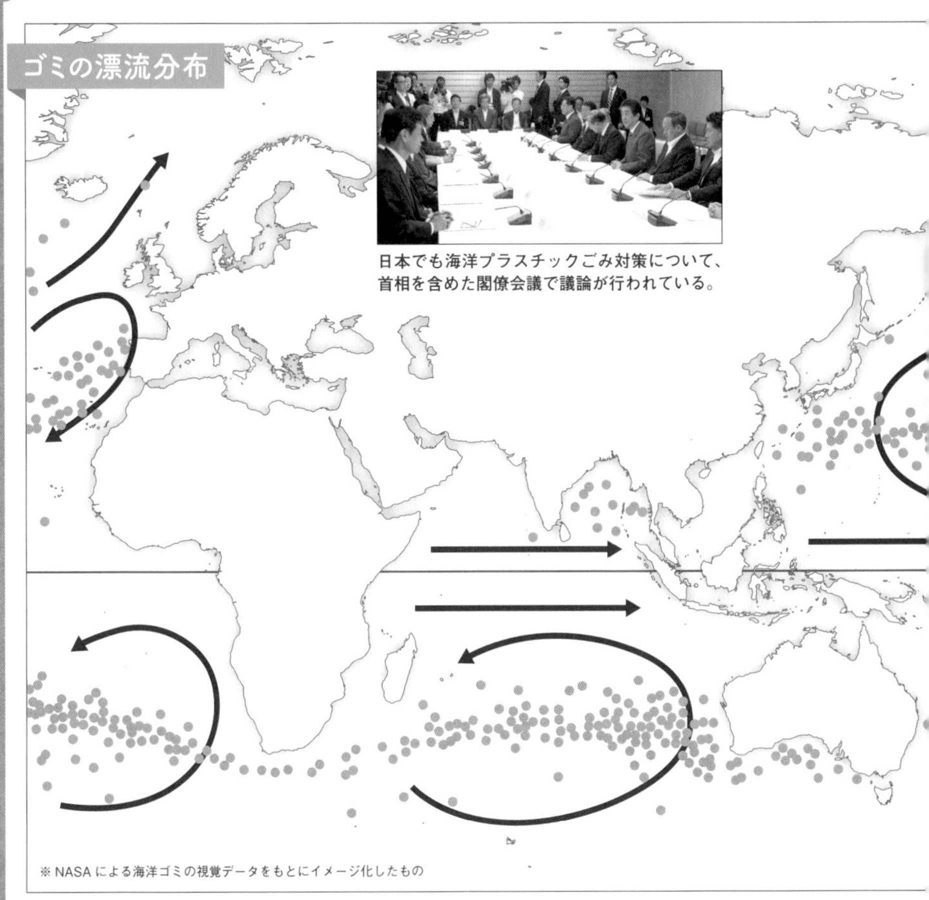

高度な技術を用いた施設で焼却するなど、かさを減らしたうえで埋め立てる方法が主流である。家電などは都市鉱山としてリサイクルが推進されている。

国際化するゴミ問題

現在、ゴミ問題は急速に国際化している。例えば、プラスチックゴミなど海を漂流するゴミの問題である。排出者や排出国がはっきりしないゴミが多いため、漂着ゴミを適宜処理する以外には対策が取られていない。そのため、**太平洋ゴミベルトなど、潮流の具合でゴミが集中する海域が生じている。**

また、先進国の廃棄物やリサイクルゴミが、処理費用の安い途上国へ移送されることも常態化している。なかには有害ゴミが適切に処理されず事実上投棄されることもあり、外交問題になることもある。

工業の現状

鉄鋼業、石油化学工業が臨海部に集中する理由

キーワード
- 鉄鋼業
- 臨海部
- 石油化学工業
- コンビナート

水運の利便性や生産性

工業は、その生み出すものが暮らしに役立つというだけではない。雇用を生み商業を喚起し、町を活気づける。ただし、工業は流転するものであり、原料・技術・競争によってその中心地は移動していく。

鉄鋼業は、鉄を生産する工業である。主原料は鉄鉱石と石炭で、製品に比べて、原料がはるかに重い。そのため、かつて先進国では、国内の炭鉱・鉄山周辺に鉄鋼業が立地し、一帯は波及効果で賑わった。

しかしその後、鉄鉱石や石炭は、国内の鉱山が枯渇したり、国外産のほうが安く入手できるようになったりしたため、国外から輸入するほうが一般的になる。それならば**水運へのアクセスがよい臨海部、それも消費地に近い場所のほうがよい**。こうして**先進国の鉄鋼業は、都市部の港近くに立地するようになった。**

石油化学工業も鉄鋼業と似た点がある。産油国では、産地に近い場所に立地することが多いが、先進国では消費地近くの臨海部に立地する傾向がある。

両工業とも、巨大なプラントが必要である。また、**生産工程に関わる企業や工場は、同じ地に立地したほうが効率的に大量生産できる。**そのため先進国の臨海部にはコンビナートができ、広大な工業地帯を形成している。

COMMENT ON

グローバルに移動した鉄鋼業

工業は、より安く生産できる国へ移動する。なかでも、中心地が地球を半周するほど移動したのが鉄鋼業だ。

そもそも鉄鋼業は、産業革命の始まったイギリスからヨーロッパ全土へ広がり、アメリカでもさかんとなった。しかし鉄鋼業は大規模な設備を要するうえ、設備の刷新にも巨額の資金がかかる。アメリカが施設の老朽化などに足を引っ張られる一方、国ぐるみで推進策を取った中国が、生産量を飛躍的に伸ばした。現在は中国が世界1位で、日本は高品質を強みに世界トップ3に入っている。

用語解説

コンビナート…特定の地域に形成された、関連ある企業・工業の集団のこと。
プラント…生産設備や大型機械のこと。

コンビナートとその影響

コンビナートでは大量生産、流通経費の節約が可能で、工業の生産工程を合理化できる利点がある。しかし、一帯を大規模に開発することが環境問題となることもある。

水島コンビナート（岡山県）

巨大な工業地帯では、雇用が生まれ商業が生じる。インフラが整備され、人が集まる。

オランダのロッテルダム

通称「ユーロポート」という。ヨーロッパ最大の港であり、世界最大規模の石油化学コンビナート。

主な国の鉄鋼生産量の推移

鉄鋼業はアメリカやEU諸国など、先進国の主要工業のひとつであったが、近年、生産力が伸びていない。

中国では鉄鋼業の発達の一方で、大気汚染などの問題も深刻となっている。

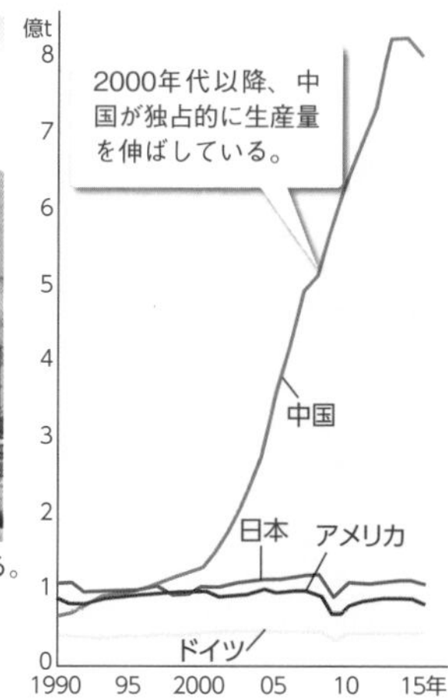

工業の現状

なぜ各国で自動車工業のグローバル化が進むのか

キーワード
- 企業城下町
- 自動車工業
- 多国籍企業
- 国際分業

自動車工業は経済のバロメーター

「企業城下町」といえば、トヨタの本拠地・愛知県豊田市がそのよい例だ。自動車は、2万~3万点もの部品を組み立てて製品とする。そのため自動車工業は、多くの企業を部品の供給元として抱える、規模が非常に大きい工業となる。

また自動車は、道路や燃料供給システムの整備などの公共事業を喚起し、商業圏や人の行動範囲を劇的に拡大するなど、社会的インパクトが極めて大きい。そのため、生産台数や輸出入台数など**自動車工業関連の数値は、国の工業力・景気を測るバロメーターともいわれる。**

自動車工業は、アメリカ・日本・ドイツなど、先進国に本拠を置くメーカーが、高い国際競争力を有する。電子機器など先端産業の部品を要し、高度な技術力が必要だからである。

一方で、**自動車工業は多国籍企業化しやすい。**その理由は2つある。

1つめは、国際分業にできること。シートやカバー、シンプルな部品など、技術的に容易なパーツの製造は、人件費の安い途上国に任せることができる。先進国はその舵取りをすればいい。2つめは政治の作用である。社会的インパクトの大きい工業であるため、雇用の維持や技術移転を目的に、多くの国が自国での生産をしたがるからである。

2011年 タイ大洪水の甚大な影響

2011年10月、タイで工業団地群が洪水に見舞われた。タイは熱帯性で雨季があり、デルタなので土地が低く平坦で、洪水が長引く。タイは、輸出指向型の工場を積極的に誘致していて、しかも自動車関連の工場が多かった。この影響は世界に及び、景気ひいては政治、行政にも波及した。多くの関連企業がダメージを受け、日本でもタイ人労働者を急きょ受け入れる措置をとった。国外進出の際には地形的要因も考慮し、リスク軽減策を考えていかなければならない。

世界の主な自動車生産国と日本の自動車工場の分布

自動車生産は、BRICsやASEANなど、工業化著しい国に工場が多い。日本は、アジア各国、アメリカ、ヨーロッパに部品工場を進出させ、コスト削減を図っている。

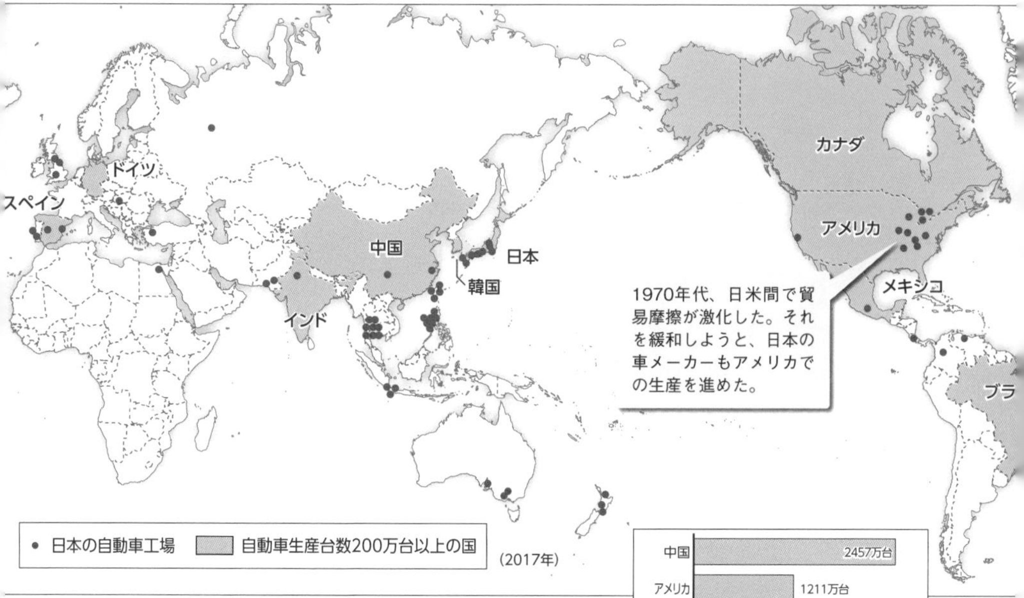

カナダ
アメリカ
メキシコ
ブラ
ドイツ
スペイン
中国
日本
韓国
インド

1970年代、日米間で貿易摩擦が激化した。それを緩和しようと、日本の車メーカーもアメリカでの生産を進めた。

• 日本の自動車工場　■ 自動車生産台数200万台以上の国　(2017年)

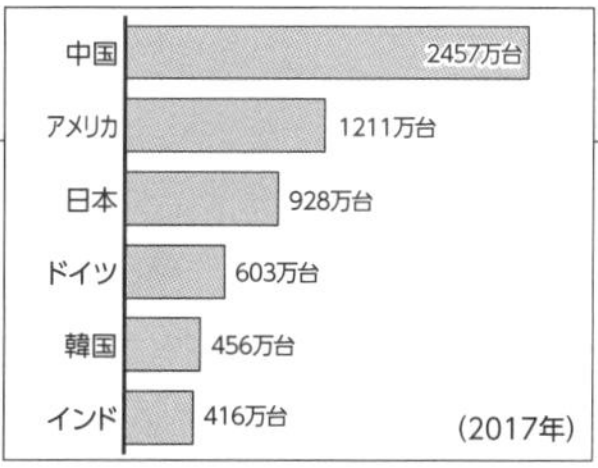

国	生産台数
中国	2457万台
アメリカ	1211万台
日本	928万台
ドイツ	603万台
韓国	456万台
インド	416万台

(2017年)

主な国の自動車生産台数
BRICsやASEANなどで工場の数や生産台数が多いのは、先進国による経済支配状態から脱却しようと、国内に工場を誘致した結果である。

主に自動車やトラックの部品を製造する工場として、1974年にトヨタが初めてアメリカのカリフォルニア州に置いたTABC社。

自動車工業が及ぼす影響

自動車工業の発展は、人々の生活に様々な影響を与える。

企業城下町ができる
愛知県の豊田市は、その代表例。自動車の生産には、多くの部品を要するため、シートには繊維工業、プラスチック部分には石油化学工業、本体や表面は鉄鋼業と、様々な工場が集まる。

インフラの整備
車の維持やメンテナンスも、大規模なインフラ整備を喚起する。例えばガソリンであれば、産油国からの輸入、ガソリンスタンドへの配送手段など。幅広い交通インフラと労働力が必要となる。

モータリゼーション
輸送システムを変え商業圏を拡大するトラック、通勤圏を拡大するマイカーなど、自動車が社会を変えた。一方で、車を買える層と買えない層の格差も拡大している。

工業の現状

先進国が参入を進める航空宇宙産業

国の総合力が要

　グローバル時代、先進国は工業が海外に移転したことによる国内の製造業の衰退や、国内の労働条件の悪化に悩んでいる。そのため、先進国ならではの強みをいかした工業の振興を図っている。多額の資本と高い知識、蓄積された技術を要する工業ならば、価格が高くとも売れる、高付加価値製品を作れるからだ。

　そのひとつが航空宇宙産業である。航空機やロケットの組み立てには数百万点の部品を要するため、規模としては自動車以上に裾野が広大な一大産業となる。強度と軽さを兼ね備える炭素繊維や、金属にレアメタルを加えた超合金により性能を上げたエンジンなど、品質の高い素材が燃費の良さや安全性の向上に直結するため、高価格の製品でも競争力を保てる。

　航空機の開発や製造、およびその維持には莫大(ばくだい)な資本が必要であり、メーカーだけでなく国や大学、金融、サービスを利用する民間企業などが複合的に関わることとなる。

　現在、航空機産業はアメリカとEUが2強で、大型機はほぼ両者が独占、小型機分野ではカナダ、ブラジルも伸びている。**宇宙産業は、ロケットの構造がミサイルと近似することや情報収集などの点で軍需産業との関わりが深く、先進国および軍事大国が中心地となっている。**

キーワード
- 高付加価値製品
- 航空機産業
- 宇宙産業
- 軍需産業

CLOSE-UP

日本の航空宇宙産業

　日本の航空機産業は、第二次大戦後に研究開発を禁止されたことなどにより、素材・部品の生産が主体であった。しかし現在、三菱重工が国産機の開発に取り組み、小型機市場への参入を目指している。三菱重工は宇宙産業でも、商業打ち上げ事業で外国から発注を受けるなど好調である。

　宇宙産業は、宇宙エレベータ（静止衛星と地上をつなぐチューブ）が実現すればコストが一気に下がることが期待できる成長分野であり、他業種やベンチャーが参入を始めている。

用語解説　**超合金**…摂氏1000度近くの高温でも強度・耐久性を保つ合金。航空機・ロケットのエンジンには、ニッケルに様々なレアメタルを加えた超合金が現在使われている。

エアバス社の小型機「A321neo」

ボーイング社の中小型機
「ボーイング787-8ドリームライナー」

4カ国で設立したエアバス社

フランス、ドイツ、スペイン、イギリスの4カ国がエアバス社を設立した。部品やエンジンなどをＥＵ各国とアメリカで分担して作り、フランスのトゥールーズなどで組み立てる国際分業を行っている。

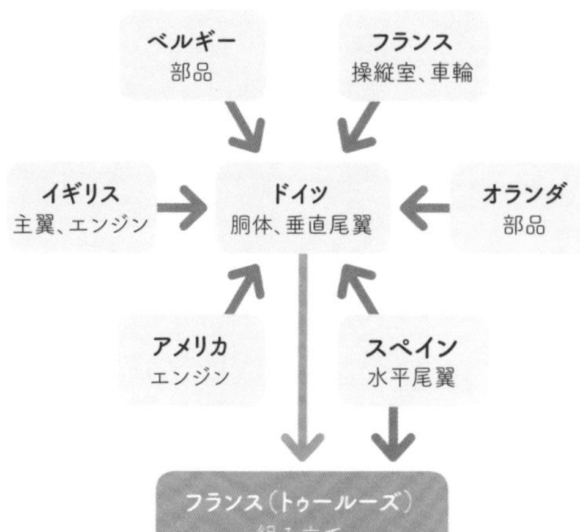

※2018年民間航空機関連データ集などをもとに作成

900機
800
700
600
500
400
2010 11 12 13 14 15 16 17 18年
ボーイング
エアバス

ボーイング社とエアバス社の航空機生産台数
両社の生産台数は拮抗している。

様々な先端技術産業

ハイテク産業には、宇宙・航空事業のほかにも、医薬品の開発、遺伝子組み換え作物やiPS細胞などのバイオテクノロジー、カーボンファイバーなどの新素材の開発、ドローン、ＡＩなどのロボット開発などもある。

AIロボット
人と会話をすることができる世界初の感情認識パーソナルロボット「Pepper」。

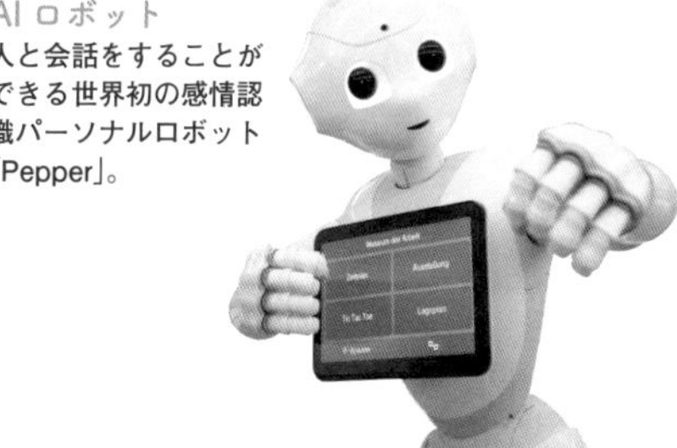

シリコンバレーのグーグル本社。

自動運転車
自動車企業各社がしのぎを削ってきたが、IT産業のグーグルが一歩進んでいる。

ドローン
ドローンは、遠隔操作で飛ぶことができる無人航空機。空撮などができ、災害現場や調査での利用に役立てる。

グーグルの
自動運転車。

工業の現状

富を生む工業化の負の側面とは

深刻化する公害・汚染

工業は社会を活性化するが、一方で環境問題も引き起こす。工業が大規模化している現代では、被害の規模も大きくなり、原因は特定しにくく、対策が取られる頃には被害が拡大していることが多い。

その例として、四大公害病が挙げられる。戦後、工業の再建が進んだ日本では、1960年代に経済成長率が年平均10％を超える高度経済成長となった。それと前後して、各地で健康被害が見られるようになる。特に被害が大きかったのが水保病（みなまたびょう）、第二水俣病、四日市ぜんそく、イタイイタイ病である。

その後、公害防止設備の義務化など対策が進んだため公害の発生件数は減ったが、光化学スモッグはいまだに観測される。

ヨーロッパでは**酸性雨による森の枯死（こし）や湖沼の酸性化による魚の死滅、文化財の損傷が問題**となり、ヨーロッパ全域で観測・防止の措置が取られた。

新興国でも、**工業化の進展につれ汚染が深刻化している。**メキシコのメキシコシティや中国の北京では、空気が滞留する地形もあって、大気汚染が特にひどい。対策として中国政府はＥＶ（電気自動車）の普及を図っているが、汚染物質を含むＰＭ２・５は日本へも飛来し、大気中から検出されている。

KEYWORD

人体に健康被害を与えた「アスベスト」

アスベストとは繊維状の鉱石の総称だ。微細なため、糸や布に加工しやすく、防火性、断熱性、防音性などにも富む。安価であり、古来有用な鉱物資源として建材などに重宝されていた。ところが1960年代以降に、アスベスト自体には毒性は無いが、微細なため空気中を浮遊して肺に入り、肺ガンなどを招くことが判明した。今は使用が制限され、関わった労働者や工場近くの住民には救済制度が設けられている。建物の解体時に飛散リスクが高く、大規模災害時の飛散も問題となっている。

キーワード

- 四大公害病
- 高度経済成長
- 光化学スモッグ
- 酸性雨
- PM2.5

用語解説

水俣病…熊本県の水俣湾沿岸で発生した、化学工場の排液中に含まれた有機水銀による公害病。
イタイイタイ病…富山県の神通川流域で発生した、鉱山から流れ出た鉱毒が原因となった公害病。

様々な公害

工業化が進むにつれ、世界各地で公害が深刻な問題となっている。下の4つ以外にも、土壌汚染、騒音、地盤沈下、悪臭など、様々な被害が発生している。

PM2.5

自動車や工場の排ガスなどから発生する微粒の物質。粒が小さいため遠くまで浮遊しやすい、肺の奥まで入り健康被害につながりやすい、などの問題がある。

山の位置と風向きの関係で汚染物質が滞留しやすい北京では、外を歩く際はマスクが欠かせない。

酸性雨

酸性雨とは、二酸化硫黄や窒素酸化物などが溶け込んだ、通常より強い酸性の雨。河川や湖沼、土壌などの生態系に悪影響を与えるほか、コンクリートや金属を溶かしたり、建造物や文化財に被害を与えたりすることもある。

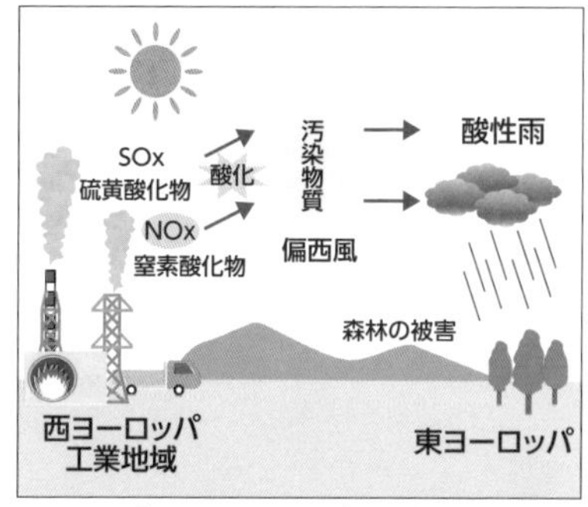

ヨーロッパは、西ヨーロッパの工業地域で発生した汚染物質が偏西風によって東に流れるため、東ヨーロッパで酸性雨の被害が大きい。

光化学スモッグ

化石燃料が燃えた際に発生する窒素酸化物などは、紫外線と化学反応すると汚染物質を生成する。この汚染物質が上空に滞留して生じる白いモヤを「光化学スモッグ」と呼ぶ。4月〜10月、晴天・高温で風が弱い日に発生することが多い。目がチカチカする、のどが痛むなどの症状が現れる。

光化学スモッグ注意報が発令された福岡市内。

水質汚染

工業には、洗浄や冷却などのために、水を多量に要するものが多い。途上国では、その排水が浄化不十分な状態で排出され、川や海の汚染を招いている。水道が未整備の国では、汚染された水が飲み水や生活用水に利用されるため、健康被害も深刻である。

ガンジス川は沐浴や調理、宗教儀礼に利用される川だが、工業排水、生活排水などにより汚濁が深刻である。

人の移動

人は、なぜ移動するのか

人口の移動

自由とアメリカンドリームは、アメリカの基本理念。昔も今も多くの人が移住を目指す。

移住を引き起こすもの

人の移動の原則は、「貧しい地域から富める地域へ」だ。時には食い詰めての流浪であり、豊かさを求めての移住もある。具体的には、農村から都市への移動や、途上国から景気のいい国への移民である。

政治・信教の自由や戦争・災害からの脱出も目的となる。宗教の聖地へ信者が移住するなど、特定地域への憧れも動機である。強制的な移住もある。歴史的な奴隷貿易や、政治による移民・住所指定などだ。

人の移動には長短がある。流出元にとっては、過剰な人員を排除できる一方、過疎化が進んで社会の維持が困難になる事例もある。流入先に

POINT

人は、豊かさや安全、生きやすさを求めて移動する。移民は多くの場合、流出元の社会に過疎化を、流出先の社会に先住者との摩擦をもたらす。

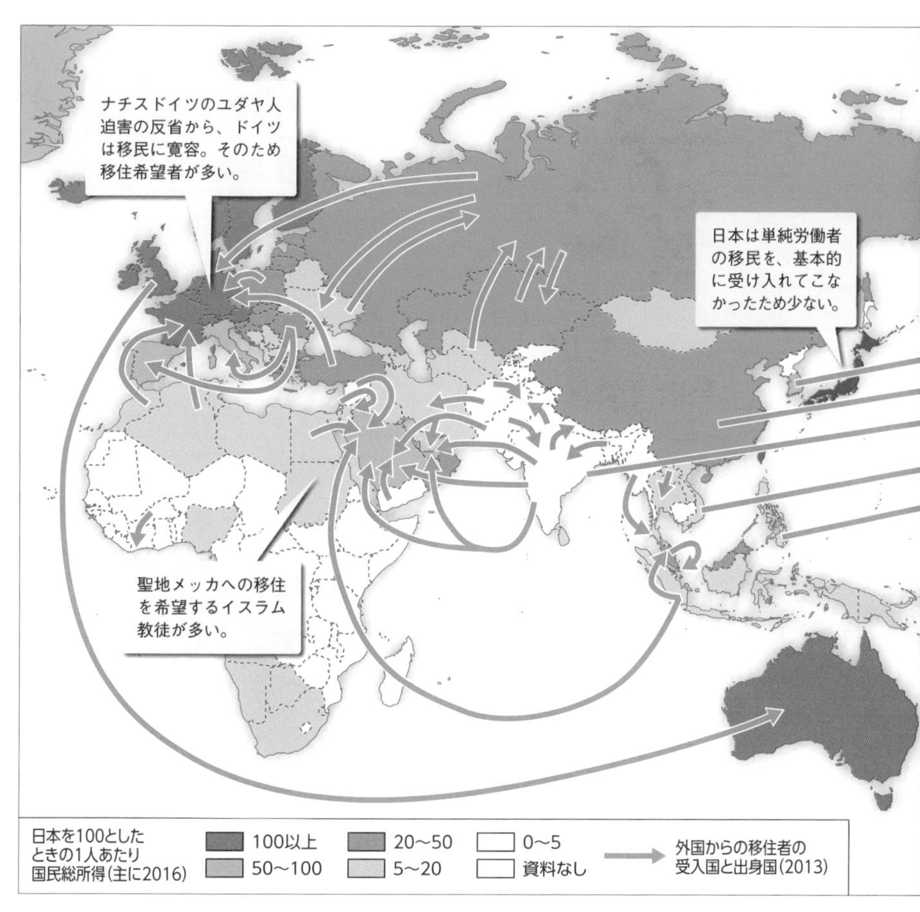

とっては、安価な労働力を獲得できるが、受け入れ態勢を整えるコストや先住者との摩擦は不可避である。

国際的な移住と影響

国際的な人の移動として有名な例は、華僑と印僑である。数世紀前から現代まで、継続的に国外へ移住しコミュニティを築いている、中国系とインド系の移民だ。教育熱心で、経済的に成功している人が多い。ほかにも迫害されたユダヤ人や、古くから貿易に従事するレバノン人も世界に拡散している。また新大陸(南北アメリカ・オーストラリア大陸)には、移民が中心となって構成されている国も多く存在する。ただし**人口の制御は容易でないので、現在は多くの国が、移民の受け入れに制約を設けている**。しかし労働力の需要と供給が合致する場合は、不法移民が既成事実化することも多い。

第4章

自然環境から生まれた世界の地形

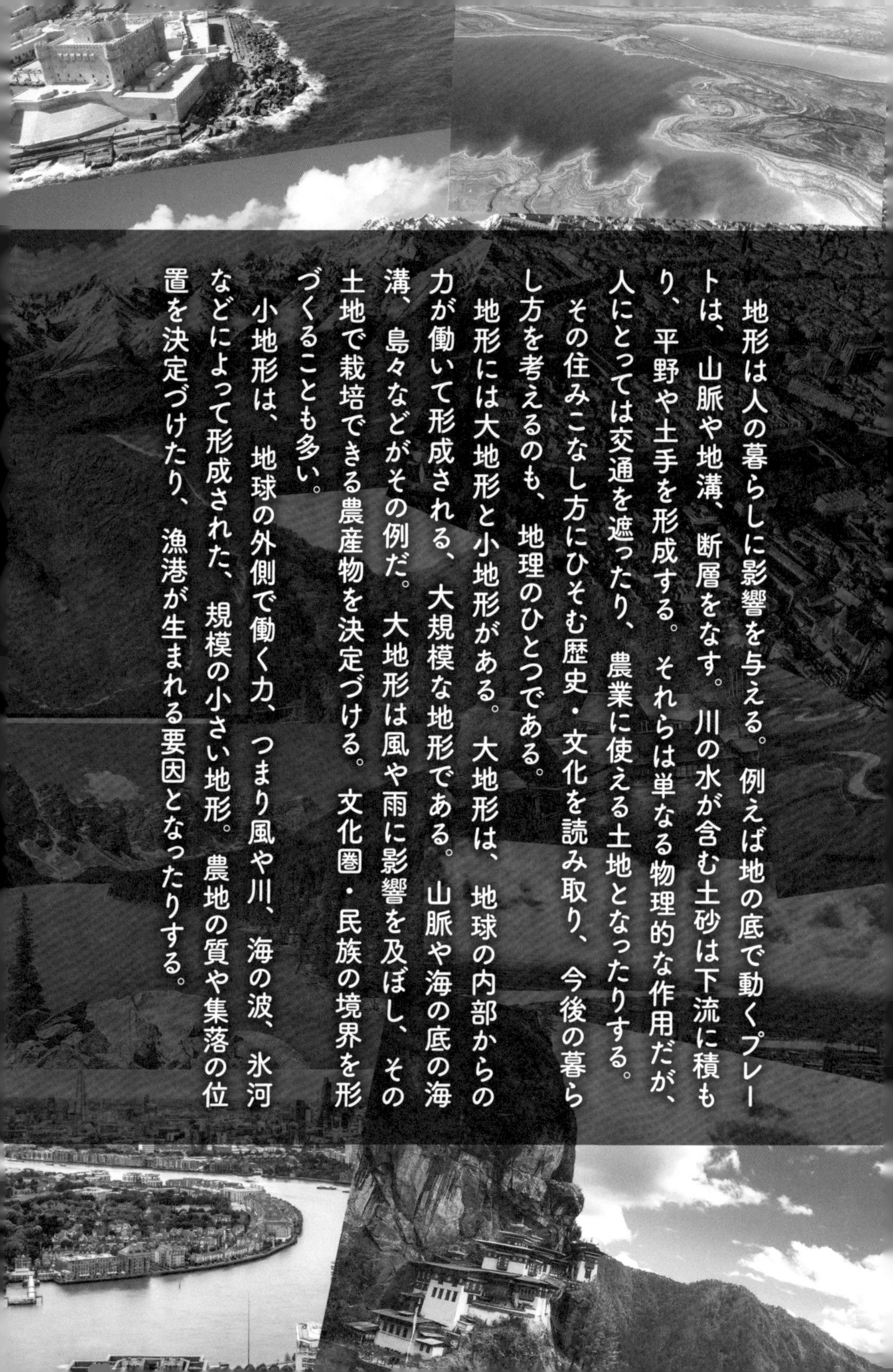

地形は人の暮らしに影響を与える。例えば地の底で動くプレートは、山脈や地溝、断層をなす。川の水が含む土砂は下流に積もり、平野や土手を形成する。それらは単なる物理的な作用だが、人にとっては交通を遮ったり、農業に使える土地となったりする。その住みこなし方にひそむ歴史・文化を読み取り、今後の暮らし方を考えるのも、地理のひとつである。

地形には大地形と小地形がある。大地形は、地球の内部からの力が働いて形成される、大規模な地形である。山脈や海の底の海溝、島々などがその例だ。大地形は風や雨に影響を及ぼし、その土地で栽培できる農産物を決定づける。文化圏・民族の境界を形づくることも多い。

小地形は、地球の外側で働く力、つまり風や川、海の波、氷河などによって形成された、規模の小さい地形。農地の質や集落の位置を決定づけたり、漁港が生まれる要因となったりする。

大地形

噴火、地震、津波などが起こる理由

主流はプレートテクトニクス理論

人の命や暮らしに大打撃を与える噴火、地震、津波はなぜ起こるのか。この問題に多くの学者が取り組み、探究する中で磨き上げられてきたのがプレートテクトニクス理論だ。

地球の表面は、硬い岩石でできたプレート十数枚に覆われているとされる。プレートは、その下にある熱いマントルの対流などにより、水平方向へ移動している。近づいたり離れたりするプレートの境界で、山脈など大地形が形成される、という説である。

プレートテクトニクス理論は、多くの現象や地形を説明できるため、今日ではほぼ定説となっている。例えばドイツの学者ウェゲナーが唱えた大陸移動説は、大陸がプレートの上にのっており、その動きにつれて千切れたり衝突したりしている、とすれば説明がつく。

また、**プレートの中央部分では変動がほとんどなく、安定した状態が続く。だが端の部分では、プレート同士の作用で火山活動や地震が活発となる**、と考えられる。

日本は、ユーラシアプレート、北アメリカプレート、太平洋プレート、フィリピン海プレートという4枚のプレートが接し、押し合う中から生じた火山の連なりと見られている。火山・地震・津波の災害が世界でも特に多いのはそのためである。

COMMENT ON

噴火、地震、津波が地球を生かす

地球は、例えてみれば、溶けたチョコレートが固まりつつあるところのようなものである。内部の熱で表面がひび割れたり、割れ目からチョコを噴いたりしている状態だ。このため多くの自然災害が起きる。一方で、その恩恵も計り知れない。大気、水、元素などが地球内部から大気圏まで循環しているおかげで、生命が生存できているからだ。溶岩が長い年月をかけて風化した土壌は、農業に好適である。鉄鉱石・石炭・石油などといった資源も、地球の内的活動の産物である。

キーワード

- プレートテクトニクス理論
- プレート
- マントル
- 大陸移動説

用語解説 **マントル** …地球の表面（地殻）と、地球の中心部（核）との間の層。厚さ約2900km。

地球上のプレートと震源地

プレートテクトニクス理論によると地球表面はプレートに覆われており、このプレートが水平方向に滑り動くことで、大地形が形成される。下の2つの地図を見比べても、プレートに沿って震源地や火山が多いことがわかる。

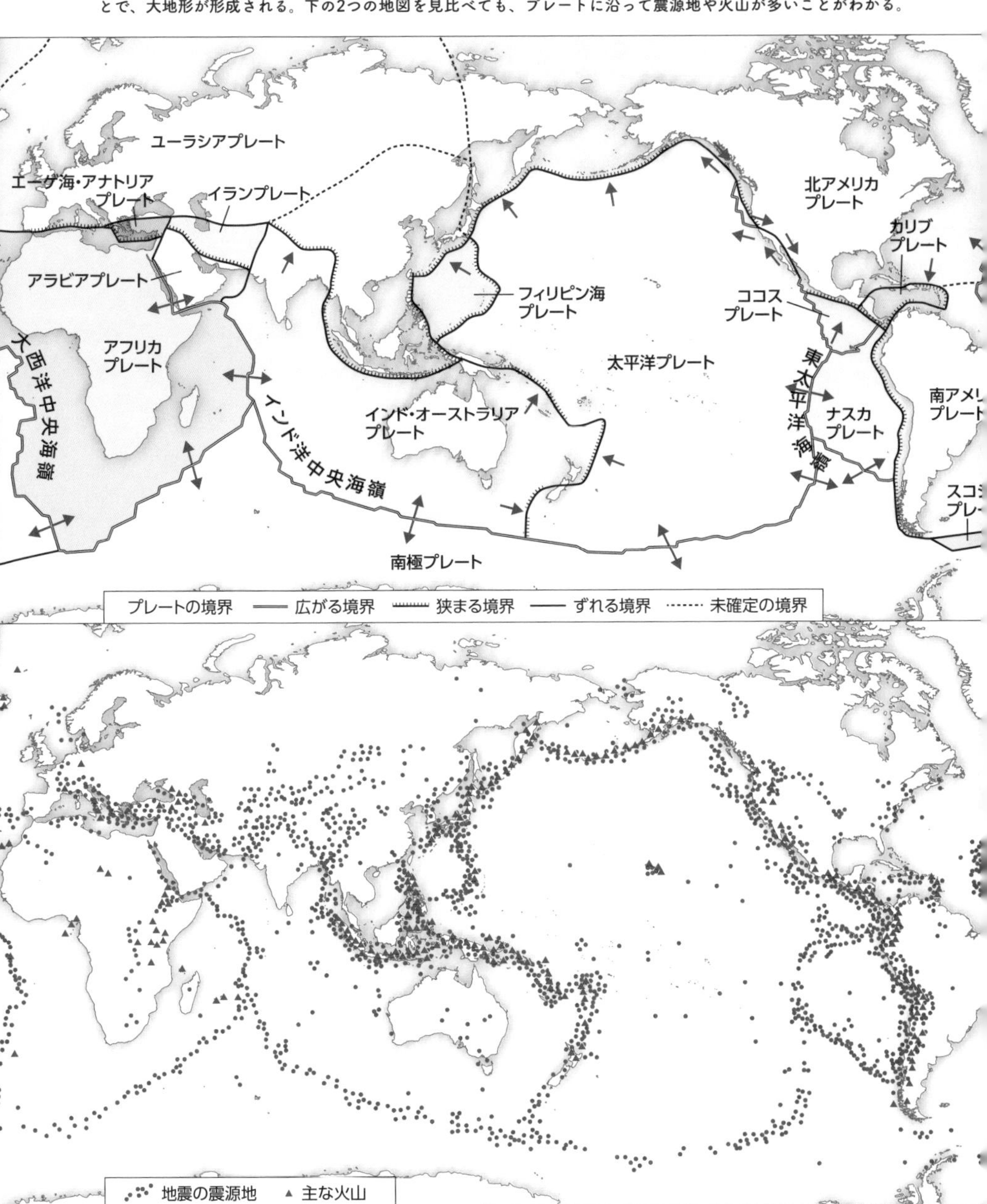

➡日本のまわりのプレートについては、100ページもチェック！
➡ウェゲナーの大陸移動説については、198ページもチェック！

大地形

プレート境界の種類①　狭(せば)まる境界

キーワード
・狭まる境界
・海洋プレート
・大陸プレート
・沈み込み帯
・衝突帯

プレートの接近「狭まる境界」

プレートは互いに動いているため、境界付近で相互作用が起きる。その結果、大地形や災害がもたらされ、人の生活に影響を与えている。プレートの境界は狭まる境界、ずれる境界、広がる境界の3種類に分類できる。

狭まる境界とは、プレート同士が近づき合っている境界である。狭まる境界で起きる現象は、プレートが、大陸プレートか海洋プレートかによって異なる。

海底をのせた海洋プレートが、大陸をのせた大陸プレートと押し合うと、密度の高い海洋プレートが大陸プレートの下に沈み込む。そのためプレートの境界に沿って沈み込み帯が形成される。**沈んだ海洋プレートはマグマを生んで火山活動を活発化させ、一列の火山をなす**。日本列島はその代表例であり、東日本は太平洋プレートが北アメリカプレートの下へ、西日本はフィリピン海プレートがユーラシアプレートの下へ沈み込むことで、弧状列島ができた。

一方、**大陸プレート同士の衝突は、押し合って衝突帯を形成する。そのため大地にシワ、つまり山脈ができる**。この山脈は、プレート境界に沿って幾筋か並走する。インドとユーラシアという2つの大陸が衝突し、未(いま)だ押し上げ続けているヒマラヤ山脈はその代表例である。

凶作の一因となった大噴火

火山は、火砕流などが生活に被害を与えるほか、大気圏に噴出する火山灰やガスにより、寒冷化や、凶作を招く。例えば、鬼界(きかい)カルデラを形成した噴火は、南九州の縄文文化を滅ぼした。また、1783年の浅間山・ラキ火山の噴火は、1782～1788年の天明の飢饉の一因といわれている。凶作の原因は複合的なものと思われるが、噴火により日照が遮られた可能性があるとも考えられているのだ。フランス革命の要因のひとつも、ラキ火山噴火による凶作といわれている。

用語解説　**弧状列島**…大陸と大洋の境に弓なりに連なる島々。地球上で最も活発に変動している地帯。

狭まる境界の地形

狭まる境界には、日本のような弧状列島や火山の列をつくる沈み込み帯と、大規模な山脈をつくる衝突帯の2つがある。

沈み込み帯

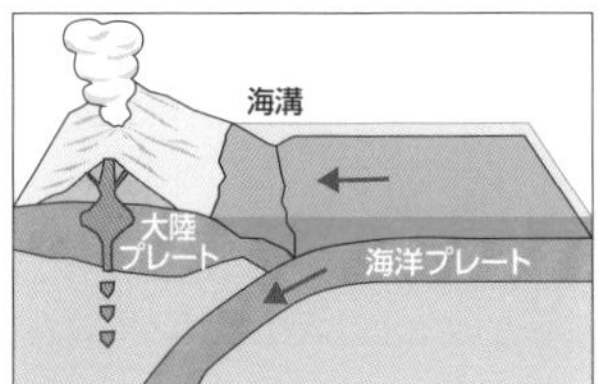

海洋プレートがほかのプレートの下に沈み込む境界。一列に火山ができる。

衝突帯

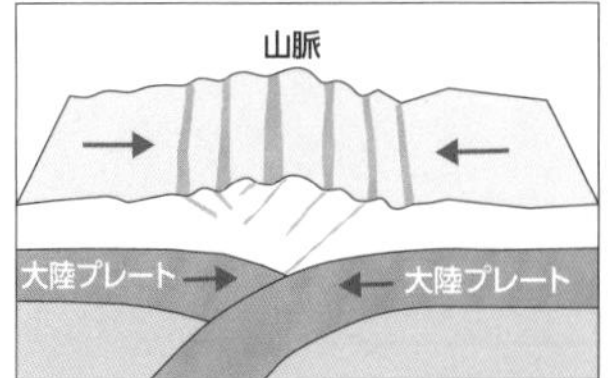

大陸プレート同士が衝突する境界。衝突帯の山は高山となる。

フィリピン諸島
フィリピン諸島は、海洋プレートのフィリピン海プレートが、大陸プレートのユーラシアプレートの下に沈み込んで生じた火山島群。1990年代に噴火を繰り返したピナツボ山などがある。

クンルン山脈
中央アジアにある約3000kmに及ぶクンルン山脈も衝突帯のひとつ。標高6000mを超える山々が200以上連なる。

アンデス山脈
南アメリカプレートの下にナスカプレートが沈み込むことにより、南アメリカ大陸の西の縁に沿うような形で生じたアンデス山脈は、標高5000〜6000mの高い峰や活火山が多い。

伊豆半島、富士山、丹沢山地
フィリピン海プレートがユーラシアプレートの下へ沈み込む動きにより、伊豆諸島が北上し本州に衝突、伊豆半島や富士山、丹沢山地、周辺の温泉などを生んだ。

➡ヒマラヤ山脈の形成については、36ページもチェック!
➡日本の形成については、100ページもチェック!

大地形

プレート境界の種類② ずれる境界・広がる境界

キーワード
・ずれる境界
・広がる境界
・海嶺
・大地溝帯
・湖

ずれる境界と広がる境界

ずれる境界は、隣接するプレート同士が水平方向に動き、すれ違おうとしている状態である。**ずれる境界の付近では地震が頻発する。**代表的なのは北アメリカ大陸のサンアンドレアス断層や、トルコの北アナトリア断層で、震災がたびたび発生している。

中東にもずれる境界がある。その地の割れ目を流れるのがヨルダン川であり、乾燥帯における貴重な水源として、争奪の的となっている。ヨルダン川が注ぐ湖は、この地溝帯の最深部で、湖面の標高が極端に低い。流出する川がないため塩分濃度が上がり、魚をはじめとしたほとんどの生物が生息できない。そのため死海という名がつけられた。

広がる境界とは、隣接するプレートが互いに遠ざかろうとしている状態である。

広がる境界では、プレート同士の間に空白が生じる。それを埋めようと地底からマントルが湧出し、冷やされてプレートの一部に変じてゆく。**海底に広がる境界があると、境界に沿って海の山脈「海嶺（かいれい）」が生じる。**

紅海と東アフリカ大地溝帯は、広がる境界の形成初期と考えられている。**境界の周辺にはアフリカ最高峰のキリマンジャロ山など多くの火山がある。**また大地の割れ目が湖となり、水源や国境の働きをしている。

HISTORY

ソマリアの海賊問題

アフリカプレートとアラビアプレートは、ほぼ直角の、広がる境界をなしている。そのため生じた地形が紅海とアデン湾、そしてソマリア半島である。この地形がソマリアの海賊という国際問題を生んだ。広大な海上では商船を見つけ襲撃することは困難だが、狭いうえに紅海を通る船が集まってくるアデン湾は、それが容易にできる。そのためソマリアの政情悪化とともに、略奪したり人質をとって身代金要求したりする海賊が増加。主要国が治安維持に動く事態となり、日本も自衛隊を派遣した。

用語解説 **地溝**…並行する2つの断層の間の地盤が、落ち込んで生じた細長い谷。

ずれる境界の地形

下のプレートの境目はヨルダン地溝帯と呼ばれている、ずれる境界によってできた地形で、ヨルダン川、死海は大地の裂け目にある。

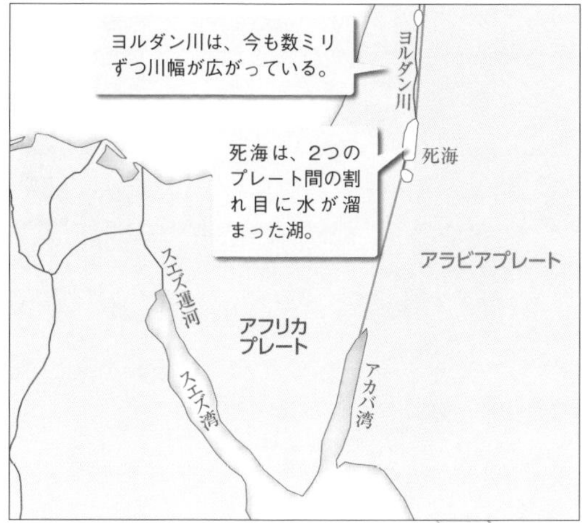

ヨルダン川を境に西側がアフリカプレート、東側がアラビアプレートに分かれている。

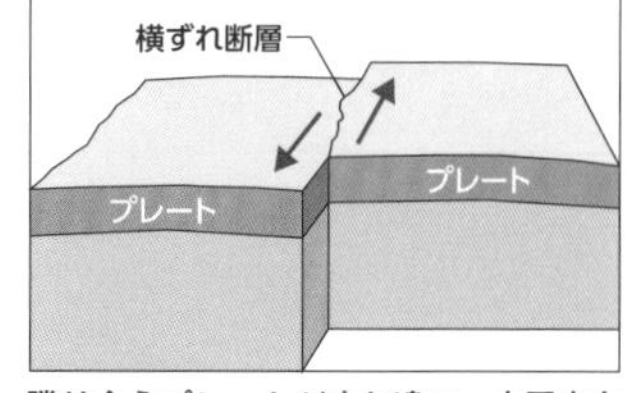

隣り合うプレートがすれ違い、水平方向にずれる力が働く境界。断層周辺では、大地震が発生しやすい。トランスフォーム断層とも呼ばれる。

広がる境界の地形

全長6000kmのアフリカの大地溝帯は、広がる境界のでき始めと考えられている。

大陸プレート同士

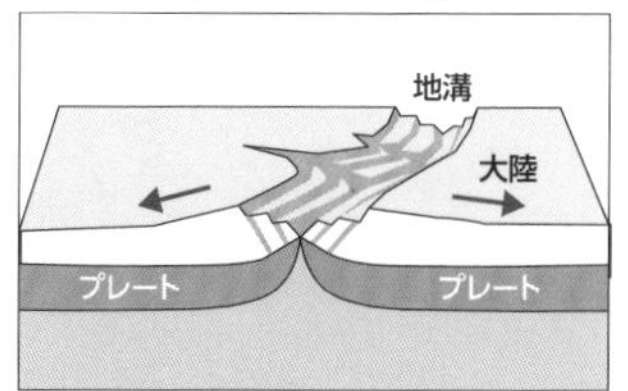

海洋プレート同士

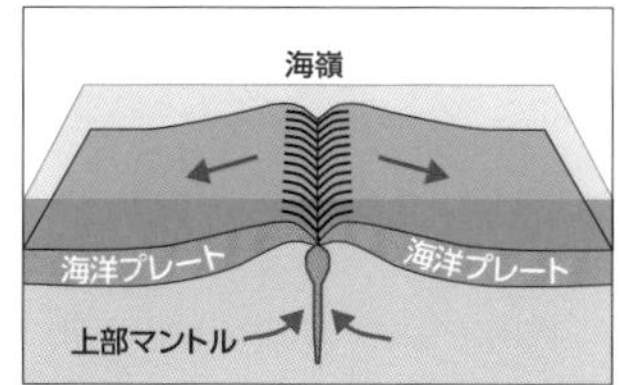

隣り合うプレートが遠ざかり、ひっぱり合う力が働く境界。海底にある場合は海嶺ができるが、大陸上にある場合は地溝帯となる。

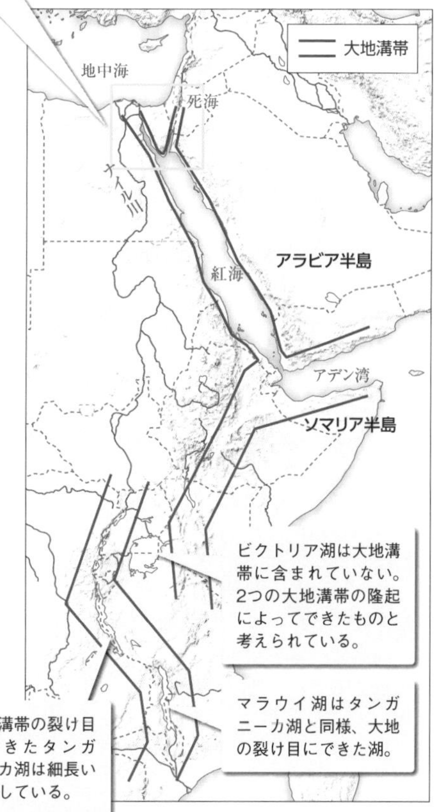

大地溝帯
地中海
死海
ナイル川
紅海
アラビア半島
アデン湾
ソマリア半島
ビクトリア湖は大地溝帯に含まれていない。2つの大地溝帯の隆起によってできたものと考えられている。
マラウイ湖はタンガニーカ湖と同様、大地の裂け目にできた湖。
大地溝帯の裂け目にできたタンガニーカ湖は細長い形をしている。

➡プレートについては、168ページもチェック!

世界の地形 大地形

大地形

なぜ古い大地は富をもたらすのか

ハドソン湾周辺に広がるカナダ楯状地は、鉱産資源が多くカナダ全体の産出量の約7割を占める。

カナダ楯状地

五大湖は氷河が軟らかい地層を削って形成されたケスタ地形の湖。

アパラチア造山帯

環太平洋造山帯

環太平洋造山帯は沈み込み帯のため火山が連なり、世界の活火山の約6割がある。

ブラジル楯状地

造山帯　新期造山帯　古期造山帯　安定陸塊　卓状地　楯状地

キーワード
・造山帯
・新期造山帯
・古期造山帯
・安定陸塊
・ケスタ地形

新期造山帯と古期造山帯

プレート上にのる大陸は、造山帯と安定陸塊に大別される。火山活動や地震など地殻変動が活発な場所を造山帯といい、プレートの境界に沿って分布し、山脈や列をなす火山をしばしば形成する。

造山帯は中生代以降にできた新期造山帯と、古生代にできた古期造山帯とに分かれる。古代に山脈の浸食などによって陸地化した古期造山帯は新期造山帯と違い、今はプレート境界から遠ざかり、すっかり安定している。また、**古期造山帯は、浸食が進んで石炭が地表近くにあるため、採掘コストの点で有利**である。

用語解説
楯状地（たてじょうち）…長い時間をかけて浸食され、楯を伏せたようになだらかな地形。
卓状地（たくじょうち）…古い時代にできた基盤岩の上に、薄い地層がのっている地形。

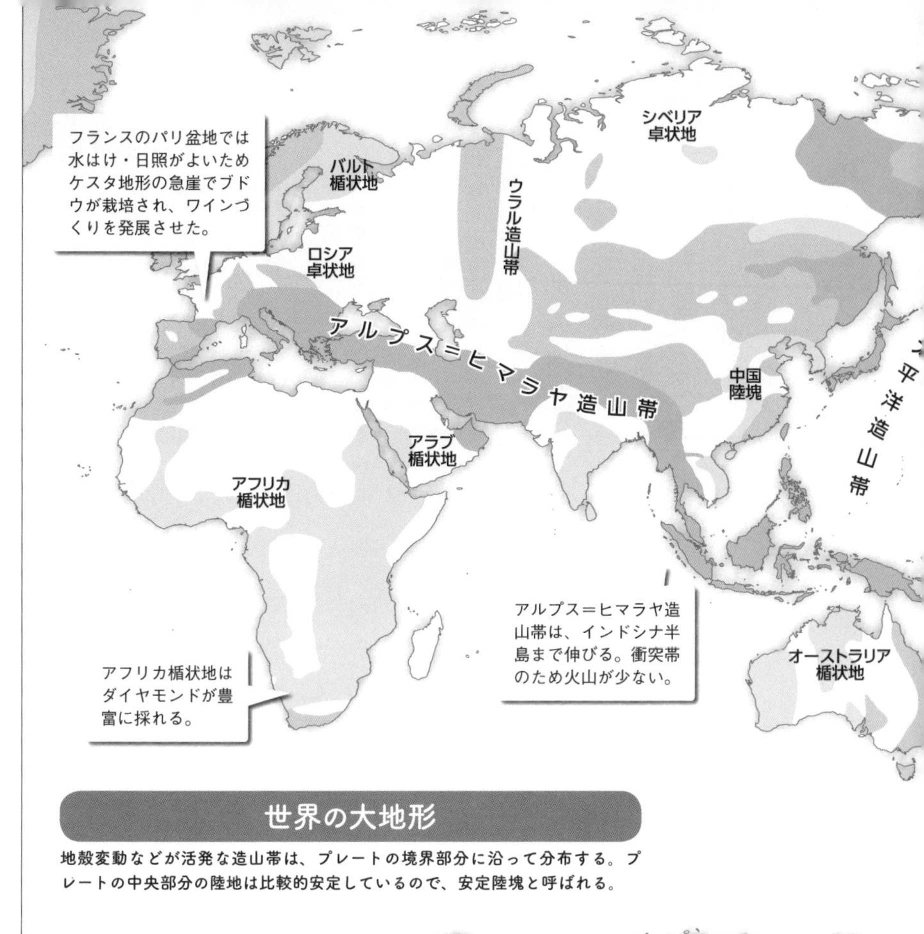

世界の大地形

地殻変動などが活発な造山帯は、プレートの境界部分に沿って分布する。プレートの中央部分の陸地は比較的安定しているので、安定陸塊と呼ばれる。

古く安定した安定陸塊の強み

一方、火山活動や地震などが少なく、地球上で最も古い大地を安定陸塊という。安定陸塊は、災害リスクが少なく資源が豊かである。特に鉄鉱石は、安定陸塊で多く採れる。

また、平野が広大である。とてつもなく長い間風雨にさらされているため、山や谷もなだらかな地形になる。**平野は人間の活動に適する。**特に現代は、農業も資源採掘も機械化・大規模化しているため、広大な平野のメリットは大きい。

なお安定陸塊には、**ゆるく傾斜した地層の、軟らかい部分が浸食され、硬い層が残って急崖となった、ケスタ地形**も見られる。フランスではケスタ地形の崖をブドウ栽培にいかした。また、北アメリカ大陸では五大湖の水運を利用して、大工業地帯が形成された。

➡造山帯、安定陸塊で採れる資源については、140ページもチェック！

大地形

山がちな国で生まれるその地固有の「生きる術」

山が文化の壁となる

山は、登山や風景を楽しむ観光資源と思われがちである。しかし山の影響は大きく、広い範囲にわたる。**山は風の動きを変え、気候を形づくる。**例えば、世界の屋根ともいわれるヒマラヤ山脈は、インド洋から吹く水気を含んだ季節風が当たり、風上斜面であるインド側に雨をもたらす。風下斜面である内陸部は、水気を失った風が吹きおりていくため、日本とほぼ同緯度にもかかわらず、広大な砂漠となっている。

傾斜地では土壌流出が起きるため、農業は困難である。交通面では斜面を登る労力を要し、行き来が阻害される。住みにくく往来しづらい山地は、文化の壁になりやすい。

一方で、だからこそ生き延びてきた人々や、その中から編み出された生きる術も見受けられる。

例えば、ヒマラヤ山中には、インドで信者の多いヒンドゥー教とは異なり、仏教を国教とする君主国ブータンなど、独自の文化が残る。

日本の四国も、中央部に険しい四国山地があり、陸上交通が困難だった。そのため海上交通が先んじて発達し、瀬戸内海や高知では水軍や漁業が栄えた。また、困難な陸路をあえて行く宗教文化「お遍路さん」が生まれた。祖谷など平家の生き残りによる「落人集落」といわれる里の存在も、険阻な地形の産物である。

キーワード
- 季節風
- 風上斜面
- 風下斜面
- 里

CLOSE-UP

山がちなレバノンの生き残り術

中東レバノンは、キリスト教とイスラム教という二大一神教が席巻した地域だが、山がちなため各宗教の少数派が逃げ込み、生き延びて独自の宗教・文化を継承した。その多民族社会を維持する苦労は大きい。政治的な役職は宗派ごとに割り当て、均衡を図っているが、イスラム教徒の増加など社会の変化に対応しきれず、1975～1992年には激しい内戦となった。

一方で二大宗教の金融と貿易を、仲介できる強みがある。教育水準も高く、グローバルに活躍する人材が輩出している。

用語解説
風上斜面…山の、風が吹いてくる側の斜面。上昇気流が生じて多雨傾向となる。
風下斜面…山の、風が吹きおりていく側の斜面。乾燥傾向。

山がちな国で生まれた文化や産業

日本をはじめ、山がちな国では、その暮らしにくさゆえに、様々な独自の文化や生きる術が生まれた。

シェルパ族の観光業

ヒマラヤ山脈は、先進国の登山愛好家が訪れる一大観光地だ。この地に住み慣れているシェルパ族は、荷担ぎなど観光業を生活の糧にしている。

お遍路さん

日本の四国は、険しい四国山地が内陸部を占める。そのため交通は海路が先行して発達した。また、困難な山道をあえて行く修業・遍路が生じた。

ブータンの
チベット仏教

ブータンの標高3000mの断崖に立つチベット仏教の僧院。早くに仏教が伝来し、山の中で独自の文化が継承されている。

日本に残る落人集落

戦乱の時代、戦いに敗れた落人たちが、身を隠すために逃げ込み隠れ住んだといわれる土地が各地にある。

祖谷（徳島県）

平家の落人が唯一の交通手段として架けたと伝わる、かずら橋が残っている。

五箇山（富山県）

世界遺産に登録されている合掌造集落にも、平家の落人が住みついたという伝説がある。

➡ヒマラヤ山脈については、36ページもチェック！
➡山がちな日本の地形については、102ページもチェック！

大地形

独特な文化が生まれやすい火山地形

溶岩が形成した台地など、火山によってつくられた地形を火山地形と呼ぶ。その**独特な地形は、噴火が収束したあとは、住みよい場となる**こともある。

例えば阿蘇(熊本県)では、大規模噴火ののち陥没したカルデラに人が居住している。カルデラの底の平坦さをいかして水田開発が進められ、今でも米の栽培が行われている。

火山地形は、奇抜な形の山や岩、美しい湖、温泉などが多いため、観光業が立地する傾向がある。例えば南極では、火山島の温泉ビーチが人気を集めている。近年は温暖化への懸念から、マグマの熱を利用する地熱発電も注目されている。

住める場所と土壌と観光資源

火山活動は大地形をつくる原動力である。海洋中に陸地を生み出し、人の居住の場となることもある。例えばアイスランドは、広がる境界により海底に海嶺ができ、海の上に現れた部分が国土となっている。

また海底火山の噴火によって形成され、海面上に現れた島を火山島と呼ぶ。ハワイ諸島はその代表例である。プレート境界からは遠いものの、海底からマグマが噴き上がり、この群島ができたと考えられている。

アイスランドもハワイも、大陸から隔絶された環境である。**船で到達した比較的少数の人々により、固有の文化が形成された。**

未来への課題

噴火による二次災害のリスク

火山の噴火に伴う火砕流や有毒ガスは、人に甚大な被害を与えてきた。大気中に噴出した火山灰やガスは、地球規模の気候変動を引き起こし、生態系と人類史に影響を与えてきた。2010年には、アイスランドで噴火の火山灰により世界的に航空便の乱れが問題となった。呼吸器疾患などの健康障害や、静電気などによる通信障害リスクなど、研究と備えが必要な分野といえる。また、火山活動に付随する地震や津波が多数の犠牲者を出すこともある。

キーワード

- 広がる境界
- 海嶺
- 海底火山
- 火山島
- カルデラ

用語解説 **カルデラ**…火山活動によってできたくぼ地。爆発、浸食、陥没など成因は様々ある。

火山活動で拡大する西ノ島

小笠原諸島にある西ノ島は、海底火山の活動により生まれた火山島である。この島では2013年ごろから火山活動が急に活発になり、陸地を拡大している。

空中写真の比較

2013年12月

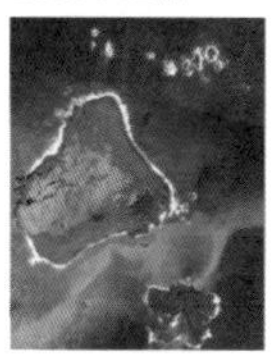

2014年12月

2015年3月

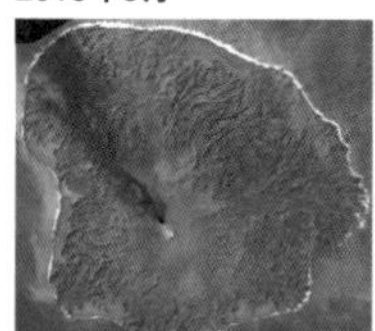

2016年3月

2018年1月

出典:海上保安庁ホームページ(https://www1.kaiho.mlit.go.jp/)

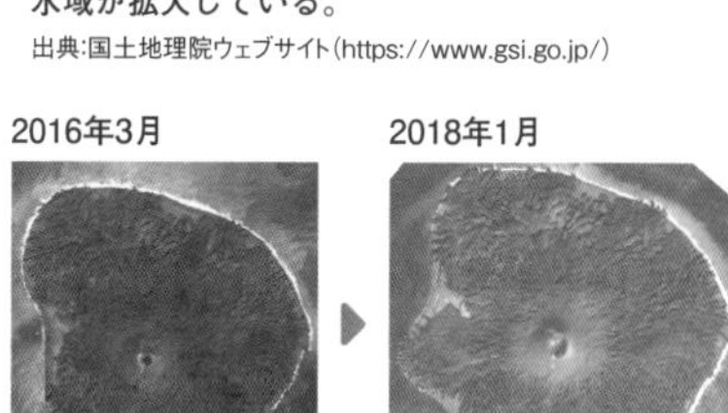

西ノ島の陸地が広がることで、日本の領海、排他的経済水域が拡大している。

出典:国土地理院ウェブサイト(https://www.gsi.go.jp/)

火山地形に由来する世界の温泉

世界の火山地帯にも温泉文化が見られる。観光資源としているところも多い。

エーゲ海の島々は火山島で、ギリシャは西洋のなかでも古くから温泉文化が栄えた。

サウス・シェトランド諸島

南極海のサウス・シェトランド諸島にある火山島デセプション島では、極寒の南極でできる海水浴として集客効果を発揮している。

日本

源泉数日本一で知られる別府温泉（大分県）は、くじゅう連山という火山群の地下に存在する、マグマ溜まりを熱源としている。

アイスランド

アイスランドも日本と同様の火山大国。地熱資源が豊富で、多数の温泉がある。ブルーラグーンは世界最大の露天風呂。

地峡・海峡

地形が決めた、交通の要衝

カスピ海

インド半島へのほぼ唯一の陸路。アレクサンドロス大王やイスラム教勢力が侵攻した道。

● カイバー峠

ペルシャ湾岸で産出される石油の、水運では唯一の搬出路。この海峡の安定性は原油価格と世界経済に直結している。

● ホルムズ海峡

ヨーロッパ―アジア間最短航路の通行必須ポイント。ソマリア海賊がアデン湾に出没するのも、この海峡を通る商船が狙いである。

紅海

● バブルマンデブ海峡

アラビア海

陸路の要(かなめ)である地峡

現代は人類史上、グローバル化が最も進んだ時代である。遠隔地からの大量輸送は、もはや日常的なこととなっており、生鮮食品や燃料などの生活必需品さえ外国から運ばれてくる。そのため輸送路の安定性が重要である。

陸上の交通は、山脈に阻害される。例えばインド半島とユーラシア大陸との間にはヒマラヤ山脈などが壁をなし、陸路は極めて限られる。数少ない例外がカイバー峠だ。標高約千mとやや低いこの峠は、インドへのほぼ唯一の陸路であり、三蔵法師もここを通過するために、チベット高原を大きく迂回した。

POINT

交通は地形に強く制約される。特に海峡は、水運を支配できる「チョークポイント」であり、紛争や外交問題をしばしば引き起こす。

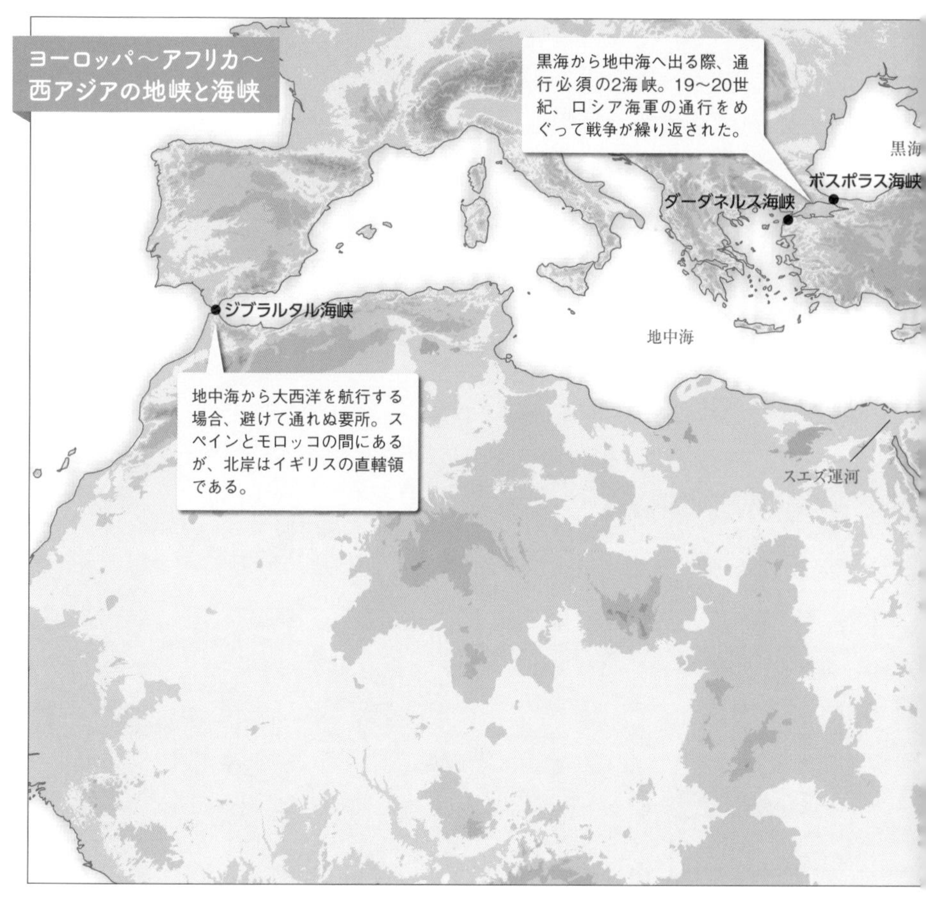

水運の「死命を決する」海峡

水運は古来、大量輸送をローコストに行える貴重な輸送手段として利用されてきたが、**海峡の封鎖によるダメージが大きいのが弱点である。**そのため海峡の両岸地域は、昔から争奪の的となってきた。地中海の出入り口であるジブラルタル海峡は、北側をイギリスが、南側をスペインが押さえている。ペルシャ湾のホルムズ海峡は、片側がイラン（ペルシャ系、イスラム教シーア派）の領土であり、周辺のアラブ系の国々（多くはイスラム教スンナ派）との間で緊張状態が続いている。

大規模な運河も、海峡と似た機能を持つ。スエズ運河や隣接するシナイ半島は、イスラエルやそれと対立するアラブ諸国が近いこともあり、幾度も係争地となってきた。

小地形（河川）

日本の都市は危ない!? 河川がつくる地形の危険性

キーワード
- 河川
- 小地形
- 沖積平野
- 堆積
- 洪水

川の恵みとセットの危険

日本の大半は、河川によってできた小地形の賜物である。

日本列島は比較的新しい火山の列で、存在する場所がたまたま雨の多い地域だったため、山肌は激しく削られ、その土砂が河川に運ばれて傾斜の緩い場所に堆積した。日本で人の活動の中心となっている場所のほとんどは、このような河川から生まれた沖積平野（ちゅうせきへいや）である。

沖積平野の特徴は、第一に**地盤が軟弱なこと**だ。安定陸塊の古い平野に比べると弱く、地震が起きた場合には揺れが増幅され、被害が拡大しやすい。

第二に、**平野の規模が小さい**。北アメリカ大陸などの安定陸塊に比べると、日本の平野は山脈の合間に存在する狭いタイプのものである。そのため耕作できる面積がそもそも少なく、機械化・大規模化により効率を上げることにも向かない。

第三に、**河川の氾濫が起きやすい**。沖積平野は、川の水があふれて土砂を川の外へまで広げることを繰り返してできた地形であり、現在も堆積が進行中だからである。

日本では古来、堤防の建設や流路の変更など、洪水を防ぐ努力が重ねられてきた。現在は、ダムや水門で川の水量を管理しており、洪水への備えは整ってきている。しかし沖積平野である以上、油断は禁物である。

HISTORY

洪水対策の功績は、歴史に名を残す!?

沖積平野は農地として利用しやすいため人を集めてきたが、洪水の被害もまた大きかった。そのため洪水対策が名君の功績として記録されていることが多い。例えば中国では、黄河が肥沃な土を運んで形成された華北平原で古代文明が生まれたが、黄河の氾濫には悩まされていた。伝説的な名君である舜（しゅん）は、治水に功のあった禹（う）を後継者に選んだという。日本でも武田信玄が約20年かけて釜無（かまなし）川（山梨県）の治水工事を行った。その際築かれた堤防・信玄堤は現在も一部が残っている。

利根川の変遷

関東平野はかつて広い範囲が海だったが、海面が下がり利根川が現れた。東京湾に注いでいた利根川は、江戸時代に川の流れを変える大工事が行われ、太平洋に注ぐ今の形になった。

利根川の氾濫（千葉県香取市）

徳川家康による大工事により、川の中流から下流にかけては広大な穀倉地帯となったが、大雨のたびに洪水に見舞われる氾濫地域に。明治以降に改修工事を重ね、現在の形となった。

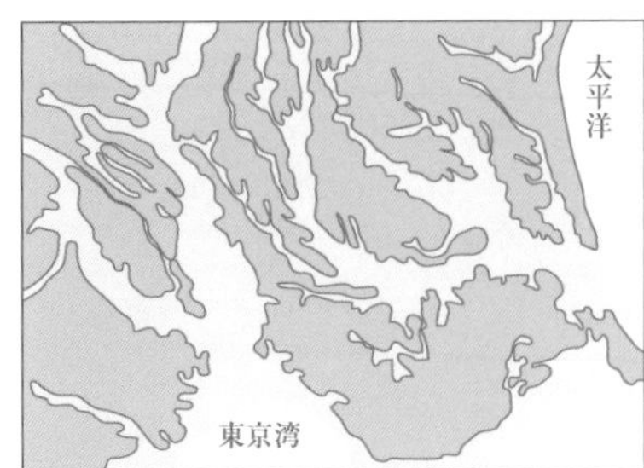

約5000年前

関東平野の大部分は海だった。

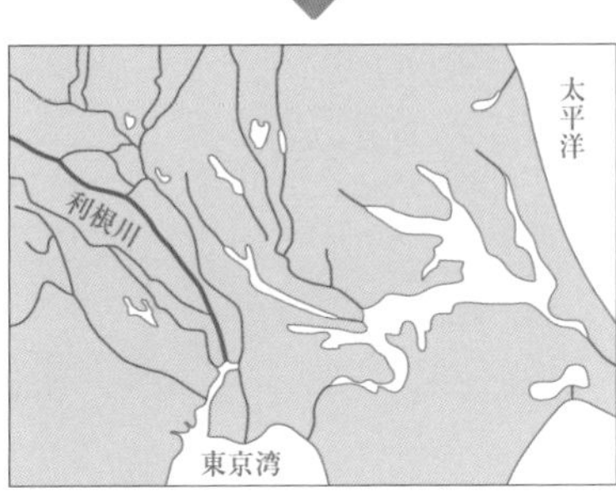

約1000年前

海面が下がったことで平地と利根川をはじめとした、たくさんの川が生まれた。

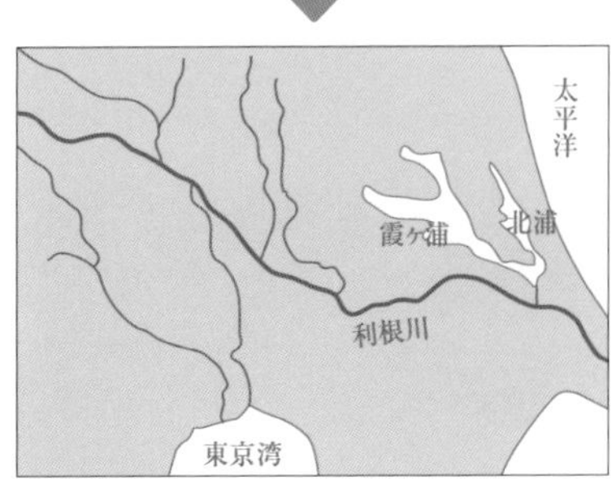

現在

徳川政権以降、東京一帯の治水や埋め立て事業が行われ、現在の地形ができあがった。

河川がつくる地形・中州

河川によって運ばれた土砂が積もり、島のようになった地形を中州という。小さな中州は川の氾濫などが起こるとすぐに水没してしまうため危険だが、広く安定した中州には市街地が形成される例もある。

パリのシテ島

セーヌ川の運んだ土砂が堆積した中州である。四方を川に囲まれ、防衛に向くので、古くから人が居住した。

©(公財)大阪観光局

中之島（大阪府）

水運に適した中州であるため、江戸時代に蔵屋敷が集まった。現在も市の中心地。

➡日本の地形については、100～103ページもチェック！

小地形（河川）

都市や文明が繁栄しやすい三角州

肥沃な土地と水運

三角州（さんかくす）は、英語でデルタという。エジプトのナイル川の三角州は「ナイル・デルタ」とも呼ばれ、名を知られている。大河であればあるほど、巨大な三角州を形成する。

三角州は河川がつくる小地形のひとつである。川が運んできた土砂が、裾野に堆積して、いわば天然の埋め立て地となる。川の途中に土砂が堆積してできるのを中州というが、この埋め立て地が、上空から見ると三角形に近い形をしているため、三角州と呼ぶ。

三角州は、農業に適している。養分のある土が運ばれてきて堆積するため、大規模な土壌改良や化学肥料などの方策がなかった古代にも収穫量が豊富であった。そのため、古くから農地として開発され、人口が集中した。

また、水運に有利である。平坦な河口付近では、川は勢いをなくし、いくつにも分岐する。そのため農業用水を引きやすく、収穫物を船で輸送することもできる。

この2つの利点から**都市が発生し、政治や経済の中心となる。**外国との貿易が行われ、国際都市、文化都市としても栄えることが多い。

恵まれた三角州の負の側面が水害である。標高が低いため、豪雨や満潮の結果、冠水や高潮の被害を受けやすい。

COMMENT ON

三角州は水害と隣り合わせ

アメリカ南部のニューオーリンズは、ミシシッピ川の三角州に立地する都市である。18世紀初頭にフランスの植民地として建設され、仏米の文化と、アメリカ南部に多かった奴隷によるアフリカ系文化が融合、ブルースやジャズなど新たな音楽が生み出された。しかし、三角州は標高が低いため、豪雨や満潮の結果、高潮の被害を受けやすい。ニューオーリンズは水害をたびたび経験しており、特に2005年のハリケーン・カトリーナでは、アフリカ系貧困層を中心に多くの被害者が発生した。

キーワード

- 三角州
- デルタ
- 水運
- 都市
- 高潮

用語解説　**ハリケーン**…8〜9月に多く発生する、西インド諸島〜メキシコ湾岸をおそう熱帯性低気圧。

様々なデルタ

「デルタ」とは、三角州の意味。ギリシャ文字の三角形の形△に由来する。

ナイル・デルタ（エジプト）
ナイル・デルタは、周囲が砂漠であるため、水を得られる貴重な地域であり、緑地となっている。水運にも便利であったため、古くから人口が集中し、都市が建設された。

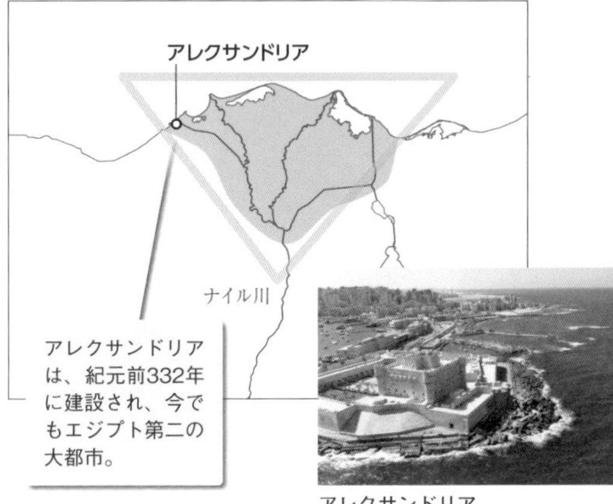

アレクサンドリア

ミシシッピ・デルタ（アメリカ）
鳥の足のように見える「鳥趾状三角州」。ミシシッピ川からの大量の土砂が波の穏やかなメキシコ湾に注ぐため、遠方まで堆積し、このような形となった。

ガンジス・デルタ
（インド・バングラデシュ）
多くの河川が網目のように流れ込む大デルタ。最河口部はマングローブが生い茂る世界最大の密林を形成している。

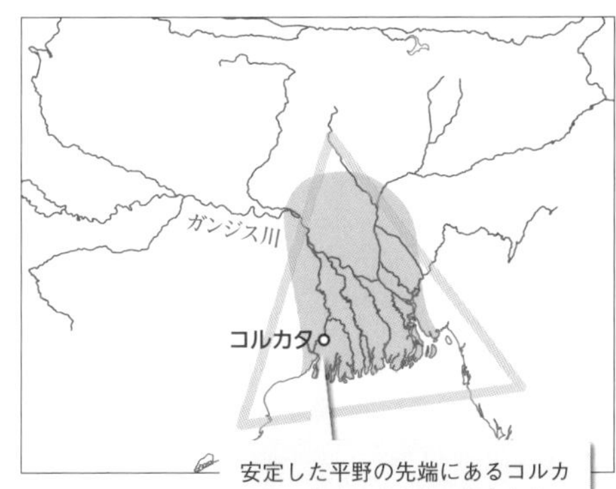

➡ナイル川については、52ページ、211ページもチェック！
➡ハリケーンについては、214ページもチェック！

小地形（海岸）

砂浜海岸やサンゴ礁はリゾートにいかせるだけではない!?

キーワード
- 砂嘴
- トンボロ
- ラグーン
- サンゴ礁

観光資源と好漁場

砂嘴やトンボロ（陸繋砂州）、ラグーン（潟湖）は、沿岸の潮の流れが生んだ小地形である。

砂嘴とは、沿岸流の作用により砂が堆積し、陸地から突出して、鳥のくちばし（嘴）のようになった地形のことである。砂嘴がさらに延び、沖にある島と陸地が繋がった場合にできる地形をトンボロという。その内側は海から半ば隔離され、ラグーンと呼ばれる湖になる。

砂嘴やラグーン、トンボロの、ユニークな形と美しい景色は、古代から人を集めてきた。宗教施設が建てられ信仰の対象となっていることも多い。今では各地で観光資源になっている。

このような地形は良港を持つ漁場としても有用だ。水の静かなラグーンや湾には港町が栄えている。**ラグーンは、湖水の塩分度合いによっては漁業や養殖業に向くのだ。**

また、海生生物であるサンゴが、石灰質の骨格の蓄積によって形成した地形をサンゴ礁という。**サンゴ礁が島となり人が住めるようになった場所では、古来、海上交通の貴重な拠点となってきた例も多い。**インド洋貿易の要衝として独自のイスラム文化を育んできたモルディブが、その代表例である。近年ではその景観をいかして観光業がさかんになっている。

CLOSE-UP

世界を変えた小地形・パナマ地峡

砂が堆積してできる砂嘴やトンボロなどの小地形は、些細な現象に見えるかもしれないが、堆積でも厚くなればそれ自体が沿岸流に影響を与える。

南北アメリカ大陸は昔、別々の大陸だった。しかし、プレート境界に生じた山脈の間を小地形が埋めていき、パナマ地峡を形成して両大陸を連結した。この結果、海流の向きが変わり、暖流の北大西洋海流が北上するようになり、ヨーロッパに温暖をもたらした。気候も地球規模で変動したと推定されている。

日本の砂浜海岸

砂浜海岸とは、砂の堆積や運搬によってつくられた海岸の総称。砂嘴はその特殊で美しい形から、有名観光地となることが多い。

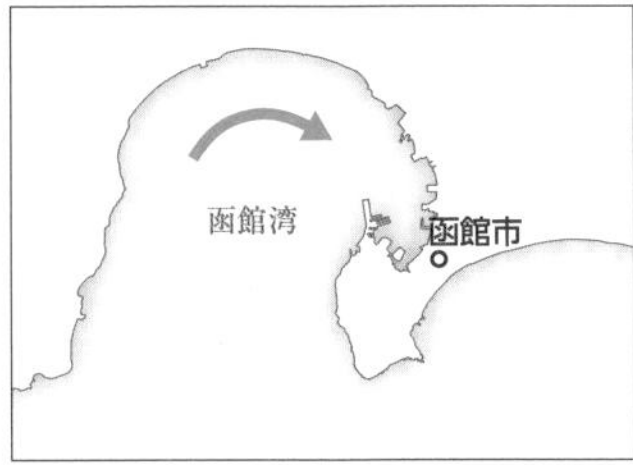

トンボロ
函館湾に海流が深く流れ込み、孤島だった函館山と渡島半島の間に土砂が堆積した。

北海道の函館山は函館湾への出入りを防衛できるトンボロ地形にあるため、軍事施設が置かれた。

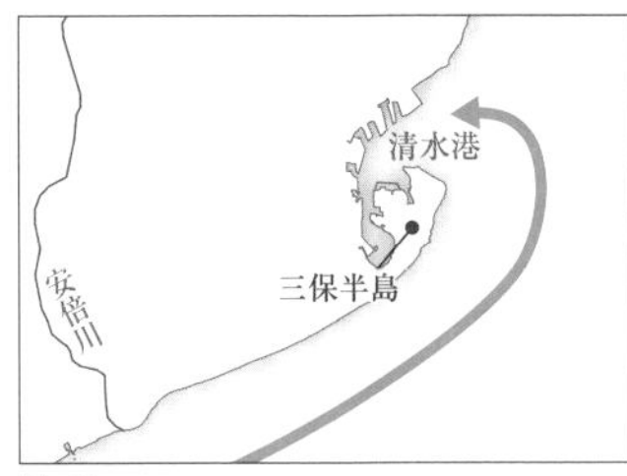

砂嘴
安倍川河口の土砂などが、海流によって海岸に沿って運ばれ、堆積した。

三保半島は清水港の天然の防波堤となっている。静岡県の三保の松原は、新日本三景のひとつ。

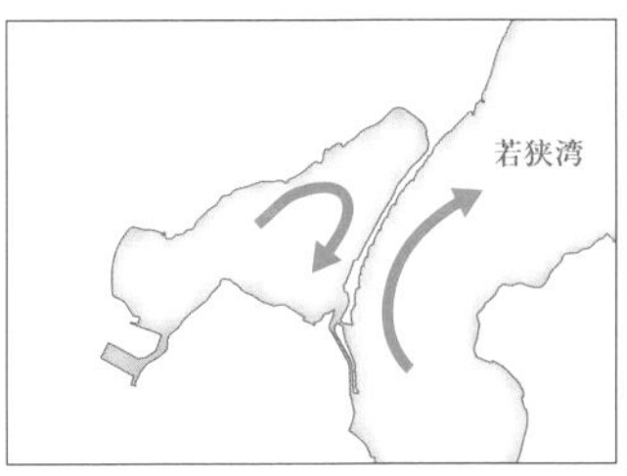

砂州
2つの海流がぶつかったため、河口から流れ出た土砂がまっすぐに堆積した。

京都府の天橋立は平安時代から和歌にたびたび詠まれ、日本三景のひとつと謳われた、歴史ある観光資源である。

トンボロの形成

かつてすべて陸地だった鳥取県は、海面が上昇して湾ができ、そこへ海流などで運ばれてきた土砂が堆積し、細長い弓ヶ浜半島ができた。

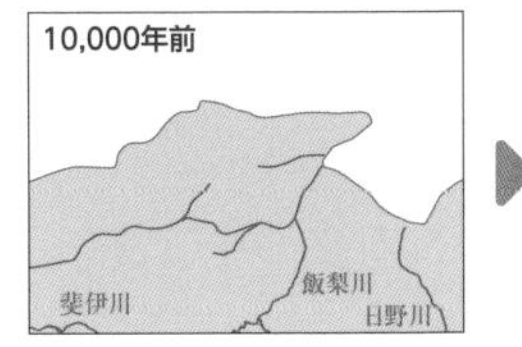

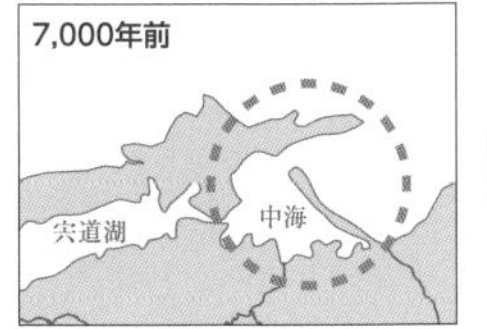

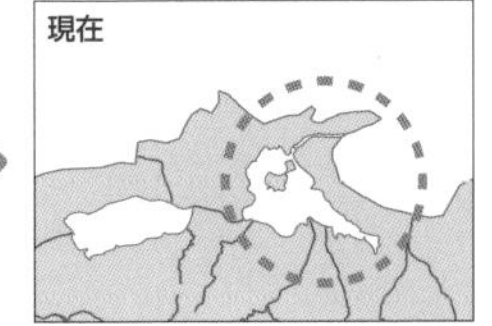

➡パナマ地峡については、82ページもチェック！
➡ラグーンについては、195ページもチェック！

小地形（海岸）

かつて海底だった場所で生み出された産業とは

遠浅の砂浜は漁業と観光

大地形と小地形は、厳密に分かれるものではない。両者のコンビネーションにより、様々な地形が生まれる。人々はその地形をたくみに活用し、住みこなしている。

離水海岸はその一例だ。離水とは、海底が陸上に現れることである。海水の動きで平坦に均された地形が、**大地の隆起により陸地化すると、海岸一帯が平たい海岸平野となる。**九十九里浜（千葉県）はその代表例であり、比較的海から遠い低湿地では稲作、浜に近い砂地では畑作や果樹栽培といったように、平坦な地形をいかした産業が行われてきた。**浜では、遠浅であることをいかして、地引網という古典的な漁が長年栄えた。**ただし近年は**美しい海岸と都会からの近さをいかして、観光業がさかんである。**

離水の要因は大地の隆起だけではない。気候が寒冷化すると、地球上の水分が氷河や雪として陸上に留められるので、海水面が下がる。この場合も離水海岸ができる。

荒い波が大地を削って崖をつくり、そのあと離水すると、海岸段丘と呼ばれる階段状の地形になることがある。このような地形の場合、漁業関係者の集落は平地に集まりやすい。九十九里は海沿いから少し離れた場所に集落があり、海沿いは納屋集落として主に出漁の小屋があった。

KEYWORD

階段状の地形「河岸段丘」

大地形と小地形の相乗効果で形成される地形もある。例えば土地全体が隆起したり、火山の噴火により大量の土砂を供給したりという力と、川の力、氾濫によって平野を形成したり、より下方の土地へと地面を浸食したりという作用が組み合わさって、階段状の平地ができる。これを河岸段丘と呼ぶ。河岸段丘は日本でよく見られる地形である。防衛のしやすさから崖ぎわに城がしばしば建設され、周囲に城下町が生まれた。また水の得やすい下段には水田、上段には畑が開拓された。

キーワード

- 離水海岸
- 海岸平野
- 遠浅
- 海岸段丘
- 河岸段丘

用語解説

遠浅…遠くの沖まで浅い、海や川のこと。

納屋集落…漁業に使用する、地引網などの漁具や漁船を保管するための小屋を納屋といい、しだいに納屋へ定住し集落となった。

内陸では稲作や畑作が行われた。とくに落花生が有名。
九十九里
九十九里の浜では、かつて長い網を船が引いて魚群を包み、それを陸地から人力で引っ張るという地引網漁がさかんだった。今は、海水浴などの観光業に力を入れている。

落花生畑
秋の収穫期、畑にはぼっちと呼ばれる円筒状の塊が並ぶ。収穫した落花生を乾燥させる、伝統的な製法。

海岸平野の地形

海岸平野の平地と浜、それぞれの地形をいかした例を見てみよう。

海岸平野の形成

かつて砂が堆積した遠浅の海は、海面が下がると平野となる。

地引網漁
1950年の九十九里浜のイワシ漁の様子。この漁法により、日本有数のイワシの漁場となった。

河岸段丘の地形

河岸段丘は河川沿いにつくられる階段状の地形。平地を段丘面、階段状の崖を段丘崖という。

河岸段丘の形成

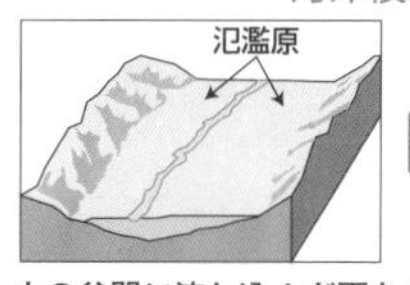

山の谷間に流れ込んだ雨などが集まってできた河川が氾濫を繰り返し、土地を浸食していくことで形成される。

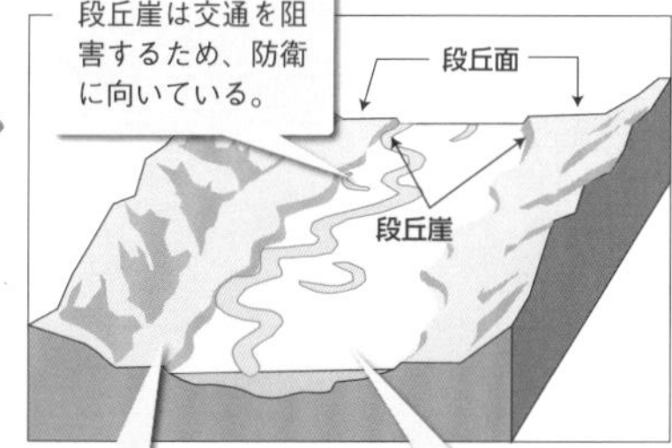

段丘崖は交通を阻害するため、防衛に向いている。
段丘面
段丘崖
上方の土地の段丘面は水を得にくく、畑や果樹栽培に向いている。
下方の土地の段丘面は水を得やすいため、水田に向いている。

群馬県の沼田は、大規模な河岸段丘。段差が深く、防衛に向いていることから、真田氏の沼田城が建てられ、城下町として栄えた。

小地形（海岸）

かつて陸だった場所がなぜ良港となるのか

日本とヨーロッパに多い沈水地形

離水海岸と逆の現象でつくられるのが、沈水海岸である。これは大地全体の沈降や、温暖化による海面上昇などにより、陸地だった場所が海となって生じる海岸だ。

沈水海岸はリアス海岸、エスチュアリ、フィヨルドの3種に分けられる。これらの海岸地形は、人間の暮らしにおいて利点が多い。

リアス海岸とは、急峻な山地が沈水した場合に生じる、ノコギリの歯のようにギザギザした海岸を指す。**水深が深く、入り江なので波が静かで、漁港や養殖に向いている。**山がちであり、多雨により谷が深く浸食される日本にはこの海岸が多く、東北地方の三陸海岸や英虞湾（三重県）が好例だ。漁業や真珠の養殖がさかんなのは地形の恵みである。

エスチュアリは三角形の海岸で、三角江とも呼ばれる。この地形は、上流の標高が低い川の河口部分に発生する。川の流れがゆるやかで大地を削る力が弱いため、河口に土砂が沈降すると、ラッパ形の湾になる。**波が静かで、加えて周囲が平野であることが多い**ことから良港となる。テムズ川河口のロンドンは、エスチュアリの好例で、古来大都市となり繁栄し続けてきた。

フィヨルドは、氷河期に氷河が大地を深く削り、その地形が沈水した海岸である。水深が深く港に適する。

COMMENT ON

海面上昇の予測できない危険性

近年、温暖化による海面上昇が危険視されている。沈水海岸が存在するならば、海面上昇は過去にも起きたということで、問題ないと考える人もいるかもしれない。しかし温暖化による海面上昇は、過去の沈水現象の比でなく危険だと予想されている。なぜなら、過去の気候変動は数万年のスパンだったが、人の手による温暖化は、より急激に進みつつあると考えられているからである。今後、海面上昇が発生する際には、縄文海進とは比較にならないレベルの影響があると考えられる。

キーワード

- 沈水海岸
- 海面上昇
- リアス海岸
- エスチュアリ
- フィヨルド

用語解説　**縄文海進**…縄文時代に起こった、海水面の上昇のこと。

リアス海岸の地形

入り江が波をさえぎり、穏やかな好漁場となるリアス海岸は、どのように形成されるのだろう。

リアス海岸の形成

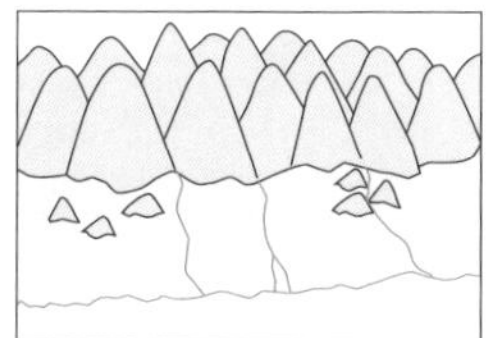

多量の雨に激しく削られた山々から流れる川によって土砂が削られ、急傾斜の谷ができる。

▼

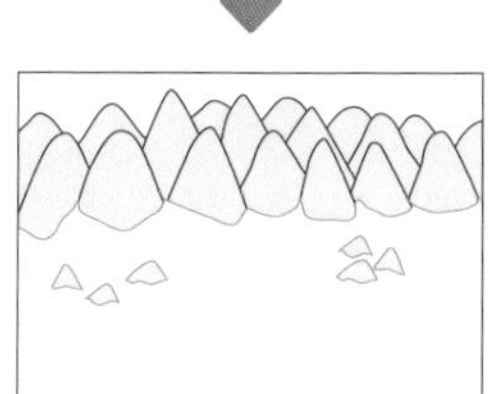

海面が上昇すると、入り江が多いギザギザの海岸となる。

三重県
英虞湾
リアス海岸は波が穏やかで水深が深く、養殖に適している。

三重県の英虞湾は真珠養殖の名所。

エスチュアリの地形

エスチュアリが、なぜ水深が深く入り江の奥まで入ることのできる地形になるのか、その形成を見てみよう。

エスチュアリの形成

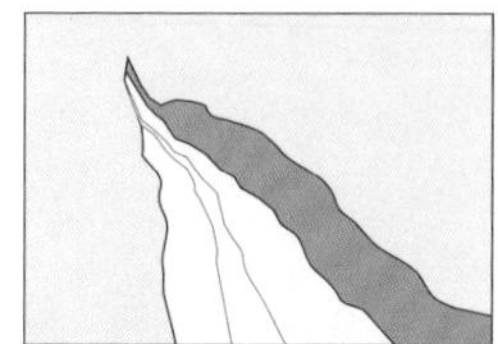

標高の低い場所からなだらかに川が流れ、河口にいくにつれ土砂が広く削られてV字形に谷が形成される。

▼

海面が上昇すると、三角形に深く広がる海岸ができる。

テムズ川はイギリスの南東部を流れ、河口は水深の深い入り江。
テムズ川

ロンドンの中心を流れるテムズ川。川沿いには観光名所が立ち並ぶ。

世界の地形

小地形（海岸）

➡フィヨルドについては、192ページもチェック！
➡温暖化については、232ページもチェック！

小地形（氷河）

観光資源が豊富な氷河地形は暮らしに不向き？

キーワード
・氷河
・酪農
・ケスタ地形
・フィヨルド
・水運

氷河期の影響は今も続く

かつて地球がもっと寒冷だった時代、陸上では厚い氷のかたまりである氷河が生じ、自重で標高のより低いほうへとずり落ちていった。このため、ヨーロッパ北部や北アメリカ大陸の北部は、肥沃な表土が削り取られた。現代でも**耕作には不適で、酪農に利用されることが多い**。

氷河がつくった独特の地形を氷河地形という。例えば北アメリカ大陸の五大湖。この湖は、地表に露出した地層の軟らかい部分だけがえぐり取られたケスタ地形だが、削り取ったのは氷河である。このような氷河由来の湖は、カナダや北ヨーロッパに多い。寒冷なため人口が少ない傾向があり、**手つかずの自然と美しい湖沼をいかして、観光業が立地することが多い**。

氷河の削りあとが沈水し、湾となった海岸地形フィヨルドも、暮らしへの影響が大きい。その特徴は、湾の断面がU字形であることと、河口から内陸まで数百キロもの長さがあることである。水深の深い長大な湾なので、大型船が内陸の奥深くまで入り込める。一方、湾の両側が切り立った断崖となるため、陸上交通には不便という短所もある。

この長短を踏まえ、**町はフィヨルドに沿って形成され、水運で結ばれる**傾向がある。漁業や海運業も発達している。

COMMENT ON

温帯の日本にも氷河地形がある!?

氷河地形は、海岸にだけ見られるものではない。スイスのアルプス山脈は、緯度は比較的低いが標高が高く、氷河の影響を強く受けていてU字谷がある。その谷底は、山岳地帯では貴重な平坦な地形であり、集落が立地している。またアルプス山脈の鋭く尖った山マッターホルンも、氷河で削られた地形である。温帯で標高の低い日本でも、降雪量が多いため、氷河地形が存在する山岳地帯がある。尖った山頂で知られる、飛騨山脈の槍ヶ岳（長野県・岐阜県）はその例である。

かつての氷河の分布

ヨーロッパ北部や北アメリカ大陸の北部には、かつて氷河が達していた。そのような土地は、農業に不向きな分、酪農が発達した。

グリーンランドは一帯に氷河が存在する。近年の温暖化で大量の氷河が溶け始めている。

フィヨルドの地形

フィヨルドは、偏西風の影響で降雪が多い、北ヨーロッパの西岸に分布する。南アメリカ大陸の西岸のチリやニュージーランドにも見られる。

フィヨルドとリアス海岸の違い

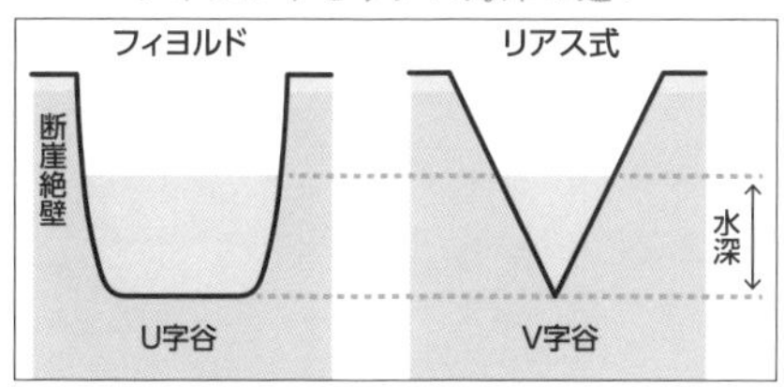

同じ水深でも沈水海岸のリアス海岸と比べると、フィヨルドは断面がU字形な分、より大きな船が、より内陸まで入り込める。

ノルウェーはこの地形をいかして漁業を発展させた。観光地としても人気である。

➡ケスタ地形については、174ページもチェック!

小地形（湖）

湖はどのようにしてつくられるのか

水を溜める機能とその使い道

湖ができる要因には、せき止めがある。噴火で流れ出した溶岩や、地震・豪雨で崩れ落ちた土砂、沿岸の海流がつくる砂州、人間が築くダム。これらにより川が塞がると、湖が形成される。

または、穴だ。地表が何らかの原因で周囲より低くなると、そこに水が溜まる。蒸発する量より流入する水量が大きければ、湖となる。穴をつくる要因には、火山活動のカルデラ、プレート境界の活動、石灰岩が降雨に溶けて形成されるカルスト地形、そして人の力がある。

用途も多様だ。日本は、降水量は多いが山がちな地形ゆえに、水はたちまち海へ流出してしまう。そのためダムを築いて水がめにしている。近年のダムは発電所としても重要度を増している。

湖はまた、水運にも寄与する。北アメリカ大陸では、五大湖とミシシッピ川の水運が、工業の進展に役立った。

漁業の場としても活用されている。例えば浜名湖（静岡県）は、砂州で海と隔てられ、塩分のある湖となった。そのためウナギなどの養殖が行われている。

湖は、ウォータースポーツが可能で景色も美しく、観光資源になる。そのため周辺では観光業がさかんである。

古来つくられてきた装置「人造湖」

人は古くから川をせき止めて、池や湖をつくってきた。このような人造湖は水を蓄える場所であり、漁業や水運の役にも立つ。川をせき止める土木技術は貴重で、古代の日本では、大陸渡来の技術を駆使して池を築いた僧・行基（ぎょうき）が庶民に広く崇拝された。

現代では巨大なダム湖がつくられ、水力発電や工業用水の確保、洪水の防止、観光など、様々に活用されている。エジプトでナセル湖がつくられた際は、遺跡の水没を懸念する声が国際的に盛りあがり、後に世界遺産条約へとつながった。

キーワード
- 砂州
- カルデラ
- プレート
- カルスト地形

用語解説
カルスト地形…水に溶けやすい石灰岩などで構成された大地が、雨などによって浸食されてできた地形。

様々な天然湖

湖は海や河川ほどの存在感はないかもしれないが、多量の水で人々の暮らしを支える。ほかの小地形と同様、様々な要因で成り立っている。

カルデラ湖

摩周湖（北海道）は火山の噴火後に火口部がへこんだ場所（カルデラ）に、水が溜まってできた湖。

断層湖

プレートの境に水が流れ込んでできた湖。タンガニーカ湖、マラウイ湖などアフリカの巨大なプレートの境界・大地溝帯の湖や、イスラエル・ヨルダンの死海など。

せき止め湖

富士五湖（山梨県）は、富士山の麓の谷を流れる川が富士山の噴火による溶岩でせき止められてできた。いくたびもの噴火で、形を変えながら今の形となった。

河せき湖

河川の蛇行部分が、河道の変化で切断され湖となったもの。その形から三日月湖ともいわれる。ロシアやカナダに多い。

氷河湖

氷河によって削られた場所に水が溜まってできた湖。カナダのエメラルドレイク、アメリカの五大湖など。

潟湖（ラグーン）

砂州などによって、海と切り離されてできた湖。海水とまざった汽水湖のため、養殖に向いている。浜名湖（静岡県）、サロマ湖（北海道）など。

第5章

暮らしの基盤となる
世界の気候と自然

地理では気候について入念に学ぶ。それは気候が、その地域における人の暮らし方に、大きな影響を与えるからである。

例えば、人の生存には水が不可欠だ。水は、海へひとたび流れ込むと塩水になってしまうため、陸上で取得する必要がある。したがって、雨がどの程度降るか、蒸発しやすい気候かどうか、という点は、人の生存に直結する。

また食料も、大量の人口を最も効率的に養える方法は、有史以来、農業である。植物を栽培する上で、降水量や寒暖は、重要なポイントである。

水と食料以外にも、衣類はどれだけ必要か、家屋は寒暖、日射、降雨のどれを防ぐことを重視すべきなのか、なども暮らしには必須の要素だ。つまり気候は、衣食住の全てに関わるのである。

気候の背後には、大気・海流の循環などがある。地球の気象システムを知れば知るほど、そのダイナミックさ、そして人の暮らしとの深い関係が見えてくるだろう。

気候区分

気候は植物学者によって分類された!?

世界を5つに分けた気候区分

地球上の陸地は、熱帯、温帯、亜寒帯、寒帯、乾燥帯の5つの気候に大別される。これを区分したのは、ドイツの植物学者ケッペンだ。**ケッペンはまず樹林の有無に注目して気候を分けた。**

樹林がある地域の気候は平均気温で分ける。最寒月(最も寒い月)でも平均気温が18℃以上であれば熱帯(A気候)とし、18℃未満でマイナス3℃以上ならば温帯(C気候)、最寒月の平均気温がマイナス3℃未満で最暖月(最も暖かい月)の平均気温が10℃以上ならば亜寒帯(D気候)とした。樹林がない地域の気候は、その原因が乾燥であれば乾燥帯(B気候)、原因が低温であれば寒帯(E気候)とした。

地球の気候は基本的に、赤道付近が暑く、極地方が寒い。**ケッペンの気候帯の記号は赤道から極地方へ向かって、A~Eの5つのアルファベットで命名されているため理解しやすい。**例えば温帯は真ん中のCに当たるため、だいたい中緯度辺りに分布すると見当をつけられる。

樹林の有無や降水量、気温は、その地での林業や農牧業のあり方に深く関わっている。そのためケッペンの気候区分を見ると、そこでの人の暮らし方を理解しやすい。気候と産業を地球規模で把握できる便利な指標として、広く利用されている。

CLOSE-UP

地理に貢献した植物学者ケッペン

ケッペンは地理が科学として確立されていった時代に多大な貢献をし、「近代気候学の父」と呼ばれる。ドイツ人の両親のもと、ロシアのサンクトペテルブルク(亜寒帯)に生まれ、クリミア半島(温帯)で教育を受けた。そして両地域の違いから気候と植生の関係を考えるようになったという。

植物学を修めた後、気象・気候の観測と研究に携わり、晩年まで気候区分の改良・修正に努めた。古代の気候も研究し、娘婿ウェゲナーの大陸移動説にも影響を与えたといわれる。

キーワード

- 熱帯
- 温帯
- 亜寒帯
- 寒帯
- 乾燥帯

用語解説 **ウェゲナーの大陸移動説**…アメリカ大陸とアフリカ大陸は、かつて1つの大陸であったという考え方。これがのちにプレートテクトニクス理論に発展した。

ケッペンの気候区分の判定の仕方

ケッペン気候区分では、熱帯〜寒帯（A〜E）の5つに大別したあと、降水量により気候区を細分化していく。

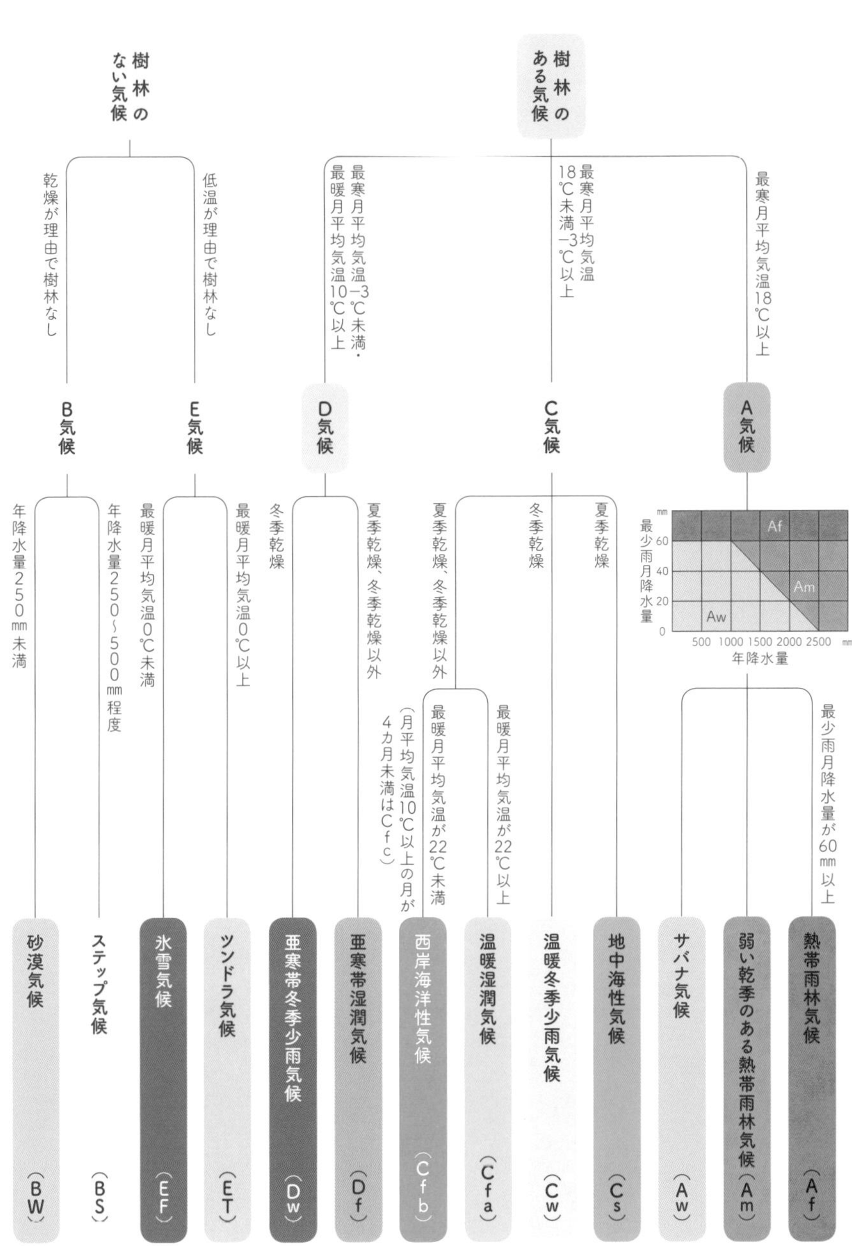

ケッペンの気候区分と気圧帯

地球を覆う気圧帯は、この図にある亜寒帯低圧帯、熱帯収束帯、亜熱帯高圧帯に加え、北極・南極の辺りには極高圧帯がある。気圧帯は、気候を構成する要素のひとつである。

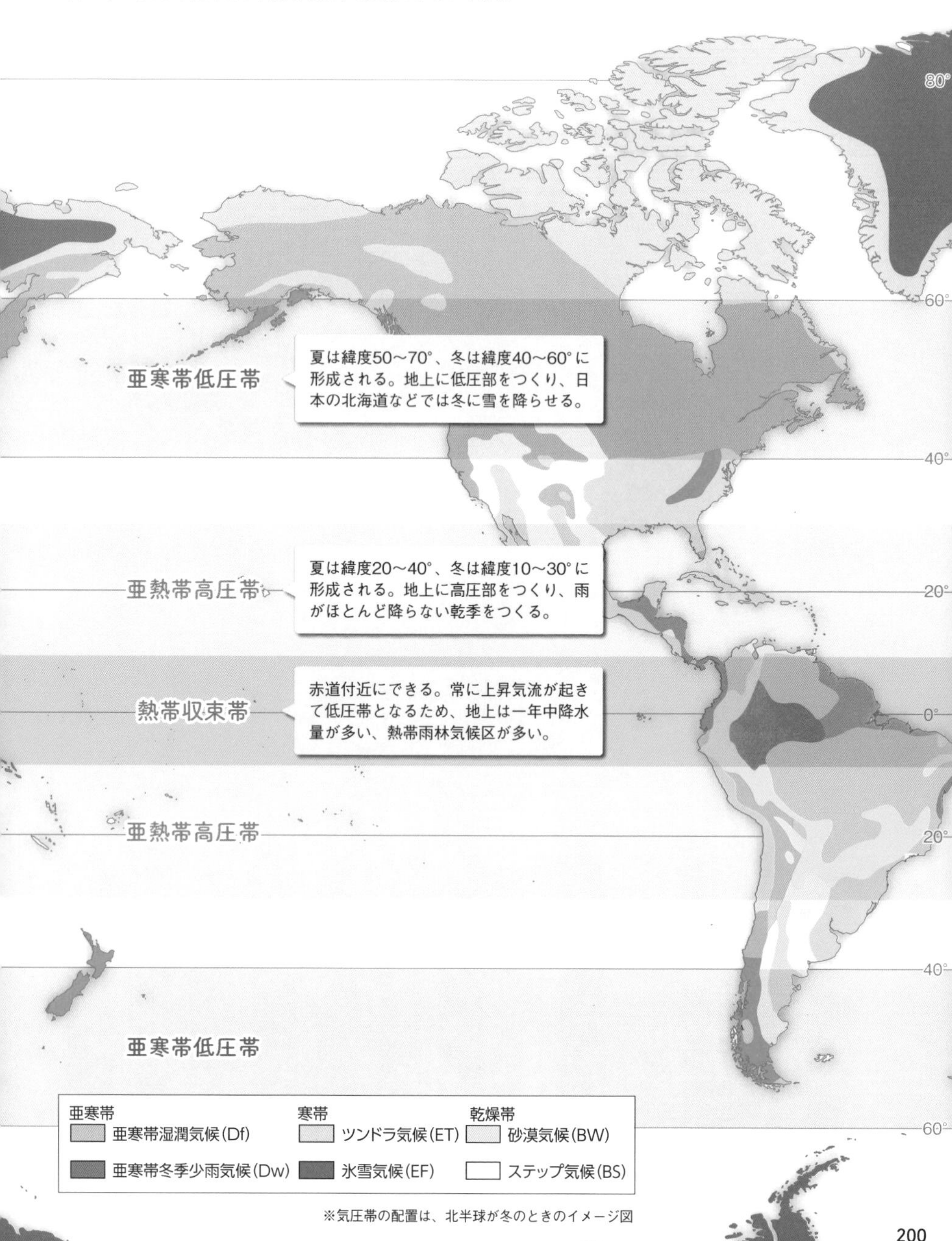

※気圧帯の配置は、北半球が冬のときのイメージ図

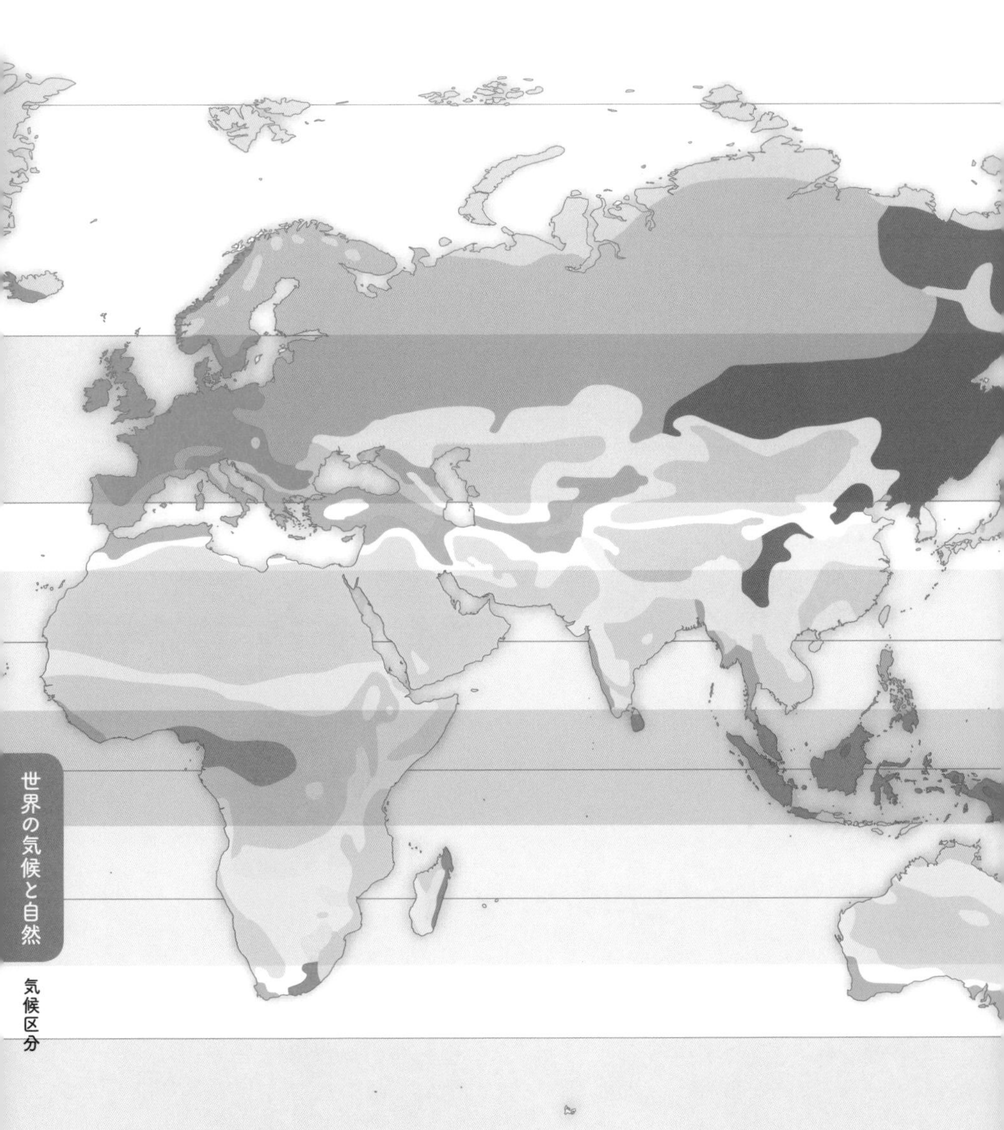

熱帯
- 熱帯雨林気候(Af)
- 弱い乾季のある熱帯雨林気候(Am)
- サバナ気候(Aw)

温帯
- 地中海性気候(Cs)
- 温暖冬季少雨気候(Cw)
- 温暖湿潤気候(Cfa)
- 西岸海洋性気候(Cfb)

熱帯

ジャングルやサバナが人の生活に不向きな理由

多雨でやせた土地が多い熱帯

熱帯と聞くと、密林ジャングルをイメージする人もいれば、ゾウやライオンの歩く大草原サバナを連想する人もいるだろう。このどちらも熱帯である。密林では雨が年中降る。対して草原では雨季は密林並みに降るが、乾季に雨はほとんど降らず、極めて乾燥した季節となる。

この乾季の有無により生育する植物の種類ががらりと変わるため、農業のありようも異なり、人の暮らし方も違ってくる。ゆえに、同じ熱帯だが2つに大別し、密林のある地域の気候を熱帯雨林気候、草原のほうをサバナ気候と呼んでいる。

熱帯が分布するのは、日射により地球上で最も暖められる地域・赤道付近である。赤道直下の一帯を、大木の茂る熱帯雨林気候が占め、その外側(高緯度側)に、サバナ気候が広がることが多い。

熱帯は、高い気温によって土中の養分が分解されやすい。基本的に多雨の気候であるため**土の養分が流出し、農業に不適のやせた土地となりがちだ。**逆に鉄分は土壌に残るため、錆(さび)が生じ、赤色になる。このような土は赤いだけでなく、極めて硬い塊となり、耕作を妨げる。**密林の場合は人の進入すら困難であり、病原体などのウイルスが多く生息する。こうして熱帯の地域の開発は大きく遅れることとなった。**

KEYWORD

熱帯特有の雨「スコール」

スコールとは、熱帯特有の激しいにわか雨のことである。赤道付近では毎日、朝から強い日光が降り注ぐ。そのため地面が熱せられ、それに接する空気も暖められて上昇気流となり、雲が生まれてスコールが降る。このメカニズムが日々繰り返されるため、ほぼ毎日午後、定期的に降ることが特徴である。

スコールは雨脚が非常に強い。そのため焼畑農業や林業で熱帯雨林が一度伐採されると、スコールが地面を直撃し土壌を流出させて、土地の荒廃という環境問題を招きがちである。

キーワード

- 熱帯雨林気候
- サバナ気候
- 弱い乾季のある熱帯雨林気候

熱帯の特徴

赤道付近の地域に分布する熱帯は、常に平均気温が18℃以上ある。雨の降り方によって、3つの区分に大別される。

熱帯雨林気候(Af)

植生：乾季や寒さで成長がストップする時期なく、太陽光を浴び続け光合成を続ける樹木が大樹となり、密林となる。
人間生活：人にとっては開拓が困難な森で、長らく進出が遅れた。

シンガポール
℃ 30 20 10 0 -10 -20 -30 気温
mm 300 200 100 0 降水量
1 4 7 10 月

気温と降水量：
四季がなく、年中暑い。一年中降雨量が多い。

主な地域：
アマゾン川流域、コンゴ盆地、マレー半島、インドネシアやフィリピン南部など

サバナ気候(Aw)

植生：乾季に成長が止まるため、森林は形成されない。乾燥に耐える硬い葉・樹皮を持つ種類の木、バオバブなどが点々と生える程度。
人間生活：乾季と雨季をいかしたプランテーション農業がさかん。

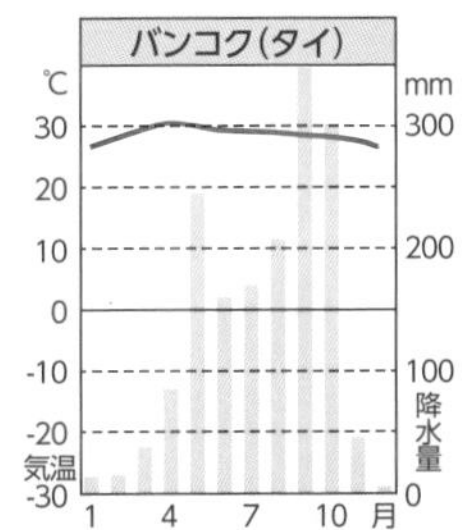

気温と降水量：
大量の雨が降るときは雨季、雨が少ないときは乾季となり、雨季乾季は地域によって異なる。

主な地域：
インドシナ半島、インド東部、ブラジル高原など

弱い乾季のある熱帯雨林気候(Am)

植生：冬に短い乾季がある。樹木の一部は落葉する。
人間生活：東南アジアでは稲作がさかん。アジアでは季節風の影響を受けるため、熱帯モンスーン気候とも呼ばれる。

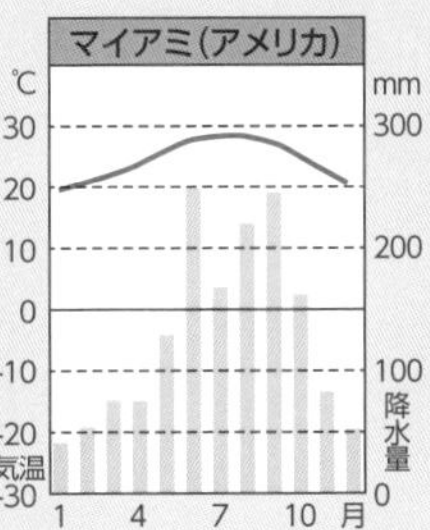

気温と降水量：
夏は雨季となり、冬はやや降水量が減る。

主な地域：
熱帯雨林気候区に隣接する地域、マイアミなど

➡熱帯の植生については、230ページもチェック!

熱帯

ヨーロッパに富をもたらした熱帯植物

ヨーロッパ人の発見がきっかけ

熱帯の土壌は、高温と多雨のため養分が流されやすく、やせていることが多い。そのため、**土壌の養分を人の手で補う焼畑農業が発達した。**森林や草原に火を入れて、その灰を肥料とする農業である。

数年耕作して地力が衰えると、別の土地に移り、植物の自然な回復を待つ。キャッサバやタロイモ、バナナなどが栽培しやすい作物である。

15世紀以降、熱帯地域に大きな変化が起きる。大航海時代となり、温帯出身のヨーロッパ人が進出してきたのである。彼らは、温帯の人にとっては珍しい作物、コーヒー豆やカカオ、タバコなどの嗜好品や、便利な道具となる天然ゴム、サイザル麻などがあることを知った。これらは、温帯の気候では大量栽培できない、典型的な熱帯植物であった。そのためヨーロッパ人はこれらの作物を、気候の合った自国の植民地へ持ち込んだ。

そして、始まったのがプランテーション農業である。大規模農園で現地の人々やたくさんの奴隷を使って大量に生産し、収穫後、ヨーロッパへ持ち帰って販売した。

こうして**熱帯地域では、その地の気候に合う作物を大量に単一栽培するモノカルチャー経済が形成された。**ヨーロッパを始め、世界各地に新たな食品や品物がもたらされた。

COMMENT ON

名産地を生んだヨーロッパ人

地理と、ヨーロッパ人の世界進出は深く関わっている。新しい土地で発見した高く売れる作物を、ヨーロッパで独占的に売るために、ヨーロッパ各国はしのぎを削った。

アフリカ東部原産のコーヒー豆や中南米地域原産のカカオを育てるには、どのような気候風土が必要なのか。その条件に合った自国の植民地はどこか。植民地を広げる過程で地理的知識を急速に蓄積させた結果、世界各地に商品作物の名産地が生まれたのである。

キーワード
- 焼畑農業
- 嗜好品
- 熱帯植物
- プランテーション農業
- モノカルチャー経済

用語解説

サイザル麻…熱帯地方に生息する植物で、繊維がとても丈夫なためロープなどの主原料として利用される。

焼畑農業のサイクル

焼畑農業のサイクルは10年以上と長いため、本来は環境への負担は少ない。しかし近年は、過耕作のため砂漠化も問題となっている。

伐採
森林を伐採し、草木を刈り取る。

火入れ
乾燥させたあと、焼き払う。このときの灰を肥料として新しい土をつくる。

耕作・収穫
種を植えて作物を育て、収穫する。耕作・収穫を数年くり返す。

放棄
耕作地を移動させ、土地を放棄する。地力が回復するまで10年以上おく。

コーヒー豆とカカオの主な生産国

コーヒー豆とカカオは原産地が赤道付近の熱帯雨林気候区にあることからもわかるように、熱帯地域が栽培に適している。そのため、ヨーロッパ人が自国の植民地で似た気候の国へ持ち込み栽培を始めた。

コーヒー豆の原産国はエチオピアと考えられている。
カカオの原産国は、メキシコおよび中南米地域だといわれている。
赤道
コーヒー豆
カカオ

➡プランテーション農業については、34ページ、122ページもチェック!
➡嗜好品については、130ページもチェック!

乾燥帯

「乾燥帯＝砂漠」とは限らない？

キーワード
- 砂漠気候
- ステップ気候
- 砂砂漠
- 岩石砂漠
- ステップ

乾燥帯はとても広い

乾燥帯とは、乾燥のため樹木が生育しにくい地域を指す。木も生えないと聞くと、一面の砂をイメージするかもしれないが、そのような砂漠は乾燥帯のごく一部である。

乾燥帯と定義される地域は、地球の陸地の4分の1以上を占める。この気候帯は、砂漠気候とステップ気候の2つに大別される。

砂漠気候は、年降水量が250㎜未満の地域である。水不足から植物の生育は困難で、サボテンなど乾燥に適応した植物が少数見られる程度だ。一般にイメージされる〝砂砂漠（すなさばく）〟はここに分類される。とはいえ**砂漠気候区の大半は、岩や石だらけの岩石砂漠だ。**

ステップ気候は、乾燥帯ではあるものの、砂漠気候区よりは降水量が多い地域である。年降水量はおおむね250～500㎜。**森林を形成するには至らないが丈の短い草なら生育できる、という地域だ。**この地帯の草原をステップと呼ぶ。

どの気候にも言えることだが、砂漠気候とステップ気候は、自然現象による区分なので、ここまでが砂漠、この先がステップ、とはっきり分かれているわけではない。砂漠気候の端へ行くにつれ、降水量が徐々に増え、ステップの広がる地帯へ移行していく。そのためステップ気候は、砂漠気候に隣接して分布する。

CLOSE-UP

乾燥帯向きの家畜

西アジア発祥の宗教ユダヤ教とイスラム教では、豚肉食が禁忌だ。また、そもそもブタが乾燥に弱いこともあり、アフリカ北部～中央アジアにかけての乾燥帯では、ブタの牧畜はあまり見られない。一方、ヒツジは乾燥に強く、むしろ多雨で病気になりやすい生き物である。そのため乾燥の強いオーストラリアでは、羊肉・羊毛の生産がさかんだ。

また乾燥帯では、地下水の塩分濃度が高い傾向がある。この点では、塩水を飲めるヒツジ・ラクダは飼いやすい家畜となる。

乾燥帯の特徴

いわゆる砂砂漠は、乾燥帯のごく一部にすぎず、モンゴルの草原のような地域も乾燥帯に含まれる。2つの気候区の大きな違いは降水量だ。

砂漠気候(BW)

植生：オアシスの周辺以外は、植物に覆われていないため、昼夜の寒暖の差が大きい。砂や岩石ばかりの砂漠。

人間生活：作物もできず、人が定住するには困難である。

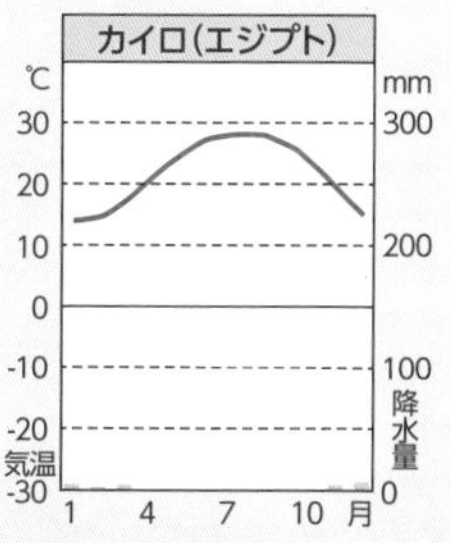

気温と降水量：
降水量はほとんどない。

主な地域：
サハラ砂漠、ゴビ砂漠、グレートサンディー砂漠など

ステップ気候(BS)

植生：乾燥のため樹林は育たないが、草丈の低い植物は生える。草原はステップと呼ばれる。

人間生活：大規模な小麦栽培が行われている。

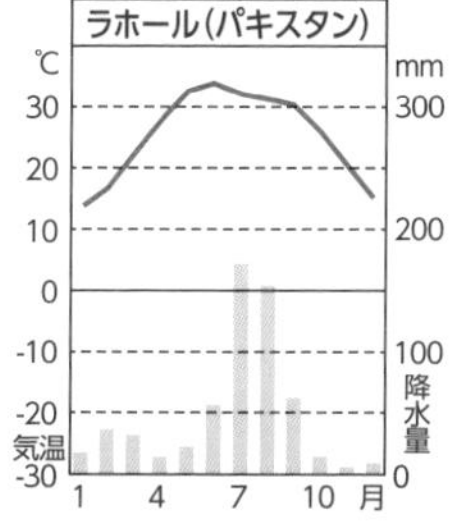

気温と降水量：
長い乾季と短い雨季がある。

主な地域：
ウクライナ、グレートプレーンズ、パンパなど

砂漠をつくる四大要因

砂漠は暑いからできるわけではなく、降水量より蒸発量が多いと形成される。降水量より蒸発量が多くなる要因は、主に次の４つである。

亜熱帯高圧帯

一年中、亜熱帯高圧帯になる地域は雨が少ない。アフリカのサハラ砂漠やオーストラリアの砂漠など。

大陸の内部

モンゴルのゴビ砂漠など。水分をもたらす海から遠いと少雨になる。内陸は寒暖差が激しく、冬は－20℃にも冷え込む。

風下斜面

風は山に当たると雨を降らし、乾燥した風となって吹き降りる。そのため、風下の地域は乾燥する。アンデス山脈の風下にあたるパタゴニア砂漠など。

沖を流れる寒流

海岸を冷たい水が流れているため、空気が冷やされ、雨雲ができない。そのため、植物は育たない。しかし海岸が近いため空気は湿っており、しばしば霧が発生する。

アタカマ砂漠（チリ）の海霧

海霧は暖かく湿った空気が冷たい海面に接してできる。乾燥帯の大地まで運ばれてくるのは冬の風物詩にもなっている。

➡乾燥帯の植生については、230ページもチェック！

乾燥帯

乾燥帯で暮らす人々の生業（なりわい）となるもの

キーワード
- オアシス
- 外来河川
- 灌漑
- 牧畜
- 塩害

灌漑農業と遊牧生活

海に近い地は水分を含んだ海風の影響で比較的湿潤である。そのため乾燥帯に分類される地域が分布するのは、主に大陸の内側だ。したがって広い平野であることが多いが、水分が乏しいため農業には向かない。

降水量の特に少ない**砂漠気候では、オアシスや外来河川の周辺に人が居住し、**ナツメヤシや、灌漑による小麦や綿花など**乾燥に強い作物を栽培する。**水を得られない地は人が住むには困難な地（アネクメーネ）になりがちである。

一方、降水がやや多い**ステップ気候では、その草を家畜に食べさせて乳や肉、皮革、毛を得る牧畜が主産業となる。**餌となる水や草が乏しい地域では、新たな餌を求めて広く移動する遊牧が行われる。水や草がより多い地域では、定住しての放牧が見られる。遊牧にも放牧にも、広い土地を要する。

ステップは乾季に草が枯れると、養分の多い土壌を形成する。そのため、ウクライナ～ロシアのチェルノーゼム地帯や北アメリカ大陸のプレーリーなど、灌漑できれば小麦や綿花の一大栽培エリアとなっている地域もある。

牧畜にも農業にも、乾燥は困難をもたらすことが多い。過放牧による砂漠化や過剰灌漑による塩害が、近年では問題となっている。

未来への課題

乾燥帯で進む農地の荒廃

乾燥帯のエジプトではナイル川に建設したダムにより、得られる水量が増え、農地は拡大し生産量が増大した。しかし乾燥帯の灌漑には問題もある。土中の塩分を溶かした水が蒸発すると、地表に塩類が残る。洪水は起きなくなるが雨量も少ないため、塩類が流されず蓄積し、塩害を招くのだ。また、地下水をくみ上げるセンターピボット方式で灌漑している地域では、地下水の枯渇が懸念されている。降雨による補充が期待できない気候のため、地下水位の低下による耕作放棄も起きている。

用語解説

塩害…地表に塩分が集積し、植物の生育に害を及ぼす乾燥帯で起きる災害。その他の気候の塩害には、塩分を含む風や、海水によって引き起こされる建物や植物の被害もある。

遊牧民の独特な風習

移動して生活する遊牧民の家は、簡単に分解・組み立てできるものとなるなど、独特な風習が生じる。

モンゴルの遊牧民の家
モンゴルの遊牧民は家畜を伴って移動する。ゲルと呼ばれる移動式住居で暮らしている。

ベドウィンの家
サハラ砂漠の遊牧民・ベドウィンのテントは、ラクダやヒツジの皮でつくられている。

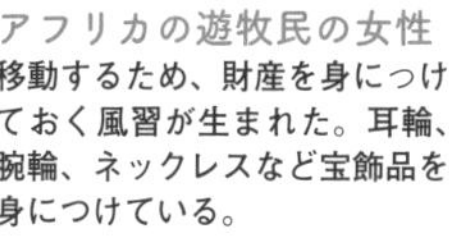

アフリカの遊牧民の女性
移動するため、財産を身につけておく風習が生まれた。耳輪、腕輪、ネックレスなど宝飾品を身につけている。

オーストラリアの砂漠

オーストラリアの内陸は、乾燥した砂漠が広がる。グレートアーテジアン盆地（和名：大鑽井盆地）は、掘り抜き井戸によって地下水を汲み出す自噴井が集まっている。

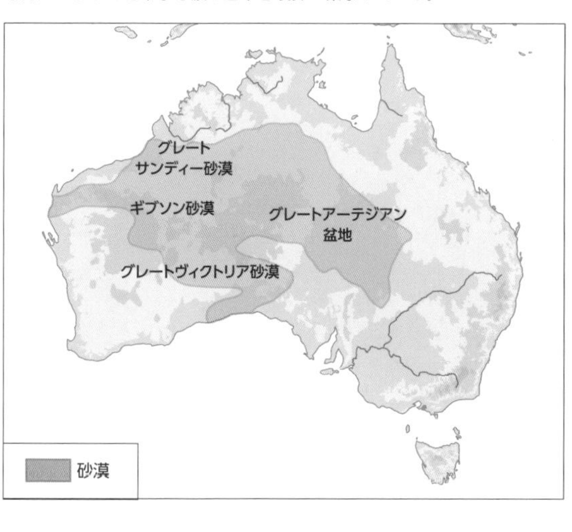

自噴井（じふんせい）のしくみ

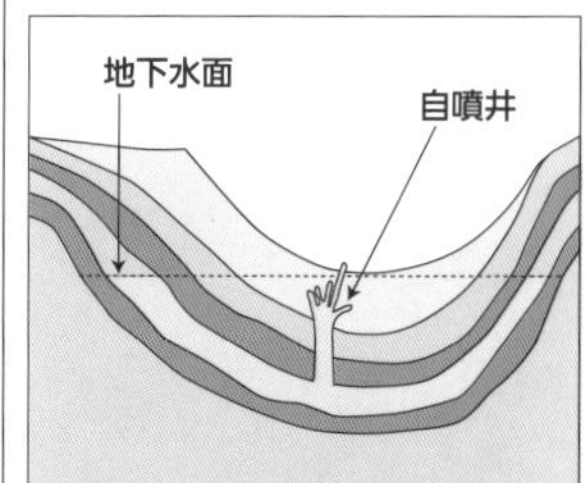

地下水位や地層の構造などの理由で、大気圧よりも大きい圧力がかかると、掘った井戸から地下水が自然に噴き出す。

➡乾燥帯に住む人々の暮らしについては、40ページもチェック!
➡オアシス農業については、108ページもチェック!
➡チェルノーゼム地帯については、115ページもチェック!

河川

なぜ川のまわりに人が住むのか

POINT

淡水は人に必須の資源であり、争奪の的となることが多い。乾燥帯を流れる外来河川や、複数の国を流れる国際河川では紛争の種にもなる。

最重要資源・真水の出どころ

地球の水のほとんどは海水であり、飲み水や農業用水として必須の淡水は少ない。加えて、その淡水の大部分は極地の氷河であり、また地下水も多く、真水は、地球全体の水の約0・01％である。

その**貴重な真水を採れるのが河川**だ。そのため人は、洪水のリスクを抱えつつも、河川のそばに多く居住してきた。

山国の日本の河川は水運に不適だが、大陸の河川は水運にも有益である。現代では、**工業用水の需要が増大し続け、また水力発電でも役立つ**ため、河川の重要性はますます高くなっている。

TOPIC 1

国を越えて流れる「国際河川」

島国・日本には無縁の存在だが、大陸部では、いくつもの国をまたいで流れる川が多い。これを国際河川という。国際河川は一般に上流の国のほうが有利であり、過度の取水やダムの建設により、下流に水不足をもたらしやすい。ダムからの放水により洪水が起きたり、汚れた水が流されたりするといったことも紛争要因である。

例えば東南アジアのメコン・デルタでは、近年たびたび渇水が起き、上流に中国が建設したダムの影響も指摘されている。

アフリカのニジェール川でも、流量の減少が問題となっている。原因としては気候変動による干ばつや過度の取水が指摘され、人口爆発中の地域だけに難民の発生が懸念されている。

メコン川上流に数々の大規模ダムが建設されていて、下流域の住民からは反発の声が上がっている。

広い乾燥地帯を流れるニジェール川は、流域の多くの国の重要な水の供給源だ。ニジェール川の流量の減少は、農業、漁業に多大な影響を与える。

TOPIC 2

砂漠でも干上がらぬ川

古代エジプト文明は、定期的に氾濫するナイル川に支えられていた。なぜ砂漠であるエジプトにそれほどの大河＝水があるのか。実はナイルは外来河川、つまり、よその地域からやってくる川である。

ナイルの上流は、雨量の豊富な熱帯が広がっている。その降水量は膨大で、世界最大の広大な砂漠を流れてもナイル川の水は蒸発しきらず、下流のエジプトを潤せるのだ。

なお定期的に氾濫が起きるのは、水源地帯が主に熱帯のサバナ気候区にあり、雨季に大量に雨が降るためである。

ナイル川の上流は熱帯地域。この地域の雨季の大量降雨が、下流のエジプトに定期的な氾濫をもたらす。

ナイル川の中流・下流は乾燥地帯を通り抜ける。

TOPIC 3

日本の川と水問題

日本の年平均降水量は約1700 mmで、世界平均（約880 mm）の約２倍である。しかし降水が梅雨や台風の時期に集中するうえ、山がちなので大部分が一気に海へ流出してしまう。

そのため日本の1人当たり水資源量は、世界平均（約8000立方ｍ／人・年）の半分弱（約3400立方ｍ／人・年）であり、決して水に恵まれているわけではない。今のところ世界平均以上の水使用量を確保できているのは、質の高い水道インフラのおかげである。

渇水は農業への被害が大きい。日本の農村でも死者を出すほどの「水争い」が昭和初期まで起きていた。

埼玉県鶴ヶ島市で江戸時代から伝わる、降雨を願って行われる雨乞いの儀式。日本各地で今も様々な様式での、この儀式が継承されており、昔から水の確保が人々の願いだったことがうかがえる。

少雨や猛暑が続き、干上がった白川ダム（山形県）。各地のダムの水不足が深刻化し、毎年国土交通省が警告を発している。

温帯

温帯の過ごしやすさがもたらした経済的影響とは

キーワード
・地中海性気候
・西岸海洋性気候
・温暖湿潤気候
・温暖冬季少雨気候

水と温度、森林、多様な植物

ケッペンの気候区分では、温帯を、最寒月の平均気温が18℃未満、マイナス3℃以上の地域と定義している。特徴は、暑い時期と寒い時期の間に中間の気候がある、つまり四季の変化が明瞭という点である。

現在の地球上で、人の活動が最もさかんなのは温帯である。地球の陸地のうち、温帯の面積は約10％だが、**総人口の約50％が温帯に居住している。**

逆にいえば、その他の地域は暮らしにくい。例えば熱帯は人口密度が一番低いし、寒さが厳しいロシア極東（亜寒帯）は、人口が流出傾向にある。高温多湿のアラブ首長国連邦（乾燥帯）では、家屋に冷房が欠かせない。しかし温帯は、寒さ暑さを防ぐインフラへの投資が少なくてすむ。

また、温帯は動植物の種類が豊富だ。それは**農業や牧畜業に向いている**ということを意味する。現在、**先進国と呼ばれる国や経済水準の高い国の大半が温帯に属している。**

温帯は、だいたい緯度30～50度の中緯度付近に分布している。ただし、気候を決めるものは緯度だけではない。地球上の気候には、緯度が低いほど暑く、高いほど寒いという傾向があるが、それ以外にも風や海流なども関わってくる。そのため西岸海洋性気候など、高緯度の地域が温帯であることもある。

KEYWORD

「エクメーネ」と「アネクメーネ」

エクメーネとは、人が常に居住している地域を指す言葉だ。対義語はアネクメーネ、人の居住が見られない地域である。

熱帯に誕生したヒトは毛皮を持たない哺乳類であり、衣服の発明・改良や火の利用により、エクメーネを拡大してきた。近代以降は、ガス・電気・水道などのインフラによって、さらに居住域を広げている。だがそれでも、居住しやすい地域は暑すぎず寒すぎない地域であり、温帯のほとんどがエクメーネとして利用され尽くしている。

温帯の特徴

地球の自転軸が太陽に対して約23度傾いているため、太陽が当たる角度が変わり、昼の長さや日差しの強さに変化が生じる。温帯はその変化が最もはっきり表れる。

温暖湿潤気候(Cfa)

植生:広葉樹と針葉樹が混合して生える。
人間生活:温帯の中でも四季がはっきりしている。過ごしやすい気候のため、人口が多い。アジアやアメリカでは大農業地帯。

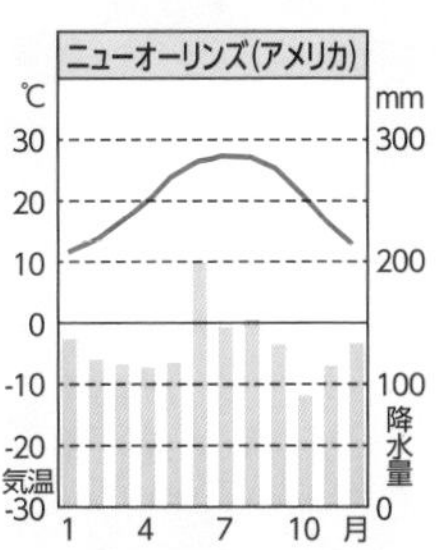

気温と降水量:
夏は暑く冬は寒い。年間を通して降水量が多い。

主な地域:
日本、中国南部、オーストラリア東部、南北アメリカの南東部など

西岸海洋性気候(Cfb)

植生:広葉樹と針葉樹が混合して生える。
人間生活:偏西風の影響で、高緯度のわりに一年を通して温暖で過ごしやすいため、人口が多い。

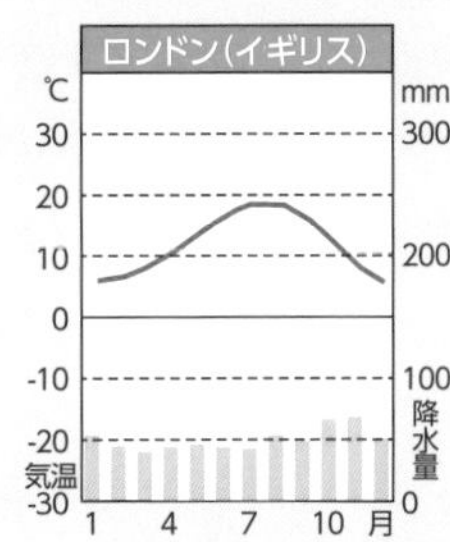

気温と降水量:
年間を通して降水量が安定しており、豪雨なども少ない。

主な地域:
ヨーロッパ西・中部、カナダ太平洋岸、ニュージーランドなど

地中海性気候(Cs)

植生:オリーブやコルクなど、耐乾性のある樹木が育つ。
人間生活:日差しが強く晴れの日が多いことから、夏は観光客が多くリゾート地となる。

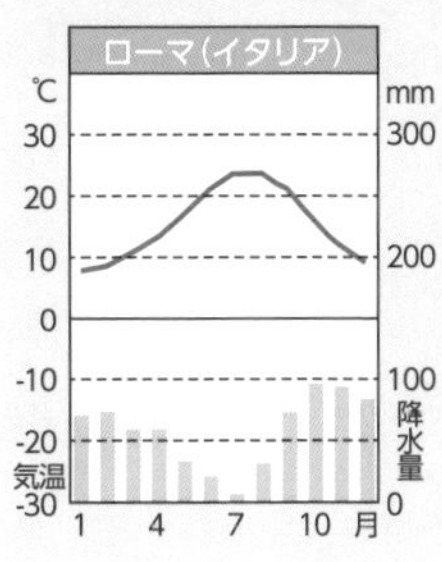

気温と降水量:
夏は乾燥が激しく暑いが、冬は暖かく降雨も適度にある。

主な地域:
ヨーロッパの地中海沿岸、西アジアなど

温暖冬季少雨気候(Cw)

植生:植物の生育がよい。広葉樹と針葉樹が混合して生える。
人間生活:茶の栽培や稲作に適している。モンスーンの影響を強く受ける。

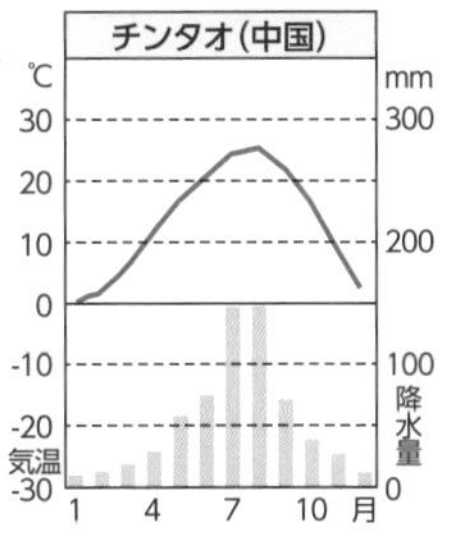

気温と降水量:
夏は暑くて降水量も多いが、冬は雨が少ない。

主な地域:
中国中東・南西部、東南アジアなど

➡温帯の植生については、230ページもチェック!

温帯

四季がはっきり分かれる温暖湿潤気候

キーワード

・温暖湿潤気候
・季節風
・台風
・ハリケーン

大陸の東岸に分布

温暖湿潤気候は、大陸の東岸に主に分布する。ユーラシア大陸の東部にある東アジア、北アメリカ大陸東岸のアメリカ東部、南アメリカ大陸の東岸のアルゼンチン、オーストラリアの東海岸にも見られる。日本もそのひとつだ。

その特徴は、**夏に暑く冬は寒いこと。**特に北半球の大陸の東岸では、季節風が夏は南から、冬は北から吹く。その結果、暑さ寒さが増幅され、一年を通じての気温の差が大きくなる。そのため、四季の変化が最も明瞭な気候である。

中緯度地域に分布する気候であるため、温かい空気と冷たい空気の間に発生する温帯低気圧の影響を受けやすく、**降水量が年間を通して多い。**また、大陸の多い北半球では、季節風の影響も強く、**特に夏季の降雨が多量となる。**

暖かさと雨の多さは、この地域の農業をさかんにしており、結果として人口も多くなっている。東アジアでは稲作、南北アメリカ大陸ではトウモロコシをはじめとする企業的農業が見られる。

ただし雨の多さは、人口密度の高さもあって、災害につながりやすい。東アジアでは台風、北アメリカ大陸ではハリケーンと呼ばれる熱帯低気圧が、豪雨と水害をしばしばもたらしている。

KEYWORD

「台風」「ハリケーン」「サイクロン」の違い

低気圧のうち、熱帯で発生したものを熱帯低気圧という。その中で、最大風速が一定以上速くなったものを東アジアでは「台風」、北アメリカでは「ハリケーン」、インド洋では「サイクロン」と呼ぶ。どれも熱帯低気圧である点は同じだが、これは発生した場所により呼び分けられている。

熱帯低気圧は、発生する場所や時期、移動パターンがだいたい定まっている。そのため名称が異なることには、影響の及ぶエリアを予想しやすいという効果がある。

季節風と降水量

季節によって風向きが変わる季節風は、降水量も左右する。

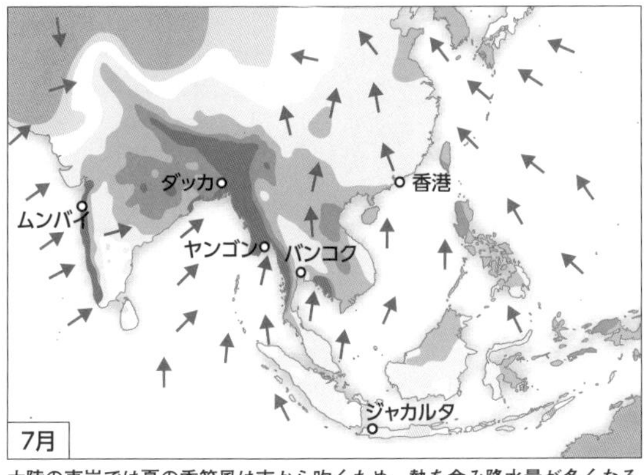

大陸の東岸では夏の季節風は南から吹くため、熱を含み降水量が多くなる。

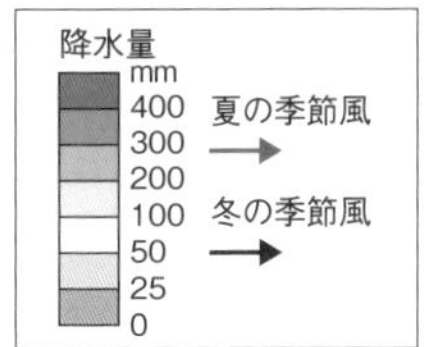

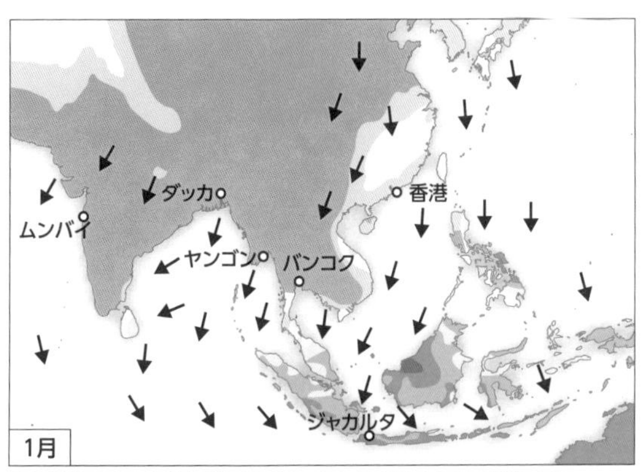

冬の季節風は、大陸内部のシベリアから風が吹くため、乾燥する。

インドの雨季と乾季

インドの東部や南部では、雨季となる夏は稲作、乾季となる冬は小麦栽培をする二毛作を行う。インドの農業は季節風に大きく影響を受ける。

雨季

乾季

季節風が生じる仕組み

風は大気が冷やされてできた高気圧から、低気圧のほうへ空気が移動するときに生じる。

夏

上昇気流
低気圧
高気圧
風
下降気流
水蒸気
温まりやすい陸
温まりにくい海

夏は陸のほうが温かく低気圧となるため、海から大陸へ風が吹く。

冬

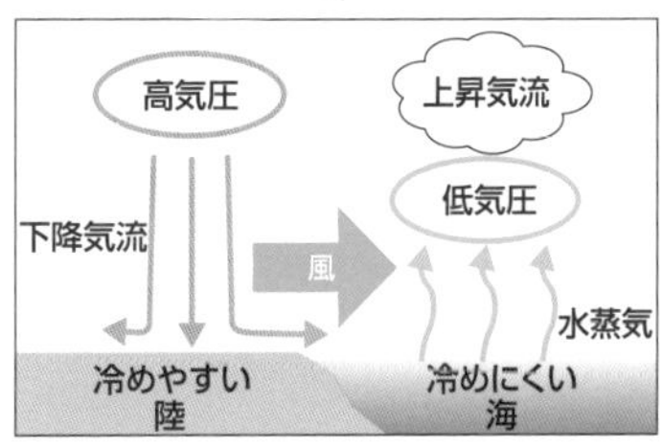

冬は海のほうが温かく低気圧となるため、大陸から海へ風が吹く。

➡季節風については、26ページもチェック!
➡アジアの農業については、110ページもチェック!
➡企業的農業については、120ページもチェック!

温帯

北海道とほぼ同緯度のヨーロッパがなぜ温暖なのか

キーワード

- 西岸海洋性気候
- 亜熱帯高圧帯
- 偏西風
- 北大西洋海流

偏西風と暖流の影響

ヨーロッパは多くの地域が、西岸海洋性気候と呼ばれる温帯に属している。緯度は亜寒帯の北海道とだいたい同じであるはずなのに、なぜ温帯なのだろうか。

ヨーロッパは大陸の西岸に位置する。この地域には、亜熱帯高圧帯から、高緯度地域に向かって吹く偏西風が、一年を通して吹きつける。そのためヨーロッパは、海洋の上を吹いてくる偏西風を受け続けることとなる。

この偏西風は、ヨーロッパの沖に流れる北大西洋海流という、南から北上してくる暖流の影響で暖気を含んでいる。したがって、**暖まった偏西風が吹きつけるヨーロッパは、緯度のわりに温暖となる。**

気候に影響を与える風にはもう1つ、夏には海から大陸方向へ、冬には大陸から海へ吹く風がある。この風は大陸西岸では影響はあまりない。

これらの理由から、ヨーロッパは緯度のわりに温暖で、夏には涼しく冬は暖かいという、暮らしやすい気候となっている。

また南半球の島国ニュージーランドも、緯度のわりに温暖で、西岸海洋性気候に分類される。これは、気温の変化をやわらげる海に囲まれていることや、国の西側に暖流が流れていること、その上を偏西風が吹いてくることなどによる。

COMMENT ON

ジューン・ブライドの由来

6月に結婚することをジューン・ブライド（June bride）といい、幸せになれるという言い伝えがある。これはヨーロッパ発祥で、その由来には、西岸海洋性気候のヨーロッパは6月の雨が少なく一年で最も快適で美しい季節だから、という説や、古代ローマの暦で6月の守護神が婚姻の女神ユノ（Juno）だったから、など諸説ある。

温暖湿潤気候の日本では梅雨に挙式が少なかったため、ブライダル業界がこの言い伝えを広めたとされている。

西岸性気候のヨーロッパと東岸性気候の日本

日本と同じ緯度でも、ヨーロッパは一年を通じて気温の変化が比較的小さく過ごしやすい気候になる。例えばロンドンは北海道より高緯度に位置するが、温暖で、雪が降ることは珍しい。これには風が関係している。

ニュージーランドが温暖な理由

ニュージーランドは南緯35度～50度辺りにあり、北緯にして日本に当てはめれば、ニュージーランド北島が関東～東北地方程度に当たる。しかし、ほぼ全域が温帯で過ごしやすい。

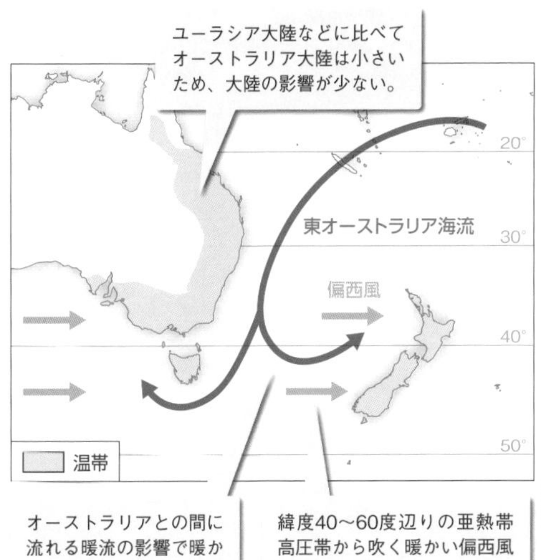

ユーラシア大陸などに比べてオーストラリア大陸は小さいため、大陸の影響が少ない。
20°
東オーストラリア海流
30°
偏西風
40°
50°
温帯
オーストラリアとの間に流れる暖流の影響で暖かい風が吹きつける。
緯度40～60度辺りの亜熱帯高圧帯から吹く暖かい偏西風を受ける。

ニュージーランドの首都、ウェリントン。その温暖な気候は、動植物にとっても生息しやすく、自然豊か。

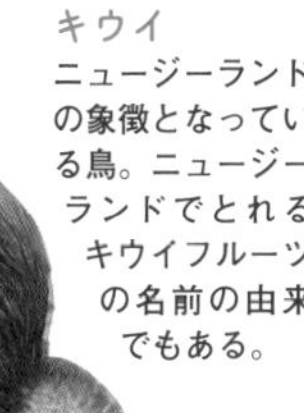

キウイ
ニュージーランドの象徴となっている鳥。ニュージーランドでとれるキウイフルーツの名前の由来でもある。

世界の気候と自然
温帯

➡亜熱帯高圧帯については、200ページもチェック!

温帯

地中海性気候は温帯ではなく乾燥帯!?

キーワード

- 地中海性気候
- 熱帯収束帯
- 亜熱帯高圧帯
- 高気圧

夏にせり上がってくる「サハラ」

地中海性気候は、地中海沿岸から西アジアにかけての地域に顕著に見られる。ステップ気候(乾燥帯)の高緯度側に分布する温帯である。

この地域は、古代ローマなど文明が栄えてきた土地である。古くから人口も多く、人々はこの気候を利用して、特色ある暮らしを形成してきた。この気候は地中海性気候と呼ばれ、独特の農業や建築なども地中海式と呼ばれている。

この気候の特色は、**夏は気温が高く乾燥し、比較的温暖な冬に雨が降る**ことである。これは、地球を覆っている大気の気圧帯が、季節によって南北に移動することに起因する。

北半球では夏になると、亜熱帯高圧帯が熱帯収束帯に押し上げられて北上する。亜熱帯高圧帯とは、アフリカのサハラ砂漠をつくる高温で乾燥した高気圧だ。夏の地中海海域はこの高圧帯にすっぽり覆われるため、砂漠と同じような気候になるのである。

この暑さをしのぐため、人々は石造りで窓の小さい建築を生み出した。白く厚い壁は、太陽光を反射するうえ、家の中を涼しくする断熱効果もある。また、最も気温が上がる正午すぎの昼食後の時間帯に睡眠をとるなどして昼休憩の時間にあてるシエスタの習慣がある。こういったソフト面の暑さ対策もある。

CLOSE-UP

地中海性気候の観光業

ヨーロッパの西岸海洋性気候は暖かく過ごしやすいが、緯度は北緯40度〜60度とかなり高い。そのため冬には日照時間が短い。また前線・低気圧の影響で降雨や霧も多い。

そのような気候に属するヨーロッパの中〜北部に暮らす人々にとって、地中海性気候の高温乾燥は憧れの対象であり、夏には長期滞在の観光客が集中する。そのため観光開発が進んでおり、美しい景観を維持する取り組みや、カジノなどの娯楽産業もさかんである。

用語解説 **前線**…温暖前線、寒冷前線、閉塞前線、停滞前線の4つがある。暖かい空気と冷たい空気の境目で、地上に雨を降らせる。

白い街並み

地中海地域だけでなく世界各地に地中海性気候が分布し、白い石の家や建築物が多い。近年、白い街並みの維持は観光戦略ともなっている。

ギリシャ
乾燥する地中海地域では森林が少なく石灰岩が豊富に採れるため、漆喰が建築物によく使われる。

イタリア
南部の町・アルベロベッロには、白い壁に三角屋根のトゥルッリという家が立ち並ぶ。それぞれの屋根には不思議な白い紋様が描かれている。

スペイン
アンダルシア地方は、強い太陽の日差しをさえぎるため、街の壁は全て白い漆喰が塗られている。美しい街並みをいかした観光業がさかん。

南アフリカ
ケープタウンのボカープ地区は、アフリカの地中海性気候。かつて白で統一されていたが、奴隷解放後に自由の象徴として住民たちによって塗り替えられた。

地中海性気候を象徴する観光地・コートダジュール

温暖な気候と、地中海の水運に恵まれ、紀元前に現在のレバノン辺りを拠点としたフェニキア人が植民都市を建設。現在のニースやモナコ公国の起源となった。

フランス南東部の地中海沿岸は「コートダジュール」と呼ばれ、有名な保養地となっている。コートダジュールとは、青い・紺碧の海岸という意味。

カジノ・ド・モンテカルロ
世界中のセレブたちが集まる。最上級の大人の社交場。

➡気圧帯については、200ページもチェック！

温帯

温帯の中でも夏に雨が多い温帯の強み

キーワード
- 温暖冬季少雨気候
- 季節風
- 二期作
- 三期作

多くの作物の栽培に有利

日本と同じ温帯であっても、降雨や気温に異なる特徴を持つため、産業も暮らし方も日本とは異なる地域がある。温暖冬季少雨気候が広がる中国南部やベトナム、インドの北部などである。

この地域は、日本と同様に米や茶を作っているが、日本より暖かそう、という印象があるだろう。そのとおり、この気候区にある地域は、熱帯ぎわに分布する。

温暖冬季少雨気候の定義は、冬の乾燥が激しい温帯である。サバナ気候（乾季と雨季がある熱帯）の地域のすぐ横に位置することが多い。要するに、緯度や高度が高いため気温がやや低く、〝熱帯にはなりきれなかったサバナ気候〟と考えるとわかりやすい。また、大陸の東岸にある地域は、季節風の影響により、夏は多雨で冬は乾燥する。さらに季節風の影響で夏は暑さが増幅されるため、熱帯に近い高温となることが多い。

この気候の長所は、農業に向いていることだ。植物は基本的に、暖かい時期に生育し、冬や乾季は成長を止めて休眠する。**夏の多雨に加え、寒さや乾燥という不利な条件が冬にまとまっているこの気候は、農業をするには実に効率がよい**のである。

場所によっては米の二期作や三期作を行うことができ、茶や綿花、いもなど多くの作物が栽培される。

HISTORY

紅茶の産地と植民地

ツバキ科の常緑樹チャノキは、葉が緑茶、ウーロン茶、紅茶などに加工され、飲料になる。アジアでは古くから飲用され、茶道などの文化も生じた。茶は大航海時代にアジアに進出してきたヨーロッパ人によって西欧へもたらされ、特にイギリスで紅茶が大流行し、国民的な飲料となった。イギリス人は、茶を増産するため、植民地の中から高温多雨で斜面のある地を探し、チャノキを持ち込んで栽培した。こうしてインドのダージリンやアッサム、スリランカが紅茶の名産地となっていった。

用語解説　**二期作、三期作**…同じ土地から一年に2回、3回と同じ作物を栽培し、収穫すること。異なる作物を一年に2回、3回と栽培し、収穫することを二毛作、三毛作という。

イギリスの植民地と紅茶の産地

かつてイギリスの植民地だった国を色で示してみると、現在紅茶の主要産地の多くが該当することがわかる。ダージリン、ウバ、キーモンは世界の三大紅茶。

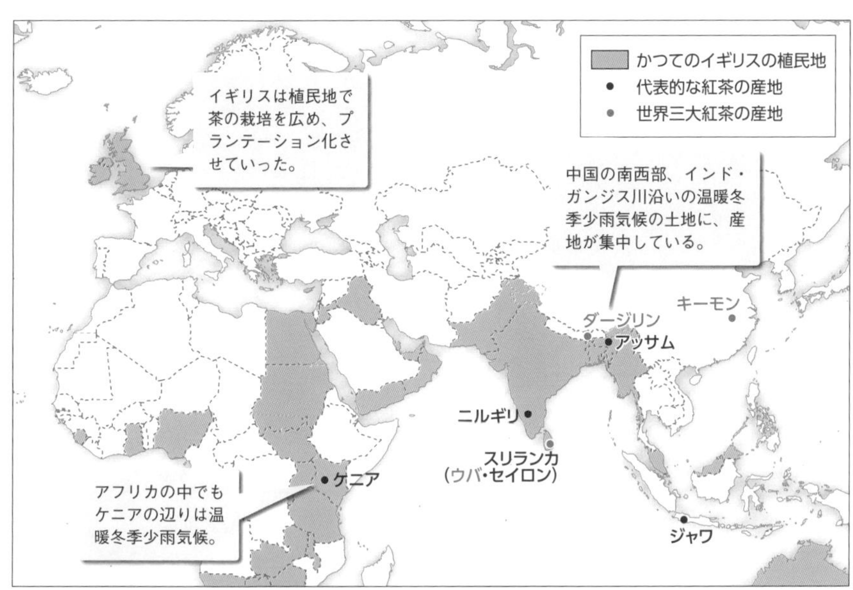

紅茶
茶葉を完全に酸化発酵させる

緑茶
摘み取った茶葉が発酵する前にすぐに蒸す

ウーロン茶
茶葉を途中まで酸化発酵させ、炒る

茶の種類
紅茶、緑茶、ウーロン茶は、元はどれも同じチャノキの葉である。収穫した葉（茶葉）を加工する方法の違いで、茶の種類ができあがる。

ベトナムの二期作・三期作

米はもともと熱帯産であり、暖かい土地では成長が早い。二期作ができると収穫量が2倍になり、養える人口も2倍となる。この地域の人口密度の高さも稲作の賜物といえる。

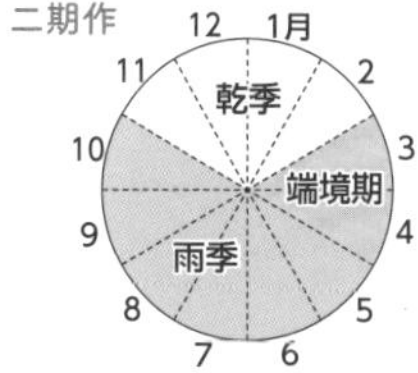

北部の紅河デルタでは、雨季と乾季の2回に分けて、田植え、収穫をする。

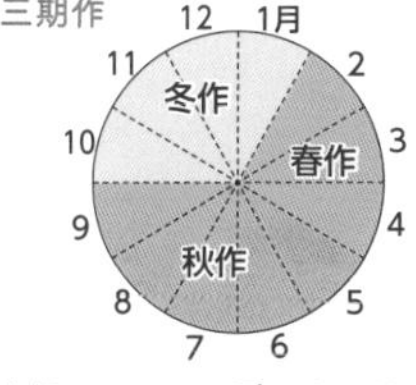

南部のメコン・デルタでは、3～4カ月ずつの3回に分けて田植え、収穫をする。

ベトナムなど東南アジアで栽培される米は、インディカ種で日本の米より粒の形が長細い。

➡茶の栽培については、37ページもチェック！

亜寒帯・寒帯

樹木が育つかどうかが分ける亜寒帯と寒帯の差

樹木の有無が暮らしに関わる

亜寒帯は、亜寒帯湿潤気候と亜寒帯冬季少雨気候に分かれる。前者は年間を通じて降水があり、冬には積雪量が多くなる。後者は冬に乾燥する。気温の変化を緩和する水分が乏しいため、冬季の寒さは格別となる。寒帯は、ツンドラ気候と氷雪気候に分かれる。

ケッペンは**樹木が育ち得るなら亜寒帯、草やコケ類しか生えない気候は寒帯**と、位置づけた。北半球で最も冷え込む地域は、亜寒帯に属する。そしてこのような極寒の地にも代々住んでいる人々がいる。

同じ寒冷地でも、樹林がある亜寒帯と、ない寒帯では、暮らし方や経済の動きが大きく異なる。なぜなら樹林を使って家を建てたり薪にしたり、林業ができたりするからだ。

極寒でも樹林が育ち得る条件は最暖月の平均気温が10℃以上になることである。例えば、シベリア東部は亜寒帯の中でも特に寒い亜寒帯冬季少雨気候だが、夏には15℃ほどまで気温が上がる。木々はこの夏に成長し、冬はマイナス40℃級の寒さを落葉でしのぐ。

とはいえ、地球上屈指の寒さに耐えられる木は、あまり多くない。そのため、亜寒帯の主な木は寒さに強い針葉樹となり、**タイガと呼ばれる限られた樹種の針葉樹林帯が、広大に形成される。**

CLOSE-UP

なぜ亜寒帯は北半球にしかないのか

日本の北海道は亜寒帯である。同じ北半球を見わたすと、北緯40度あたりから亜寒帯が見られ始める。一方、南半球では、南緯約35～53度のニュージーランドでも温帯である。

この差は、陸と海の面積の違いに起因する。大陸は熱しやすく冷めやすい性質があり、海洋は温まりにくく冷えにくい。そのため、高緯度地域に大陸が広がる北半球では、冬季の寒さが増幅され、広大な亜寒帯地域となる。対して南半球では、穏やかな海洋性気候の影響が強く、南緯40度付近でも温暖となる。

キーワード

- 亜寒帯湿潤気候
- 亜寒帯冬季少雨気候
- ツンドラ気候
- 氷雪気候
- タイガ

亜寒帯・寒帯の特徴

陸がちな北半球には広大な亜寒帯が広がるが、海がちな南半球は亜寒帯の大陸がない。

亜寒帯湿潤気候（Df）

植生：冬でもエゾマツなど、落葉しない常緑針葉樹のタイガが広く分布する。
人間生活：南部は麦やじゃがいもなどの農作や酪農、北部では林業が中心。

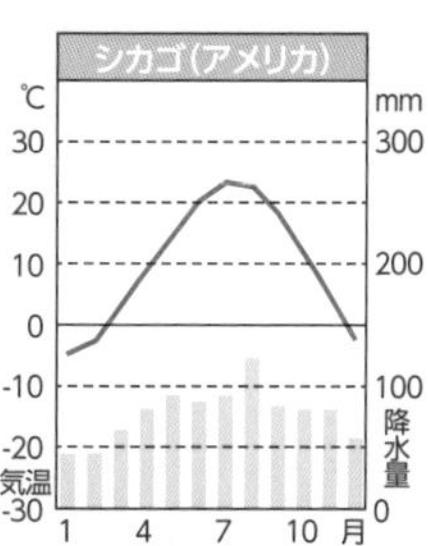

気温と降水量：
一年中雨や雪が降る。夏が短く冬は寒い。

主な地域：
アメリカ北部、東ヨーロッパの平地、ユーラシア大陸北部など

亜寒帯冬季少雨気候（Dw）

植生：タイガはカラマツなどの落葉針葉樹が多い。雨が少ないが、厚い永久凍土から水が供給され樹木が育つ。
人間生活：林業が中心。

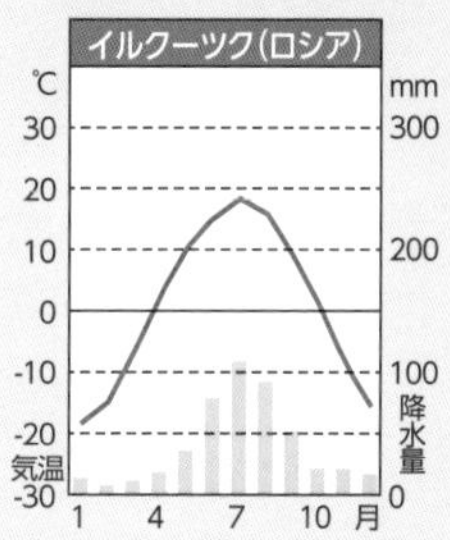

気温と降水量：
冬は極寒になるが一年の寒暖の差が激しい。

主な地域：
ユーラシア大陸北東部

ツンドラ気候（ET）

植生：コケ類か低木が生えるツンドラが広がる。
人間生活：イヌイットや、サーミなどの遊牧民が暮らす。

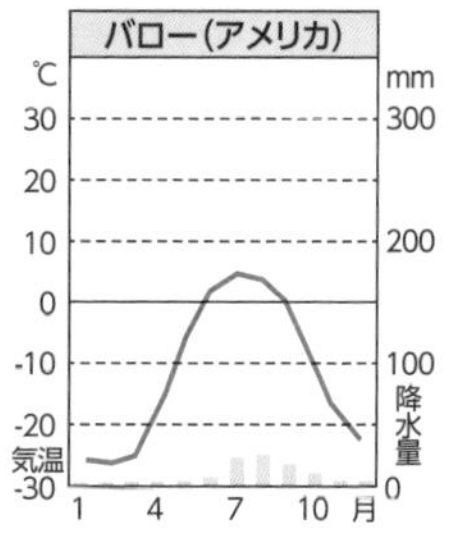

気温と降水量：
短い夏があり、降水量は少ない。

主な地域：
北極海沿岸、チベット高原、アンデス山脈の山頂付近など

氷雪気候（EF）

植生：植生はほとんどない。積もった雪が溶けず、大地は年中雪に覆われている。
人間生活：人が定住することは難しい。

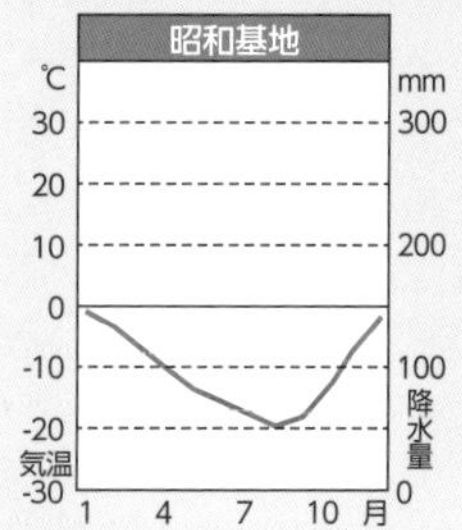

気温と降水量：
最も暖かい月でも0℃未満。降水量はほとんどない。

主な地域：
グリーンランド内陸部、南極大陸

➡林業については、128ページもチェック！
➡亜寒帯・寒帯の植生については、231ページもチェック！

亜寒帯・寒帯

農業に適さない亜寒帯ならではの強みとは

キーワード
- タイガ
- 林業
- ポドゾル
- 客土
- 遊牧

木の恵みと苦心の農業

亜寒帯は生物には生きづらい環境であるため、この気候帯で生きる人々は、独特の技術を身につけてきた。亜寒帯に存在する樹林を活用して船を作り、漁業や貿易で食べ物を得てきたのである。

近年では、**樹種の少ないタイガが木材の大量生産に適するため、林業が大規模に行われている**ことも多い。

一方、農業には基本的に適さない。植物は、一定の寒さを越えると生育が困難だからである。また亜寒帯の土壌も農業に不適である。寒さのため落ち葉が腐らず酸性の泥炭(でいたん)となり、その酸性の水が影響して、養分の乏しい土・ポドゾルを形成するからだ。それでも、亜寒帯湿潤気候では農業が行われている。それは肥料や客土(きゃくど)(土壌の入れ替え)、寒さに強い作物・品種への改良など、様々な努力がなされてきた成果である。生産物は、寒冷度が増すにつれて、春小麦からライ麦や大麦、さらに酪農へと、変化する。

冬季の寒さがより厳しい亜寒帯冬季少雨気候では、農耕はほとんど行われない。遊牧が古来の生活手段となっていて、トナカイやヤクなど、寒さに強い特定の動物が飼育されている。近年は林業や観光業という新たな需要が生じ、現代的な建物や暖房機器、交通インフラなどに支えられて集落も増えている。

北海道が米の産地になった理由

亜寒帯に含まれる北海道は「不毛な土地」といわれ、気候・土壌ともに、本来農業に適さない土地だった。しかし北海道は現在、米をはじめ様々な農産物の生産量トップクラスである。ここに至るまでには、血のにじむような努力があった。技術者や農業従事者たちは、1800年代から米の品種改良を繰り返し、気候に適した品種を研究した。また農業に不向きな土・ポドゾルを別の土に入れ替えることで、広大な農作地を手に入れたのである。

亜寒帯・寒帯の観光資源

高緯度の地は、昼の続く白夜や日の昇らない極夜、自然現象のオーロラ、また寒さそのものが珍しがられ、観光産業が生じている。

オーロラ
高緯度の夜空を彩る自然現象、オーロラの観光が人気。一年中見られるが、11月～3月ごろがベストシーズン。

白夜
北緯もしくは南緯66度33分以上の高緯度地域では、夏になると、夜になっても太陽が沈まず、夜中もぼんやりと明るい白夜という現象が見られる。

氷河
クルーズでは、厚さ数百メートルもの分厚い氷河を間近で見られる。

犬ぞり
狩猟・移動民族イヌイットの移動手段となる犬ぞりや、雪小屋ぐらしを体験できる。

氷の洞窟（アイスケーブ）
10月～３月ごろ、氷河の中にできた洞窟も観光できる。青い氷で覆われた内部はスーパーブルーともいわれる。

野生動物
ホッキョクグマやベルーガ（シロイルカ）など、北極にしかすんでいない珍しい野生動物たちを観察できる。

世界の気候と自然
亜寒帯・寒帯

➡ポドゾルについては、231ページもチェック！

亜寒帯・寒帯

寒帯にはどのような人々が暮らしているのか

樹林がない、降水もない大地

空気は暖かいほど多くの水分を含むことができる。したがって、寒冷地の空気は水分があまりなく、乾燥する傾向がある。地球上で最も寒い寒帯は、この傾向が特に強く、降水量はきわめて少ない。

寒帯の定義は、最も暖かい月でも平均気温が10℃未満であること。寒さのため樹林は生じず、**人の活動は困難で、人口も少ない。**

寒帯は、最も暖かい月の平均気温が0℃以上のツンドラ気候と、未満の氷雪気候の2つに分かれる。

ツンドラ気候には、少数民族の伝統的な居住が見られる。北アメリカ大陸ではイヌイット(エスキモー)、北欧ではサーミなどが狩猟や遊牧により暮らしている。これらの少数民族は、亜寒帯の一部にもいる。

またチベット高原も標高が高いため気温が低く、この気候に該当する。チベット族は長毛のヤクを飼い、その毛をテントや衣服に、肉・乳を食用に、糞を燃料にして生活している。麦類や豆類の栽培も見られるが、生産性は低い。

氷雪気候は、地球上で最も過酷な気候といえる。北半球ではグリーンランド、南半球では南極大陸に分布する。研究のために設けられた基地など、特別に設置された環境以外では**人の居住が見られないアネクメーネがほとんどである。**

キーワード
・ツンドラ気候
・少数民族
・氷雪気候
・アネクメーネ

KEYWORD

コケ類だけが生きられる「ツンドラ」

ツンドラとは、ツンドラ気候の地域に広がる荒野のことである。凍原(とうげん)、寒地荒原(かんちこうげん)とも呼ばれる。寒さが厳しすぎて、樹木がもはや生えないため野原となっている。その土壌は、厚さ数十mにも及ぶ永久凍土層である。最も暖かい月には平均気温が0℃～10℃まで上がるため、大地の表面だけは氷が溶け、草、コケ、地衣類(ちいるい)が繁茂する。雪どけ水は、下の地層が凍土で浸み込めないため、地表に溜まって湿地帯を形成する。そして短い夏が終わると氷原となる。

用語解説 **地衣類**…木や岩の表面に付着し、藻類と共生する菌類。

寒帯に住む少数民族

サーミやイヌイット（エスキモー）、チベット民族などの狩猟・遊牧民の暮らし方は、人間が寒冷地を住みこなしている実例である。ただ、寒さによるリスクが大きい生活でもあり、近年では定住に移行しつつある。

イグルーと呼ばれる、イヌイットの雪の家。雪のブロックをドーム状に積み上げてつくる。

トナカイと暮らすサーミ族。

氷漬けマンモスが発見された永久凍土

永久凍土とは、2年以上凍結し続けている土壌をさす。高緯度の地域は、活動層の下の地下数十ｍに、大きいものだと厚さ数百ｍの永久凍土が分布している。

永久凍土の仕組み

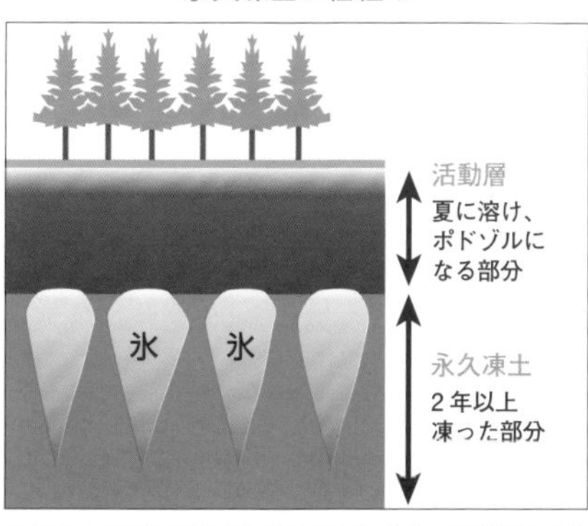

永久凍土の表層部分がとけることにより、活動層に水分が含まれ、湿地となる。

氷漬けマンモス

氷河期の生物マンモス。その凍結した死体が永久凍土から見つかることがある。近年は、凍土が温暖化で融解したため発見されたと思われるものが多い。

世界の気候と自然

亜寒帯・寒帯

➡南極大陸については、99ページもチェック！
➡ツンドラについては、231ページもチェック！

高山気候

温帯の高地と熱帯の高地どちらが住みやすい？

キーワード
・高山気候
・標高
・酪農
・高山病

ケッペンの気候区分プラスアルファ

高山気候は、ケッペンの区分にはなかった気候である。気温は標高が高くなるほど低くなる。そのため高地特有の気候を、ケッペンの気候区分に上書きする形で加えられた。具体的には**低緯度地域で海抜3千m以上、中緯度では標高2千m以上の地域を、高山気候として区分する。**

高山気候は、**同じ緯度でも低地に比べて冷涼**である。そのため、例えば南アメリカ大陸の熱帯・乾燥帯では、高山のアンデス山中のほうが穏やかな気候となり住みやすく、人口が集中している。

一方、温帯では、高山は寒冷で厳しい環境となる。チベット高原などヒマラヤ山中は、その過酷な気候と険しい地形のため、外界から隔絶した地域となっている。ヤクの酪農やチベット仏教など、固有の文化が残っているのはそのためでもある。

また、**寒暖差が激しいことに加え、風の強さ、日射・紫外線の強さも特徴だ。**南アメリカ大陸ではアルパカが飼われ、その毛を防寒着にしたポンチョ、つばの広い帽子などが民族衣装となった。

また、標高が高くなるほど大気が薄い。そのため旅行者が高山病になったり、居住条件の悪いことからスラム化したりするなどの問題も見られる。酸素が薄いため、街中に酸素ボンベが売られていることもある。

CLOSE-UP

熱帯でも雪が降るキリマンジャロ

アフリカ最高峰、赤道直下にあるキリマンジャロが、なぜ万年雪を戴いているのか。それは5000m 級という際立った高さに理由がある。山頂一帯は海抜0m 地点の平地より36℃も温度が低く、平均は－10℃。そのため氷河が存在できるのだ。標高が下がるにつれ熱帯気候に近づいていき、標高1000～1900m あたりはちょうどサバナ気候となる。ブランド銘柄・キリマンジャロコーヒーの栽培がさかんな地域だ。そのキリマンジャロも近年は氷河の融解が見られ、温暖化の証しとされている。

用語解説 **万年雪**…冬の降雪量に比べて、夏にとける雪の量が少ない場合に残る雪。

高山気候の特徴

熱帯と温帯は、いずれも高地は昼と夜の気温差が激しい。また、日差しが強い、大気が薄い、慣れない人は高山病になる、という住みづらさもある。

熱帯の高地

植生：山麓は熱帯雨林。標高とともに段階的に植生が高木→低木→草原と変化する。
人間生活：標高により栽培できる作物が異なり、作物が栽培できない場所では遊牧が行われる。一年を通して過ごしやすく、高山都市が発展。

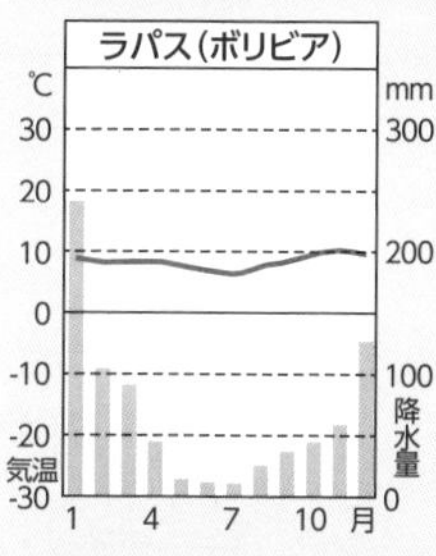

気温と降水量：
気温は一年を通してあまり変化がなく、常春と呼ばれる温暖な気候。

主な地域：
エチオピア高原、アンデス山脈など

温帯の高地

植生：山麓は広葉樹林や針葉樹林。標高とともに植生が段階的に低木→草原と変化する。
人間生活：熱帯の高地よりは少ないが、高山都市が存在する。植物の生育は、短い夏に限る。

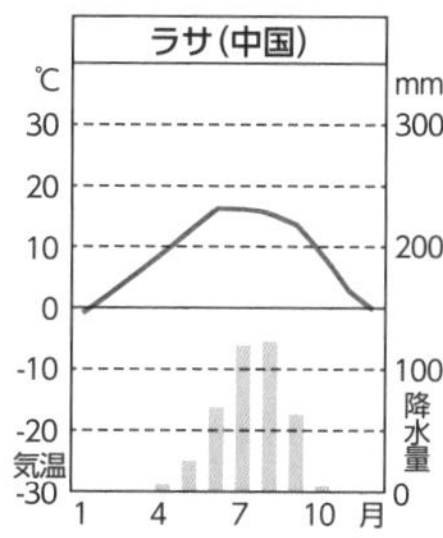

気温と降水量：
一年の気温差が激しく、夏と冬がはっきりしている。

主な地域：
チベット高原、ヒマラヤ山脈など

アンデス地方の標高と気温による植生と作物

気温は標高が1000m上がるごとに約6.5℃下がり、標高によって栽培に適した作物や生育する植物が異なる。

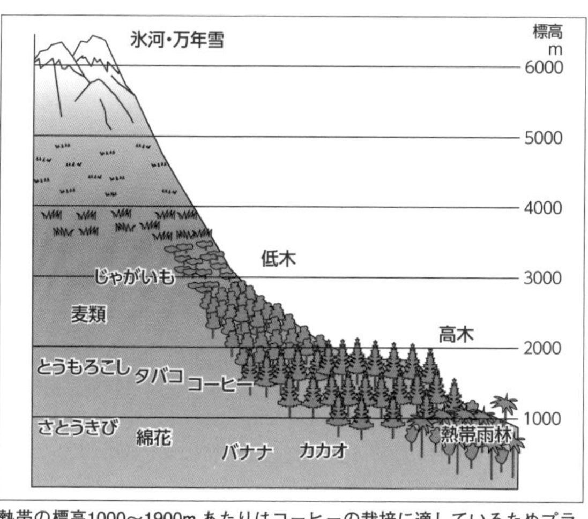

熱帯の標高1000～1900mあたりはコーヒーの栽培に適しているためプランテーション栽培がさかんとなる。

キリマンジャロ山
ほぼ赤道直下にあるため山麓は熱帯だが、標高5500m以上には万年雪がある。

世界の気候と自然
高山気候

➡アンデス山中の都市については、84ページもチェック！
➡山地については、176ページもチェック！

&土壌一覧表

ここでは気候と分布が一致する成帯土壌を取り上げる。
気温と降水量に大きく影響を受けて形成される土壌では、育つ植物も異なる。

気候区分	地中海性気候（Cs）	ステップ気候（BS）	砂漠気候（BW）	サバナ気候（Aw）	熱帯雨林気候（Af・Am）
植生	**硬葉樹林** 夏の乾燥に強いコルクガシやオリーブが生える。葉が小さくてかたい。樹木の間に、低木や草が生える。	**ステップ・プレーリー** ステップは、樹木がなく、丈の短い草原。プレーリーは、樹木がなく、丈の高い草原。	**砂漠** 一般的に植生はなく、生えているのは乾燥に強いサボテン程度。オアシスにのみナツメヤシなどの樹木が育つ。	**サバナ** 熱帯の草原。雨季は樹木の葉が茂り、背丈の高い草が育つ。乾季は樹木が落葉し、草は枯れる。	**熱帯雨林** 常緑広葉樹がうっそうと茂る密林。樹木の種類は多様で、かたい種が多く、高級家具や合板の原料に利用される。
植生イメージ					
土壌	栗色土 赤褐色土	栗色土 半砂漠土 黒土	砂漠土	赤黄色土	ラトソル

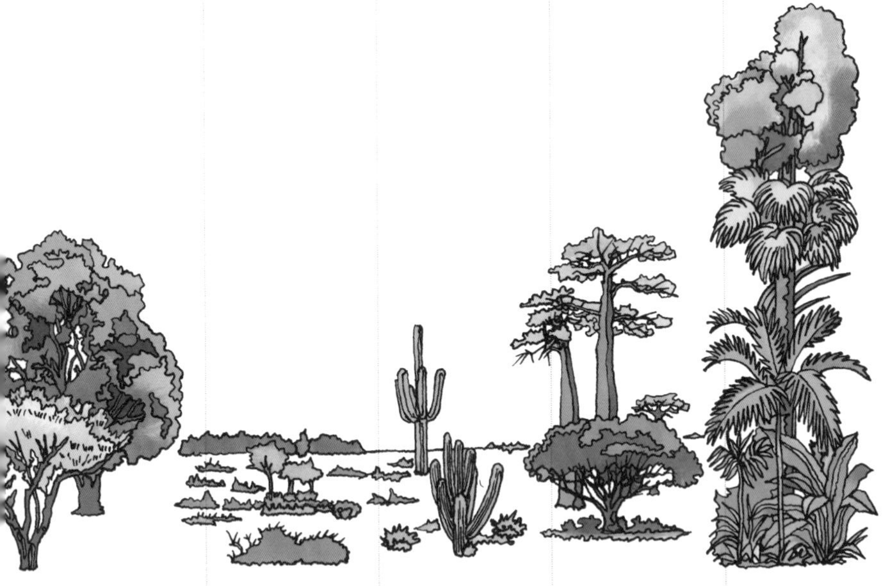

赤褐色土：地中海性気候の樹林の下に形成される、赤褐色の土。イタリアなどの果樹栽培に適している。

栗色土：丈の短い草原に形成する、栗色の土。主に遊牧や牧草栽培が行われる。比較的肥沃なため、灌漑施設を利用した農地化も進んでいる。

砂漠土：植生がほとんどない砂漠の土。降雨などで水がたまったりすると地中の塩分が引き上げられて地表に集積し、乾くと白っぽくなる。

赤黄色土：ラトソルに似たやせた土。水分量の違いで、赤色から黄色と変化する。

ラトソル：熱帯の高温多雨地域に形成する赤い土。多量の雨により土壌中の栄養分が流されてしまうため、農業には適さない。

氷雪気候（EF）	ツンドラ気候（ET）	亜寒帯湿潤気候・亜寒帯冬季少雨気候（Df・Dw）	温暖湿潤気候・西岸海洋性気候（Cfa・Cfb）	温暖冬季少雨気候（Cw）
氷雪原 一年中雪と氷に覆われているため、植生はほとんどない。	**ツンドラ** 短い夏の間、地表の雪や氷が溶けると、低い草やコケ類などが育つ。	**タイガ** モミ、トウヒ、カラマツなどの常緑針葉樹の林。建築物やパルプの材料に利用される。	**混合林** ブナやコナラなどの落葉広葉樹と、マツのように葉がとがっている常緑針葉樹が生える林。	**照葉樹林** シイ、カシ、ツバキなどの常緑広葉樹の林。葉が厚く、表面につやがある。高緯度の場所には、落葉樹も混在する。
氷	ツンドラ土	ポドゾル	黒土・森林土	

ツンドラ土：ツンドラの下に形成する、青灰色の土。地表にはコケ類などが十分に分解せず、泥炭として堆積している。下層は永久凍土。

ポドゾル：亜寒帯のタイガの下に形成する灰白色の土。気温が低いため腐植が進まず、養分が少ないため農地には不適。

森林土：温帯の森林地帯に形成する。表層部は腐植層が厚いため暗黒色で、下層部は褐色。比較的肥沃な土で良好な農地となる。

黒土：草原に形成される黒い土。多量に養分を含むため、農耕地に適している。ウクライナのチェルノーゼム、アメリカのプレーリー、アルゼンチンのパンパなど。

環境問題

そもそも温暖化がなぜ問題なのか

暮らし方に変化と対応を迫る

森林の伐採や化石燃料の使用など、人類の活動により温室効果ガスが排出され、気温が世界的に上昇する。これが温暖化という環境問題だ。

温暖化により懸念されているのは、「生態系の変化」である。気候や海水温が変われば、農業・漁業に影響する恐れがある。そうなれば**食料不足が起き、飢えた人々が国外に避難する**ことが予想される。

また、温暖化は陸上の氷を溶かし、「海面上昇」を招く。それが直撃する場所は低地である。世界の低地には、東南～南アジアなど、人口が過多なうえ、急増中の地域が多い。そのため**多くの人が居住地を失い、移民が世界的に急増する。**

温暖化は嵐の巨大化や真夏日の増加など、「気候の変化」も起こすと予想されている。それは、**風水害の多発や砂漠化の進行につながる。**

このように暮らしへの影響が多大な温暖化だが、対策はなかなか進んでいない。それは、現在いとなまれている生活や産業に対して、負担となる点が多いからである。

例えば、温暖化の要因のひとつは、二酸化炭素を吸収する森林の減少だ。過度の焼畑農業や無秩序な林業が、森の急減を招いている。しかし農業や林業をむやみに規制すれば、そこに暮らす人々が困窮し、不法行為や、密売が起きてしまうのである。

未来への課題

ツンドラ気候の暮らしと温暖化

最暖月の平均気温が10℃未満で樹木も生えない寒帯。土壌は夏でも溶けることのない永久凍土だが、上に建物を建てて暖房を使うと、その熱が土に伝わって永久凍土の表層部分が溶けることがある。すると建物が歪(ゆが)むなどの影響が出るため、建設時に凍土の奥深くまで杭を打ち込み、その上に家を載せる、いわゆる高床式の家が多い。

しかし近年の温暖化により、従来は夏でも溶けなかった深度でも土が溶け、杭に影響することが心配されている。

キーワード

- 温室効果ガス
- 生態系の変化
- 海面上昇
- 気候の変化
- 森林の減少

温暖化によって起きている問題

二酸化炭素やメタンなどの温室効果ガスの濃度が高くなり、気温が上昇している。この地球規模の温暖化により、世界中で様々な形で問題が生じてきている。

嵐の巨大化

巨大な低気圧が発達し、台風やハリケーン、豪雨による水害が世界各地で増発している。

食料不足・水不足

異常気象などによって干ばつや洪水が起こり、アフリカでは農業や漁業に被害が及んでいる。人口増加に伴い食料や水が不足する問題が起きている。

永久凍土の融解

地下に閉じ込められていたメタンや二酸化炭素などの温室効果ガスが放出され、温暖化を加速する。

サンゴの死滅

海水温が上がることによりサンゴが大量に死滅（白化）し、熱帯の海の生態系に影響を及ぼす。

干ばつ・砂漠化

チェルノーゼム地帯やプレーリーなどはもともと乾燥した地域に分布。砂漠化すると世界市場にも影響が及ぶ。

海面上昇

北極や南極の氷河が溶けて海面が上昇することで、海岸平野や小さな島々が水没し、住む場所を失った難民が増加する。

➡永久凍土については、227ページもチェック！

地理用語さくいん

おわりに

一般的に「地理」といわれるものと、学問としての「地理学」とがあります。その違いは、「地理」が地理的事象の整理、つまり知識や知識を導き出すスキル習得だとすると、「地理学」は地理的な知識やスキルを駆使して、地理的な事象を深く掘り下げて、その結果（結論）を地理学だけでなく他分野の研究成果のうえに積み上げ、新たな事象の発見や理論・概念を構築していくものです。そのプロセスやその成果が、「地理」の新たな知識やスキルとなって加わっていきます。「地理学」の面白さは、地理的な事象を「知る」「調べる」といったことをこえて、従来の研究成果を踏まえて、地理的事象を「探究」していくことにあります。

地理学のアプローチは、2つに大別できます。1つは系統地理学といわれ、自然や産業、文化などの項目ごとに地域をまたいでのアプローチで、どの地域にも共通してみられることを見いだしたり、ある地域だけの特徴を見いだしたりします。もう1つのアプローチは地誌学といわれ、それぞれの地域ごとに自然や産業、文化などをみて、その地域の地域的特色を総合的にみいだそうとするアプローチです。本書では、1章が地誌学的アプローチとなっており、2〜5章が系統地理的アプローチとなっています。学校で学習する「地理」も、地誌学習と系統地理学習の両者に基づいて構成されています。系統地理学にしろ、地誌学にしろ、どのように「探究」していけばよいのでしょう。そこで、重要なのがテーマ（主題）の設定です。どのようなことが知りたいのか、どのようなことを深く掘り下げたいのか、なぜそのような地理的事象が生じるのかといった問題意識から、テーマが設定され、地理学としての研究目的が設定されます。本書では、それぞれの地域や地理的事象についての適切なテーマが設定され、追究されています。そして、その先にあるのが、このような研究成果を踏まえて、これからの地球をどうすべきなのか、それについて私たちは何をしなければいけないのかといった、未来に向けての方略を考え、実行していくことです。地理学は、現在を分析し、現在の地理的事象を理解するだけでなく、その理解のうえに立って、未来を志向できる学問なのです。本書もそうした役割を担ったものとして位置づけることができます。

二〇二〇年二月　井田仁康（筑波大学教授）

主要参考文献

『面白いほど世界がわかる「地理」の本』（三笠書房）、『新詳地理資料 COMPLETE2018』（帝国書院）、『新詳地理B』（帝国書院）、『地理B』（東京書籍）、『地理用語集』（山川出版社）、『地理学入門』（原書房）、『交通地理学の方法と展開』（古今書院）、『人文地理学』（ミネルヴァ書房）、『世界の国々を調べる』（古今書院）、『地理学概論』（朝倉書店）、『世界がわかる地理学入門』（ちくま新書）、『農耕の起源と拡散』（高志書院）、『自然のしくみがわかる地理学入門』（ベレ出版）

監　修　井田仁康

1958年生まれ。筑波大学大学院地球科学研究科単位取得退学。博士（理学）。現在は、筑波大学人間系教授。地理教育・社会科教育を専門とする。高校生を対象とした国際地理オリンピックにも携わる。著書、共著に『授業をもっと面白くする！ 中学校地理の雑談ネタ40』（明治図書）、『教科教育におけるESDの実践と課題』（古今書院）など多数。

著　者　砂崎良

フリーライター。東京大学文学部卒。古典・歴史など学習参考書を中心に執筆。著書に『マンガでわかる源氏物語』『マンガでわかる世界の英雄伝説』（池田書店）、同書店『マンガでわかる地政学』などに執筆協力、シナリオに『角川まんが学習シリーズ 日本の歴史』。

ブックデザイン　清水真理子（TYPEFACE）
DTP　株式会社四国写研、吉田恵美
地図製作　ジェオ
イラスト　大塚克
校　正　若杉穂高
写真協力　朝日新聞フォトアーカイブス、大阪観光局、海上保安庁ホームページ、国土地理院ウェブサイト、国立天文台、フォトライブラリー、getty images、iStock
編　集　藤門杏子（株式会社スリーシーズン）

リアルな今（いま）がわかる
日本（にほん）と世界（せかい）の地理（ちり）

2020年3月30日 第1刷発行
2024年6月20日 第6刷発行

著　者　砂崎 良
監　修　井田 仁康
編　集　朝日新聞出版
発行者　片桐 圭子
発行所　朝日新聞出版
〒104-8011 東京都中央区築地5-3-2
（お問い合わせ） infojitsuyo@asahi.com
印刷所　大日本印刷株式会社

©2020 Asahi Shimbun Publications Inc.
Published in Japan by Asahi Shimbun Publications Inc.
ISBN 978-4-02-333312-3

定価はカバーに表示してあります。落丁・乱丁の場合は弊社業務部（電話03-5540-7800）へご連絡ください。送料弊社負担にてお取り替えいたします。
本書および本書の付属物を無断で複写、複製（コピー）、引用することは著作権法上での例外を除き禁じられています。また代行業者等の第三者に依頼してスキャンやデジタル化することは、たとえ個人や家庭内の利用であっても一切認められておりません。